周慶華著

文史哲學集成

文苑馳走

文史哲出版社印行

國家圖書館出版品預行編目資料

文苑馳走 / 周慶華著. -- 初版. -- 臺北市：文史哲, 民 89

面： 公分. -- (文史哲學集成 ; 423)

含參考書目

ISBN 957-549-274-9(平裝)

1 中國文學 - 論文,講詞等.

820.7 89002922

文史哲學集成 ㊽

文苑馳走

著 者：周 慶 華

出版者：文 史 哲 出 版 社

登記證字號：行政院新聞局版臺業字五三三七號

發行人：彭 正 雄

發行所：文 史 哲 出 版 社

印刷者：文 史 哲 出 版 社

臺北市羅斯福路一段七十二巷四號

郵政劃撥帳號：一六一八〇一七五

電話 886-2-23511028 · 傳眞 886-2-23965656

實價新臺幣 四八〇元

中 華 民 國 八 十 九 年 三 月 初 版

ISBN 957-549-274-9

序

我從十六歲開始迷上寫作，迄今已有二十幾年歷史，這中間發生過幾度的轉折；但都不是我事前所能預料，只能在事後作點回溯，並爲自己所寫下的東西勉爲「連綴」和「抽繹」一番。

起初，我只是寫些散文，也兼寫點新詩。在讀大學時，還跟著老師學作古詩詞，卻很快的視爲苦差事而放棄。比較特別的是轉爲改寫小說，那遠比構設散文和新詩要具有挑戰性，也更充滿著遊戲人間的樂趣。然而，或許是因爲生活圈子太狹小，所經歷事物也多平淡無奇，不久又出現沒什麼題材可寫的窘境。雖然如此，想「寫」的衝動卻一直沒有減退。

由於爲了寫作，不免要從一些談寫作理論的書中去尋找相關的資源，所以也一併留意起那些理論的效應。偶爾不禁手癢，也大辣辣的學人談東論西，甚至跟人「捉對廝殺」而比劃起武藝來。舉凡考證、詮釋、比較、評價等工作，都嘗試過且越作越有心得，終於不再耽戀散文和小說的寫作，而積極的朝向學術研究的道路邁開步伐。沒想到這麼一來，竟然會找到更好安頓自我的方式。

縱然過去的已無從細數，但所累積下來的一些零縑碎羽，還是可以讓我喚起局部的記憶。也就是我是一個頗能緊咬著問題不放的人，凡事不談出個所以然，就不罷休！現在看來，有些論點很可笑，而向人家挑釁的火藥味也難免重了些，但這都無損於我當初的愼重和執著，同時也埋下了要以學術爲「志業」的願望。我不知道這背後的「推動」力量是什麼，只感覺到腦海裡不斷湧出新的點子，而後就化爲一篇篇的文章。過程雖然充溢著疲累，也因爲換不來多一點的錢而深陷窮困中，但整體上我眞的不再猶豫走上這條路。

進研究所後，我開始學作「大菜」，以更長的篇幅把所感所思的東西綰合起來。而基於對時代脈動的關懷和受古哲「君子不器」說的啓發，我又不停的向各種學術領地強伸觸角，希冀能瞭解世局的變遷和個己生命的趨向，以至論文一篇又一篇的生產出來，或在學術會議上宣讀，或在學術刊物上發表，紛紛標誌著我向自己的能耐極限挑戰的企圖心。有朋友戲稱我是「寫稿機器」，眞是愧不敢當！在我的想法裡，堅持品質是我最念茲在茲的一件事，而到目前爲止也幾乎沒有一篇文章或一本書是不用深費力氣的，此外我不覺得別人會寫的比我少。

現在我已出版五本專書和六本論文集，大菜或中菜都攤給人看了，也該端出一點小菜來，權爲證明有些小菜我也能做得清脆可口。因此，我把多年來所寫的小文章結集成書，命名爲《文苑馳走》，聊以表白從起步以來另一種「起伏不定」的碎片化情思。附錄幾篇論文，著重在考證研索，用力大而收效少，如今已不時興寫這類文章，姑且留作日後「憑弔」用。內裡如有其他短文相仿，可以比照辦理。

周慶華　二〇〇〇年春

文苑馳走　目次

輯二

輯　三

附　錄

輯一

「知音」的迷思

《歐陽文忠公文集》卷一百三十八〈唐薛稷書〉中有段記載：「昔梅聖俞作詩，獨以吾為知音，吾亦自謂舉世之人知梅詩者莫吾若也。吾嘗問渠最得意處，渠誦數句，皆非吾賞者。以此知披圖所賞，未必得秉筆之人本意也。」歐陽修這個故事，在相當程度上說明了人和人之間有塊模糊而不可測定的地帶。

很多人都相信「知音」是可能的。這一方面有《呂氏春秋．本味》篇所載俞伯牙和鍾子期相遇的事跡給予印證，另一方面還有像《文心雕龍．知音》篇所說「夫綴文者情動而辭發，見文者披文以入情。沿波討源，雖幽必顯；世遠莫見其面，覘文輒見其心」在理論上給予肯定。然而，事實真的是這樣嗎？先不要說人有自由決定欣賞對象而使知音說帶有後天的變數，也不要說類似〈下里巴人〉和〈陽春白雪〉分屬不同領賞團體彼此不可互換而使知音說帶有先天的變數，只說人無從找到可以完全相知的條件一點，就能斷定知音說的虛妄或言過其實。

遠的不談，就談自己。我們都感覺得到自己的思想、情緒和生理狀況，隨時都在變化著，卻又摸不清這種變化的來由和去向。那我們所說的「我」到底是什麼，誰能真確的指出來？即使有人可以掌握到「部分的我」，但要把這「部分的我」藉語言文字或音樂繪畫傳達給別人，也會遇到極大的艱難。原因就在這些語言文字或音樂繪畫都是抽象（象徵性）的符號，意義既豐富又不確定，我們有什麼能耐可以完全的駕馭它？既然這樣，我們就無法奢望別人能瞭解自己，也無法確信自己能瞭解別人。

據說法國作曲家德步西首次聽人試奏他的弦樂四重奏時說：「你們把第三樂章奏得比我所認爲應該的速度快兩倍。」但接著又說：「你們這樣演奏的方式更好得多！」不論德氏話中是否含有責備或安慰的意思，我們都不能忽略德氏對他樂章的寓意和演奏者對他樂章的領會所隱藏的不確定性。

曾經有人自信滿滿的說他比作者更瞭解作者及其作品，如歌德就認爲他對《哈姆雷特》的理解比原作者莎士比亞更爲深刻透徹；希勒格爾對《唐吉訶德》也有這種超越原作的感覺；康德也認爲自己所瞭解的柏拉圖更甚於柏拉圖自己。但別忘了，伽達瑪也曾經說過：我們不能自稱更加瞭解柏拉圖，我們只是瞭解的跟他本人不同罷了。我們還可以更進一層的說：柏拉圖是否眞的瞭解他自己（其他人也是），也還是一個問題呢！

這麼說來，任何人懷疑或責怪他人誤解自己所熟悉的作者或作品（如元好問在《論詩絕句》中指摘元稹未嘗見識杜甫詩的精華那樣：「排比鋪張特一途，藩籬如此亦區區。少陵自有連城璧，爭奈微之識碔砆」），就變成一種「莫名其妙」的指控；而所有嘗試或努力使自己成爲作者知己或作品解人的作爲（如仇兆鰲在《杜少陵集詳註》自序中所作的自我期許那樣：「註杜者，必反復沈潛，求其歸宿所在，又從而句櫛字比之，庶幾得作者苦心于千百年之上。恍然如身歷其世，面接其人，而慨乎有餘悲，悄乎有餘思也」），也很可能只是白費心力，終將「徒勞無功」。因爲這些都假定了「知音」是可能的，而從前面的分辨來看，「知音」又不過是個迷思（神話），很難成爲事實。

如果沒有更好的理由反駁上面的說法，那麼王夫之《薑齋詩話》卷上所說的一段話，無妨可以作爲大家各自「安心置情」的一點參據：「作者用一致之思，讀者各以其情而自得。故〈關雎〉，興也，康王晏朝而即爲冰鑑；『訏謨定命，遠猷辰告』，觀也，謝安欣賞而增其遐心。人情之遊也無涯，而各以其情遇，斯所貴於有詩。」沒錯，人所以能夠相處或共事（共學），不是依賴那種知音般的「相互瞭解」（事實上很難），而是依賴這種適志性的「相互包容」。否則，人人動輒要尋求或期待知音而不屑一顧眼前的「俗衆」，並且彼此攻訐或爭辯對方不足以稱爲某一對象的知音，這個社會豈不是要再增添幾許緊張氣氛哩！

（中央日報「長河」，一九九四年八月二十四日）

文學理論厭食症

一九八一年初，《紐約書評雜誌》曾經報導劍橋大學教師馬可比（Colin Maclabe）因授課內容過分艱深，著作流於玄虛，而遭校方解聘；該校兩位資深教授威林阿姆斯（Raymond Williams）、克摩多（Frank Kermode）力爭無效後，也忿而辭職，以示抗議。消息傳開來，立刻引發軒然大波，有人同情結構主義後起思想（馬可比是個結構主義後起思想者）有其價値，不容抹煞；也有人認爲不該供養一些「不務實際」的理論家，讓他們敗壞傳統。其實，這並不是一個特例，每當有新理論問世時，總會遭到許多自命爲「傳統捍衛者」的質疑、排斥，甚至百般詆譭，那些新理論家所受「待遇」的難堪程度，並不下於馬可比。

爲什麼會這樣？似乎只能說大家普遍患了一種理論厭食症。尤其在文學領域，一向強調「感性」創作和領受的人，無論如何也難以接納類似現象學、詮釋學、接受理論、結構主義、記號學、後結構主義、精神分析學、政治批評、對話批評、女性主義批評、系譜學批評、混沌理論等一套套有如「天書」的學理和方法。這些文學理論從不同的角度和立場，拓展了人們對於文學的認知領域，同時也摧毀了不少傳統的文學觀念，難免使人「追趕不及」而心生畏懼，或因爲威脅「既有成就」而加以拒斥。當然，這也跟各理論間經常水火不容（如現象學或詮釋學和結構主義的相互抵觸；結構主義和後結構主義的相互對立等）而讓人無所適從有關。

然而，我們是否就能夠不依賴這些文學理論？這個問題，伊格頓（Terry Eagleton）在《當代文學理論導論》序言中有段話，很可以藉來作說明：「經濟學家凱恩斯（J. M. Keynes）曾經說過，那些厭惡理論或聲稱沒有理論更好的經濟學家，不過是處在較爲陳舊的理論的掌握之中。對於文學研究者和批評家來說，情況是同樣的。有些人抱怨文學理論過於深奧難懂，疑心它是某種神秘知識，是一個有些近似於核物理學的專家領域。的確，『文學教育』並不鼓勵分析思想；但是，文學理論實際上並不比許多理論研究更困難，而比起有些理論研究來，文學理論則要容易得多……有些學者和批評家也反對文學理論『介入讀者與作品之間』。對於這種反對有一個簡單的回答：如果沒有某種理論——無論它如何粗略或隱而不顯——我們首先就不會知道什麼是『文學作品』，也不會知道應該怎樣讀它。敵視理論通常意味著對他人理論的反對和對自己理論的健忘。」雖然伊格頓沒有繼續討論各理論間的差異或衝突要如何看待，但他指出的「敵視理論通常意味著對他人理論的反對和對自己理論的健忘」一點，已經足以解除一般人的疑惑。換句話說，沒有人能聲稱他可以不依賴文學理論來從事文學創作或批評。既然如此，患有文學理論厭食症的人，癥結就不在文學理論的難懂，而在他個人的閉塞和膽怯。

從當前的情境來看，任何人一旦拒絕了文學理論，勢必要在文學領域裡喪失他的發言權。如有關敘事文的構成部分，不先知道結構主義所提出的「故事動機」、「寫實動機」、「藝術動機」（意義的多重性或表式的新奇化），就無法跟人談論敘事文的創作和批評如何可能。又如有關文學作品的意義問題，不先瞭解語意學對意義的界定和晚近詮釋學所提供由「解釋」到「理解」到「批判」的方案，也無從跟人討論文學作品的「賦意」和「會意」過程爲何。不只這樣，當一些「強勢」理論出來，瓦解前行理論對文學的執著，而宣告「文學已死」（甚或「文學理論已死」），這些人更只有「目瞪口呆」的份，那能「妄贊一詞」。如後結構主義根據（指出）語言的「延異性」而強調批評旨在對差異的追求，任何統一性、整體性、權威性對象都得自我解構。這使得文學作品本身永遠要包含著懷疑、否定和推翻自己意旨的不定因素（先前有關的文學理論也得走上相同的命運）。如果不從言說的「權宜性」或「策略性」角度來作因應，簡直無法再在解構後的虛無中站起來。而這種情況，根本不是拒絕文學理論的人所能想像於萬一。此外，跟後結構主義多少有連帶關係的理論，如對話批評、女性主義批評、混沌理論等，也需要一定的識見才能充分掌握，而它遠非還在厭食文學理論的人所可僥倖相「會通」。

到這裡，稍微有點理智的人，應該都會看出拒絕文學理論不但舉措荒唐，而且還顯示他打從心底就無意要瞭解文學。倘若是這樣（指無意要瞭解文學），也就罷了，畢竟可以使人生凡庸的理由千百項，又何必在乎厭食文學理論這一項？反過來說，不甘凡庸而想在文學領域有所建樹的人，必然要先熟悉已經存在的種種理論才有可能。而這首要條件，就是克服自己的閉塞和膽怯心理，不再輕言「厭食」或「廢食」。

（基督書院雙月報「學術靈修」，一九九三年十一月十七日）

臺語文學運動所面臨的困境

近年來，一批本省籍的作家及語言學者，極力在倡導臺語文學，儼然已形成一股浪潮。他們的動機是現代中文無法眞切表達臺灣人語言的細膩，更無法深刻反映臺灣人的文化、思想；他們的作法是先使臺語文字化，然後透過傳播、教育，達到完全以臺語來創作的目的。更有甚者，要以臺語文學作爲政爭的手段，企圖取得正統的地位，實現臺灣人治理臺灣的願望。

考察臺灣文學運動（新文學運動），遠在日據時代後期就開始了。當時的知識分子多基於民族情感，來提倡此一運動，希望藉著它促進臺灣的現代化；而他們所使用的語言，主要是五四以來盛行的白話文。現在的臺語文學運動，名稱雖然沒有什麼大改變（只一字之差），但是性質卻迥然不同。也就是現在的臺語文學運動，多以本土意識爲出發點，也不再使用白話文，而完全改用臺灣話文。這一轉變，引起了廣泛的討論，譽者有之，毀者更多。

個人覺得這裡面大有文章，値得大家深入去探討。其中最重要的一點是倡導臺語文學運動的人，正陷在一片荊棘之中，不知何時才能找到出路。比如說臺語文字化的問題，他們認爲現代中文不足以表達臺語的細膩，而嘗試漢字、羅馬字雙用，或者漢字、拼音字並行，或者另造新字。先不談現有五萬餘字的漢字，是否不能完全紀錄臺語而需要另造新字，光就他們內部的分歧，以及要學兩套以上的「文字」才能達到臺語文字化的目的，已令人深感懷疑！因爲學習一套文字到能夠運用裕如的過程，是無比漫長而艱辛的（今天許多受過大學教育仍不能寫一封通順的中文信的人，比比皆是，就可以證明這一點），他們卻等閑視之。殊不知他們現在所作嘗試，所以還讓他們覺得沒有什麼「艱難」，是由於他們有深厚的語文基礎的緣故，如果要論到推廣，恐怕沒有他們想像那麼簡單。

又比如說「言文合一」的問題，他們共同的主張是臺灣人怎麼說，就怎麼寫，完全作到「我手寫我口」的地步。這也是不切實際的想法，因爲「言不盡意」是一個永遠存在的事實，誰也改變不了。既然有語言（文字）不能完全刻畫心意的現象，那麼「言文合一」只是表面的合一，終究無法如實表現臺灣人的思想、情感。再說語言不斷在變動，文字永遠辦不到貼切的紀錄語言，更何況各人使用一套文字紀錄語言，可能造成溝通上的困難，而使「言文合一」的美意大打折扣呢！

又比如說臺語文學推廣的問題，他們出版文學書籍，利用報章雜誌發表文章，並且舉辦講座研習臺語，希望透過各種管道來推廣臺語文學。但是個人發現他們口口聲聲說臺語文學包括閩南語（精確的說是河洛話）、客家話、原住民語等臺灣人的母語，而實際上他們所倡導的臺語文學，只是閩南語文學，還沒有看到使用客家話原住民語書寫的文學，這又是什麼道理？如果按照他們完全用「臺灣話」來書寫的希望去實踐，那麼每個人都要懂三種語言（閩南語、客家話和原住民語）才能溝通，這種事又如何可能？

依此看來，倡導臺語文學運動的人，已面臨內部意見分歧，以及本身理論薄弱和推行技術不佳等困境，更不要說某些充滿「政治意味」的主張，可能引來許多反對聲浪而使此一運動更難以展開。所以個人誠摯的寄望有心人士，不要操之過急，或走入極端，而讓這一可能豐富我們文化內涵的文學運動自行破滅。應先克服眼前的困境，找出一條可行的途徑，然後預估這一運動可能達到的效果，那麼臺語文學才有討論的價值。

（中華日報副刊，一九九一年十月二十七日）

臺語文學何去何從

卡爾・巴柏（Karl R. Popper）《開放社會及其敵人》一書，曾經區分兩種社會形態；一種是封閉的社會，一種是開放的社會。前者爲不可思議的、部落的、集體主義的社會，它好比是一個有機體，而它的成員相當於有機體的關節牽雜在一起；後者爲各人有各人決定的社會，它的成員有多數往往力圖提昇自己，以取代其他成員的地位。不論實際上是否有這兩種截然不同的社會，巴柏的論說在相當程度上提供了我們一個「類比」和省思的大好機會。

約略從八〇年代開始，臺灣的威權政治逐漸鬆動，社會中潛伏的不滿聲音紛紛找尋宣洩管道，終於促成動員戡亂時期的終止、黨禁報禁的解除，以及開放大陸旅遊、探親和文教交流等，使得臺灣的社會呈現一幅空前的開放「好景」。而在文學上，也拜政治改革之賜，舉凡「政治文學」、「女性主義文學」、「臺語文學」等一些難可見容於過去社會的作品，都藉機或順勢冒了出來。尤其是「臺語文學」，更大張旗幟的宣稱要跟「大中國主義文學」或「漢文沙文主義文學」徹底決裂，而爲本土文化的保存和發展「安排」最後或唯一的出路。

到目前爲止，還看不出這些作品回過頭給社會投入了多少的變數，但可預見它會像滾雪球一樣不斷刺激「新文類」的產生。其中有關「臺語文學」的未來，是我比較感興趣的；它到底有沒有足夠的條件，支持它走出一條「康莊大道」；或者它照舊以臺語創作爲本色，是否能給文壇帶來重大的衝擊，進而促進文學的「更新」？大體上，當今的文學人口已經在日漸消減中，大家寧可接受聲光影視的「麻醉」和金權遊戲的「戕害」，卻不願意或沒有閑暇爲文學這「玩意兒」費心（縱使它可以給人帶來不少的美感經驗和能夠激發人諦念存在的意義）。這是任何一種類型的文學作品共同的「命運」，「臺語文學」也不例外。但「臺語文學」以「臺語」（主要是閩南語，其次是客家話和原住民語）爲媒材，閱衆有限，不免要多擔一分流傳的困難性，這又是「臺語文學」特有的「殊命」。

撇開「共命」和「殊命」的問題不談，只就「臺語文學」的現況和目的來說，也頗難讓人對它樂觀。理由是「臺語文學」所需要的媒材（臺語）不敷使用，必須靠多量的造字或以拼音字來解決，而每增加一個新字就使閱讀多了一個困難度，最後可能會絕棄於讀者群而只剩作者自己在乾過癮。這點「臺語文學」的提倡者以爲靠「旁注」或編輯字辭典或透過「教學」，就可以使讀者難以領受的情況獲得改善，殊不知人的習性多「厭難向易」，誰有閑功夫去從事這種幾乎不知「伊於胡底」的摸索活動？還有「臺語文學」的提倡者認爲只有臺語文字化後，才能眞正達到保存本土文化和發展本土文化的目的，這隱然含有不與其他語文「共存」的排他性。但他們卻沒想今天還在使用同類語文的人並不限於臺灣人，如果有大陸人或香港人或新加坡人或美國華僑用閩南語或客家話寫作，那些作品能算是臺灣文學嗎？而那些作家也可以歸入保存臺灣文化和發展臺灣文化有功的人行列嗎？顯然要藉「臺語文學」的提倡來獲致本土文化的保存和發展的目的取向，不是很切實際。何況使用臺語創作也只涉及一個「語用」的枝節問題，根本無濟於本土文化的保存和發展，重要的意識形態和政經關係的影響。因此，「臺語文學」存在的必要性，自然要加以懷疑。

根據巴柏的講法，在一個開放的社會中，任何形式的威權或暴力，都是該社會的敵人。過去臺灣長期受到威權統治，本土文化固然被多方的壓抑（甚至摧殘），談不上有什麼自主性，而使得「臺語文學」的提倡者有藉口進行「反支配」的行動。然而，這次反支配的行動最終目的是要取得新的「支配」地位，這勢必會引發別人的「反彈」，再度落入支配和反支配的惡性循環中。提倡「臺語文學」的人士，是否也仔細評估過在這一日漸開放的社會中，有必要以「排他性」包裝自己而成就一個可供人射擊的靶子嗎？

這樣看來，「臺語文學」要繼續發展下去，就充滿了各種變數。其中「理論薄弱」（不足以支持它去「開疆闢土」）和「排他自得」（難以邀人賞愛）兩項，是它的致命傷。於是只有從實踐（創作）上去表現，以「好」作品來博取讀者的青睞，而讓它跟其他「非臺語」作品形成「自然的競爭」局面。這應該是它未來比較可走的道路；此外，提倡者如有任何昧於現實環境的作為，都可能要付出「慘重」的代價，包括淪為巴柏所謂「開放社會的敵人」。

（基督書院雙月報「哲與思」，一九九五年四月十二日）

臺灣文學開步走

臺灣文學作爲一種地域性文學，是毋庸置疑的；就像新加坡文學、日本文學、印度文學、法國文學、美國文學一樣，只要經由集體的宣稱或認同，就具有合法性。問題是：這種宣稱或認同所依據的前提究竟是什麼，卻沒有人能夠說得明白。

大體上，在文學前面冠上「臺灣」一個修飾詞，必須相對於其他地域性文學才有意義；不然只要自我稱呼「文學」就行了。從這一點出發，我們可以設想：臺灣內部所能端出供人比較的文學到底有什麼特色？而外界又如何在期待臺灣文學的？這兩個問題在某種程度上是二而一的；也就是說，外界所期待於臺灣文學的，往往是臺灣內部盡其所能而形塑成的文學新貌。

然而，目前的情況卻有點混亂。臺灣內部多年來亟於推銷的是含有臺灣意識或以臺灣語文敘寫的文學，而外界所感興趣的卻是李昂的女性主義小說（如《殺夫》之類）和羅青的後現代詩。李、羅等人在世界文壇暴得文名，相對的其他作家只得黯然失色。這要教我們如何看待？其實，外界也不是在推崇李、羅等人的作品，他們只是好奇女性主義、後現代主義這些西方人的玩意兒到了臺灣究竟變成什麼樣子，聊以滿足原有的窺視慾。好比侯孝賢執導的《悲情城市》電影首次突破不批判政治的禁忌，立刻引起歐美影評界的騷動，最後贏得威尼斯影展的首獎，讓西方人士開了「臺灣也有一段不人道歷史」的眼界。這說來也沒有什麼好光榮的！外界永遠是從有利於他們的立場在看事物。什麼臺灣意識、臺灣語文，統統跟他們扯不上關係。

更進一步看，外界也不可能因爲臺灣文學內含什麼臺灣意識或以臺灣語文敘寫，就看重起臺灣文學。他們所關心的還是對人類整體有益或有啓發性的文學，而臺灣文學那丁點難具有相對普遍性的臺灣意識或不關文學表現成敗的臺灣語文，卻不足以形成一股吸引力。這只要看看西方的文學史著作所標榜的盡是古典主義、寫實主義、浪漫主義、現代主義、後現代主義等書寫類型，以及文學批評史著作所楬櫫的都是新批評、形式主義、結構主義、現象學批評、詮釋學批評、精神分析學批評、社會學批評、後結構主義、解構主義、讀者反應理論、接受美學、女性主義、後殖民主義等方法類型，就可以會意一二。換句話說，外界所在意的是什麼東西促成了文學的進展，而不是一種地域文學必然要有所謂地域的特徵。因此，外界就只會注意臺灣的女性主義小說、後現代詩這類在當代走紅的新貴，而對於臺灣內部一些自主性的聲音充耳不聞。前者是「愛烏及屋」，後者是「順理成章」，我們能怨怪人家什麼？當今很多人都認爲臺灣（甚至中國）作家難以獲得諾貝爾文學獎，是由於外譯作品太少的緣故；殊不知臺灣文學如果形塑不出什麼新類型，即使外譯得再多也是枉然！

從上述可知，外界所期待於臺灣文學（能出新類型）的，跟臺灣內部所能提供（的文學）以自我展現的，已經有了落差。即使不盡然如此，也可以斷定外界應當期待臺灣文學來啓發世人而未能如願；而臺灣內部也不知所能啓發世人的作法究竟何在。其實，這還是一個意思兩種說法。如果謹愼一點，應該跳開來追問：臺灣意識是否能成爲一種新類型（語文部分不在這個範圍，暫不討論）？以目前部分人士所揭發或界定的情況來看，似乎還夠不上。理由是臺灣意識不論是早期的「反帝、反封建、反強權」，還是晚期的新保守的民族主義，或是將來的可能的什麼內涵，在表現時都不脫寫實主義的窠臼，而寫實主義在世界舞臺上早已失去光彩，怎麼可能再度召回大量的文學心靈？至於那些不強攀臺灣意識風勢而以模仿西方表現手法爲能事的作家，也不可能乘機介入而塡補了這個匱缺；畢竟那些東西都是人家耳熟能詳的，不被譏評爲拾人唾餘已經是萬幸了，那能回過頭去向人家討稱讚？

以大中國圈來說，源遠流長的古典文學傳統，才眞正有它的特色。如格律化的詩詞歌賦，所顯現的精美別緻，舉世無雙；爲佛教（講唱文學）所浸染的小說戲曲，韻散夾雜及宿命色彩，古來也「僅此一家，別無分號」；甚至各種詩話、詞話、賦話、文話、評點等論評，依然散采動人，在西方有體系的文學批評外自成一格。可是這些在當今的臺灣都已經一如黃花被委棄於地，重新拾起的是飄洋過海而來的西方的零縑碎羽。這麼一來，我們將要如何自我看待所要跨出的每一步？時間越往後推移，古典文學傳統就離我們越遠；縱使有少數人還不忍遽然斬斷對它的依戀，但整體上它已無從再左右文學的走向。在這種情況下，我們是否得「挾洋以自重」？如果是的話，那結局恐怕會是個悲劇。而今後我們要如何才能避免這個悲劇，想必是大家始終得嚴肅面對且要設法加以解決的。

我曾經在九七年生智版的《臺灣文學與「臺灣文學」》一書中提到：「臺灣文學所以冠上『臺灣』一

名，它的意義是要在面對其他地區（世界各國）的文學時凸顯的。因此，我們必須想想以目前臺灣派所限定的『社會寫實主義』和中國派所容許的『現代主義』或『後現代主義』，都不足以使臺灣文學在世界文壇上綻放異彩。因爲這些類型別人已經全部實踐過了。臺灣不過『隨人腳跟』或『拾人牙慧』罷了，那能喚起世人的注意？倘若要喚起世人的注意，就必須開發新的類型。這才是強調『臺灣』這個品牌所需要獨力追求或合力追求的目標」（頁六一～六二）。這項呼籲，至今仍沒有改變；所增加的是一分對傳統文學急速隱退的悲悼和對臺灣如今還走不出新路的焦灼！

臺灣的文學菁英又在想些什麼？是要回歸傳統去汲取養分？還是繼續隨波逐流而引以爲樂？或是截取衆長而鎔鑄新意？我想這應該成爲一個理論和實踐的課題，長期的論辯下去。可惜的是，臺灣內部還擺脫不了黨同伐異的舊習，自我抵銷了前進的動力；而外界偶爾有人關照到臺灣文學，又不免捲入到相關的紛爭中而不能自拔，更別提還能針對臺灣文學的缺憾給予些許的諍言。因此，我不認爲臺灣文學所以冠上「臺灣」這個修飾詞已經走過一段路程了，它正等待開步走，日期就在它能開發（形塑）新的類型那一天；而這（開發新類型）也是我們可以自豪且能不斷自我宣稱的唯一保證。

（文訊第一六七期，一九九九年九月）

文學雜誌的出路

從文學雜誌的生態來看，有兩種現象頗讓人憂慮：一是辦文學雜誌理應有周詳的計畫和財力人力的支持，才可能辦得有聲有色，並且沒有「後顧之憂」，但是我們一些辦雜誌的人，卻多憑一股衝動，以「先做再說」的心理勉強從事這件工作，以至常遭挫敗；一是有些辦雜誌的人，看出文學雜誌生存的困難，而改走「大衆化」、「通俗化」的路線，一味迎合大衆的口味，有誤導人心對於文學認知的疑慮。而後者多半凜於財力匱乏，難以維持雜誌的運作，不得不做出這樣的「調整」。然而，他們所謂迎合大衆口味的「大衆」，不論是不是一個眞實的存在（這往往只是一種假設，並沒有眞正的大衆），就他們的作法來說，已經使文學流於庸俗化，這對文化傳播可能造成反貢獻（也就是只能傳播低品質的文化）。

對於將文學雜誌導向「大衆化」、「通俗化」的作法，個人打從心底不敢苟同；而對於僅憑衝動來辦文學雜誌的人，個人也只能以「不同情」的態度，「斥之」爲好高騖遠。個人所以不能同情這些人，不是因爲他們的「志業」不可愛，而是因爲他們的「智慮」太單純（雜誌還沒發行，就可以料到他們將「坐以待斃」）。也許有人會說這些都不是雜誌辦不下去的眞正原因，眞正原因是他們不會辦事，也就是不會運用企業化的經營。事實是這樣嗎？企業化經營不外要有周密完善的編輯流程，尋找廠商廣告的支持，以及暢通的行銷管道等，這並不是每一種文學雜誌所能做到。因爲文學雜誌的性質不同，編輯的流程也不同，同時爲了尋求廣告，可能受到廠商左右，無法維持一定的編輯方向，而行銷管道也要看讀者的意願，可遇不可求。可見企業化經營，並不是決定文學雜誌成敗的唯一因素。今天有些文學雜誌所以維持不下去，固然有編輯人才不繼，以及廣告、行銷不利等因素，最主要還是欠缺雄厚資金作爲後援。因爲文學雜誌是一種文化徵象，不同於一般物品，無法把它當做一般物品來推銷，收支不平衡是必然的事。如果沒有這一點認識，就會陷於辦雜誌和賺錢（辦文學雜誌幾乎都不會賺錢）的兩難困境。

以目前我們社會所累積的財富，應該可以好好從事一些文化活動，除了政府機關學校所辦的雜誌外，我們還得設法廣求財團的支持，以不計利潤的方式，辦幾分夠水準的雜誌，以彌補這個社會文化失調所帶來的精神貧乏。任何「跑單幫」的舉措，都救不了文學雜誌，也無益於文化秩序的創建。這恐怕是當今文學人優先要思考的問題。而財團也得體認資助文學雜誌，促進文化的發展，更有利於維護本身的利益，不能「因小失大」。

至於找到財團支持以後，可能會受財團「掣肘」而影響文學雜誌的走向，這應該不難透過「協商」獲得解決。如果彼此還欠缺解決這個問題的智慧，那文學雜誌也不必辦了，這個社會合該淪爲文化沙漠，以至「萬劫不復」！

（青年日報副刊，一九九二年八月二十日）

成人說「兒童」的「文學」

照理說，兒童文學不等於「兒童」加「文學」，而應指「兒童」和「文學」。這是因為「兒童」和「文學」分屬兩個不同的範疇，只可能發生「兒童」和「文學」的相互作用，而不可能發生「兒童」和「文學」的相互結合。如果有人一定要把它視為「兒童」加「文學」，那就會面臨一種窘境：就是他將無從在既有的任何作品中分別找出「兒童」和「文學」的成分。

其實，把兒童文學理解為「兒童」的「文學」，也不是沒有問題。我們從兒童的立場來看，不論兒童文學是指「兒童」所能理解或批判的「文學」，還是兼指「兒童」所能言說或寫作的「文學」，誰都沒有能耐加以確定。因為兒童的能力高低不同，有的能讀未經刪節改寫的《三國演義》、《西遊記》、《水滸傳》、《紅樓夢》等古典小說，有的連「大頭大頭／下雨不愁／你有雨傘／我有大頭」、「大魚不來小魚來／小魚不來蝦蟹來／蝦蟹來了小魚來／小魚來了大魚來」這類的白話童謠也礙難欣賞，這要如何劃定兒童文學的範圍？還有「兒童」所能言說或寫作的「文學」，跟「兒童」所能理解或批判的「文學」，可能差距很大（如愛看《亞森羅蘋》或《福爾摩斯探案》的兒童，就難以或根本無法寫出類似的作品），這又要如何選定兒童文學的對象？

既然這樣，兒童文學肯定是無可談論的。但是我們又看到許多標名為兒童文學的論著和課程，這究竟又爲了什麼？我想這一切都是成人的觀念投射和理想期待的結果。本來人生充滿著各種可能（有人無所事事而虛度光陰、有人嬉遊墮落而自戕賊物、有人創造發明而益己利人），而文學一項，在成人世界中是被認爲可以藉來美化人生的。把這種觀念推拓開來，自然可能想到及早在兒童身上「注入」或「發掘」文學的種子，而等待將來的開花結果。事實上，一個人所以會選擇文學（創作或研究）這條路，絕不是單純的由於讀了一些人家所「推銷」或「稱許」的文學作品，這中間不知要幾經轉折和變化（才可能接近或步上文學這條路）。我們實在沒有把握兒童確是需要我們所給的一切，而我們也確是需要爲我們所給的一切建立一套所謂的「兒童文學理論」。

我所以這麼說，並不是要否定兒童文學的「存在」和「可塑造性」，而是想藉機會指出兒童文學的「實際功能」不該繼續被「膨脹」（如兒童文學理論書所說的那樣），同時對於兒童文學一詞也要採取「括號用法」（主要在爲談論者保留一個彈性運用的空間）。因此，本文一開始所使用的定義，在沒有比它更貼切或更少問題的定義出現以前，不妨大家仍把它當作論說的依據。這時我們就可以一方面將各種兒童文學理論書上的說法，依這一定義衡量它所論「兒童」和「文學」兩個關係項間的邏輯結構；一方面爲自己思考相同課題擴展領域或創新境界。前者不便在這裡細舉討論，後者卻可以再作點說明：如果我們採用了這樣的定義，至少能獲得對完密論說有用的幾點宣稱：

第一，「兒童文學」的存在，不是一個經驗事實，而是一個理論假定。換句話說，它是成人所認爲的「兒童」的「文學」，跟兒童自己的文學經驗不必然相關。所以，一切的論說都有待經驗的檢證。

第二，「兒童」和「文學」兩個概念，處在游移不定或繼續發展的狀態，所賦予的意義都是爲了方便研究、教學和創作，沒有「定於一尊」的意思。也就是說，有關「兒童」和「文學」的種種界定，終究不是絕對的，而是權宜的。

第三，不論是整體論說，還是部分論說，都隱含著「對話」的空間。如果有人看出裡頭有多重且不協調的聲音，或質疑批判當中某些乖違不合理的成分，都將是再作彌補或改寫的最佳參照。

此外，凡是論說所不及處（如爲什麼「有些兒童不喜歡『兒童文學』」而「大人寫作『兒童文學』常愛夾帶道德教訓」之類的問題），也就是大家重新思考如何發展（新變）「兒童文學」的關鍵。

有了上述各項宣稱，我們所說的「兒童」的「文學」，才有比較高的「可信度」，而不致蒙受他人加以「獨斷」或「人云亦云」的惡名指責。還有根據這些宣稱，我們也將更有能力分辨別人論說的「虛實」，以及採取妥適的與人交流意見的對策。

（臺灣日報「前瞻」，一九九四年八月十三日）

「民間文學研究」如何定位？

比起俗文學或雅文學，民間文學可見的種類就少多了。這是因爲民間文學以口傳形式存在，不經紀錄採集，就不知道它分布的範圍。而這種紀錄採集的工作，又只能是局部性的，無法在短期內完成全面的訪求彙整。雖然如此，從今人已採集到的來看，也相當可觀，計有神話、傳說、民間故事（包含民間童話、動物故事、諺語、寓言、生活故事、笑話等）、民間敘事詩、民間歌謠、諺語、謎語、民間戲曲等。面對這些形式和內涵都略有異於俗文學或雅文學的作品，大家所可能想到的，就是也把它當作「研究對象」來研究。但是這種研究無益於民間文學的創作（知識分子不會時興這種創作），也無益於低階層民衆的「自我教育」（他們看不懂這類的研究），更無益於文體的改良或更新（因爲既存的俗文學和雅文學的文體種類遠超過這些），那研究民間文學又爲了什麼？

如果我的觀察沒有錯誤，當今的民間文學研究，有三個趨向：一個是作「單位」或「類型」的分析，並編成索引，以爲進一步研究的依據；一個是作「歷史研究」，從民間文學衆「單位」或「類型」在一民族內歷經貫時的演變（組合、生產、變形等），看民間文學的發展，再追溯各「單位」或「類型」在鄰接民族中的時空分布，以推測其傳布的過程，並窺探民族文化的接觸和演變；一個是作「功能研究」，結合人類學、民俗學、社會學等學科，把民間文學推向擔負創造人類精神文明、摶成民族特色、維護社會秩序等使命上。當然，在實際研究進程中，這三種方法可能被混合使用，不再有釐然可辨的界限。但是研究者卻沒有想到，這些研究用在俗文學或雅文學上，照樣行得通（而且俗文學或雅文學還可能提供更豐富的材料），又何必強調它是民間文學才要作這樣的研究？今天大家所以特別賦予「民間文學」的名稱，顯然著重在「民間」這一特性上，而不是藉它來作「歷史」的見證或「人類學」、「民俗學」、「社會學」的題材。可見大家對民間文學還是不甚了了。

我們可以想像得到，所有民間文學的研究，只對研究者或相關的社群組織有意義（他們可以藉它獲取「資訊提供者」或「人間教化主」之類的利益或榮銜），而在實際「生產」這類文學的民衆身上，卻沒有因爲多了這種研究而沾濡到什麼好處。這樣研究者勢必出現一種矛盾心結，就是他所研究的對象正是他所「不屑一爲」的（只不過藉它達到獲取利益或榮銜而已），而始終游離於民間文學之外（僅僅做一個旁觀者），卻還得「正視」它的存在。這的確是一件很「滑稽」的事。其實，我們既然稱它爲民間文學，還對它進行研究，正是要參與他的「創作活動」，而不是當它跟自己無關的「客觀物」（如果是這樣，我們可以稱它「一堆垃圾」或「等待再利用的資源」，就不必冠上「文學」這麼堂皇的名稱，也不必費心加添「民間」兩字以示區別）。

根據這一點，我們的民間文學研究，可能要改變成「實地訪談」和「成果彙報」。前者不同於當今研究前的採集工作，它主要在依據採集來的作品，設計某些相關的問題，回到流行該作品的地區，採訪民衆對它的理解和感受，以爲判斷該作品價值的準據。然後是「成果彙報」，把實地訪談所得資料加以分析，以有利於創作力的激發，讓民衆「廣爲宣傳」，才能熱絡民間文學的創作、流傳等活動。這豈不是比現在所作的「歷史研究」或「功能研究」更有意義？如果眞能這樣做，那民衆又多了一種「受教」機會（先前他們從別人口中得知那些作品，已經受了第一次教育），不是更有利於人類精神文明的開展？

（中央日報「長河」，一九九二年十二月二十九日）

談意象

長久以來，詩被公認是一種「藝術形式」。但它和音樂、繪畫、雕刻等藝術形式有所不同；音樂所依賴的是音符，繪畫所依賴的是色彩，雕刻所依賴的是物體，而詩所依賴的卻是語言。語言是抽象的，藝術是具體的。要用抽象的語言來構造具體的藝術，實在不是一件容易的事。因爲語言要成爲藝術的媒介，必須超越「口說」的層次；在超越「口說」的層次後，又必須使它還原爲「語言」的面目。這對詩人是一大考驗，對讀者也是一大考驗。詩人在面臨創作時，一定要考慮怎樣使他的語言表達得很適當；讀者也得從詩裡探索那些語言的眞實涵義。在這個活動中，「意象」便扮演了很重要的角色。詩的語言依靠文字記述下來，成爲一篇作品，這篇作品就代表了詩人心中的某個意象。

韋勒克等《文學論》說：「意象是兼屬於心理學與文學的研究題目，在心理學方面，『意象』一詞，是指過去的感覺或已被知解的經驗在心靈上再生或記憶。」如果用在文學方面，簡單的說，就是作者將內心的感受或經驗，藉著語言表達出來，使它成爲可被知解和想像的成分。

因此，詩人的最大目的，就是在於表露或傳達他的意象。由於意象是詩人內在的意識活動，以至他要讓該意象顯現出來，就必須使用許多語言來描述。這又牽涉到一個問題，就是詩人的意象，往往不易被人所探知，那麼讀者如何去捉摸？其實，這並不是很大的難題。如果我們能掌握詩人的語言，就能瞭解詩人的意象。

余光中《掌上雨》說：「所謂意象，即是詩人之意，訴之於外在之象，讀者再根據這外在之象，試圖還原爲詩人當初的內在之意。」這段話所談的意象的傳達和被知解的問題，對於意象本身並沒有解說清楚。意象在詩人腦海中出現後，想訴諸筆墨，也許只用一個語句來說明，也許要費許多語句才能表明；而相同的意象，各人的表達方式卻不一樣。如同樣是表述「時間過得很快」的意象，有的說「逝者如斯夫，不舍晝夜」；有的說「人生天地間，忽如遠行客」；也有的說「朝如青絲暮成雪」。這只是比較簡單的例子。再深一層來看，有些詩人並不使用這麼淺白的語句來表述他的意象，而是使用令人費解的語句來表述他的意象；像李商隱的詩，歷來一直被認爲晦澀難懂，光是一首〈錦瑟〉詩，就不知有多少人爲它作過箋註，到現今仍沒有定論。難怪元好問會感慨的說：「望帝春心託杜鵑，佳人錦瑟怨華年。詩家總愛西崑好，獨恨無人作鄭箋。」事實上，李商隱心中的意象並沒有什麼特別，只是在表述的過程中多轉個彎而已。結果使許多人要從詩句「試圖還原爲詩人當初的內在之意」時，摸不著頭緒，而穿鑿附會的強加解說。這就是說詩人的意象，有時會透過詩句呈現在你的眼前，有時會隱晦在詩句的背後，如不細心觀察，便很難體會得到。

關於前面這個問題，還得靠讀者自己來解決。因爲詩人完成一首詩後（不管詩寫得好不好），他的任務已完成，接著就看讀者能不能體會它的含意——就是把詩人的意象找出來。然而，事情並不是那麼單純，如前面所說的詩人的意象，往往「隱而不顯」，讀者憑藉什麼來理解它？很顯然的，讀者也要知道詩人怎樣表達他的意象。

王夢鷗《文學概論》一書中，把意象的傳達分為三個層次。他說：「從修辭上觀察詩人文學家們對於意象的表述，大體可分為三個層次：第一層，是積極運用記號所能達成的效果，而直接把原意象翻譯為外在的語言。第二層，則連同原意象所衍生的類似的意象，同時譯為外在的語言，而即以那類似之點來代表原意象。第三層是為著注意那衍生的意象，便把它當作原意象來描寫：若使原意象是由客觀的事物促起的，但促起之後繼起的意象，則是純主觀的另一經驗之再現，以純主觀的另一經驗之再現當作主體來描寫。」又說：「這三層與我國古代區分詩法為賦、比、興三個層次約略相當。」意象的傳達，有這三個層次，王夢鷗又各以一句話來標明它：第一層叫做「意象之直接的傳達」（賦）；第二層叫做「意象之間接的傳達」（比）；第三層叫做「意象之繼起的傳達」（興）。現在借用他的話，舉幾個例子來說明詩人傳達意象的三個層次。如杜甫〈旅夜書懷〉：「星垂平野闊，月湧大江流」一句，這是詩人曾見過的景象，屬於他記憶的一部分，現在被促起後變成一個意象，詩人就直接把它「翻譯為外在的語言」，這是「意象之直接的傳達」。又如王昌齡〈春宮曲〉：「平陽歌舞新承寵，簾外春寒賜錦袍」一句，明是在描寫失寵的宮妃欲怨不得的心情，卻不直接把原意象翻譯為外在的語言，而從受賜錦袍的平陽公主謳者這個衍生的意象入手，間接的表述出原意象，這就叫做「意象之間接的傳達」。又如李商隱〈無題〉：「春蠶到死絲方盡，蠟炬成灰淚始乾」一句，表面在描述「蠶死絲盡」和「蠟燃成灰」等意象，事實上是要表述某種情思（有殉情的意味），這才是原意象。他把「衍生的意象」當作原意象來描寫，就是「意象之繼起的傳達」。

意象的傳達，有三個不同的層次，這只是詩人爲達到藝術目的的手段而已，不能據以爲評斷藝術價值的標準（不論那一種表達方法，都有它不可抹滅的藝術價值）。也許有人認爲這三個層次，代表了三個不同的境界，但站在詩人的立場來看，他們的出發點是一致的（都是忠實的表述他們的經驗或感受），那些原意象可能都是平凡的，而在讀者眼中會生出不平凡的意象，完全是讀者主觀的看法，不能藉以評定它們境界的高下。所以，談意象談到最後，仍然要留下兩個問題：一個是詩人到底怎樣表達他的意象？一個是讀者如何還原詩人的意象，或者擴大詩人的意象？這就得靠讀者、詩人和批評家共同來關心它了。

（中華日報「文教與出版」，一九八三年四月十八日）

為什麼要讀小說？

很多人都愛讀小說，也常讀小說，但很少會認眞的想爲什麼要讀小說？如果有人提出質問，對方可能會瞠目結舌而不知所對。

畢竟這不同於爲什麼要寫小說的問題。後者有的是爲了名山事業，有的是爲了娛樂別人或賺錢餬口；而前者多半只考慮自己受用。但就算這樣，一般人也說不出一個所以然來。

這並不是說讀小說的人都沒有讀到入迷的地步，也不是說讀小說的人都沒有什麼特別的感受，而是說整個過程還缺少一分「自我成長」的自覺和期許。

就以《紅樓夢》爲例，有人讀它讀到嘔血而死：「常州臧鏞堂言，邑有士人貪看《紅樓夢》，每到入情處，必掩卷瞑想，或發聲長歎，或揮淚悲啼，寢食並廢，匝月間連看七遍，遂致神思恍惚，心血耗盡而死。又言，某姓一女子亦看《紅樓夢》，嘔血而死。」（陳鏞，《樗散軒叢談》卷二）也有人讀後斥責它爲淫書邪說而倡行禁絕：「《紅樓夢》一書，誨淫之甚者也……我做安徽學政時，曾經出示嚴禁，而力量不能及遠，徒喚奈何……那繹堂先生亦極言：『《紅樓夢》一書爲邪說詖行之尤，無非蹧蹋旗人，實堪痛恨！我擬奏請通行禁絕，又恐立言不能得體，是以隱忍未行。』則與我有同心矣。」（梁恭辰《北東園筆錄》四編卷四）但不論是痴絕還是恨透，《紅樓夢》對他們來說，僅止於「可愛」或「淫邪」的表面浮淺印象，而不知道背後還有（所以「可愛」或「淫邪」）可以使人覺醒或增長智事的因素。

自古以來，小說這種文體（文類）就比其他文體「特殊」一些，大家對它所發出的褒貶聲，可說不絕如縷。貶斥小說的人，無不認為它多「荒唐俚鄙，殊非正理；不但誘惑愚民，即縉紳士子未免游目而蠱惑焉」（《大清聖祖仁皇帝實錄》卷二五八），甚至有少年輕薄、鄉曲武豪「家置一編，人懷一筴」而練就「犯上作亂」的本事（《譚瀛室筆記》）。而褒揚小說的人，卻一致認為它「雖小道，其旨趣義蘊原可羽翼賢卷聖經，用筆行文要合諸腐遷盲左，何可以小說目之哉」（何昌森〈水石緣序〉），甚至特具「不可思議之功力支配人道」而可以「新一國之民」（梁啓超〈小說與群治之關係〉）。

以至小說成了人人「各取所需」或「各棄所厭」的對象，而根本無法把「為什麼要讀小說」變成一個普遍性的問題（進而談論它）。但又不然，貶斥小說的人，還是得先讀過小說，才知道誨淫誨盜或荒謬鄙俗到什麼程度。因此，只要把這類讀者劃歸到「較不善讀小說」的範圍，還是可以接上這裡的論題。

如果讀小說的結果只是為了決定對小說的好惡（如上述那些例子），那有沒有小說對人來說都不關緊要；但如果讀小說是為了更能瞭解自己和別人以及整個存在，那有沒有小說對人來說就有莫大的關係。

蠡勺居士〈昕夕閑談小序〉中有段話說：「予則謂小說者，當以怡神悅魄爲主，使人之碌碌此世者，咸棄其焦思繁慮，而暫遷其心於恬適之境者也；又令人之聞義俠之風，則激其慷慨之氣；聞憂愁之事，則動其悽惋之情；聞惡則深惡，聞善則深善，斯則又古人啓發良心懲創逸志之微旨，且又爲明於庶物察於人倫之大助也。」這是說小說（文中指有性質限定者）可以讓人讀後獲得一種「替代性滿足」，功能確是不小。

然而，「替代性滿足」是在閱讀小說後才有可能發生（而且倘若小說的情節不夠「離奇曲折」也未必會發生），事前並無法作任何保證，這就看不出一個人有什麼充足的理由要去讀小說。因此，「可以」獲得「替代性滿足」，不妨算作是人所以要讀小說的可有可無的動機。而眞正必要的動機，還在人要藉它來試煉自己的閱歷和才能。這點大家未必會有自覺，但不能否認它有存在的必然性。

一般小說除了有敘事模式可供觀摩（學習寫作的人常從這裡汲取養分），最重要的是它還有「事體」可供尋繹。這些「事體」都明示著或隱含著對「現實」的批判，讀者就以他既有的經驗和能耐來理解或評價它，終於得到「深獲我心」或「沒我高明」的結論，然後繼續下一波的「尋找對象作同樣試煉」的行動。

這種「快意事」，就很難在別的文體（文類）中找到（這才顯得小說受人喜愛的程度特別高）。

只是一般人都不大清楚自己正在作這件事，也沒有強烈意願去探究這件事，平白浪費了光陰又辜負了一些有「深度」的作品。而當人多沒有願力和耐心沈潛在書籍中鍛鍊或累積自己的智能和才情，整個社會和世界就會淺薄擾動如浮塵（證諸當前的情況正是如此）。

從來愛讀小說的人（想必佔閱讀人口的多數），到底又有幾個也能意識到這種嚴重性而設法加以改善？

現今逐漸有人體會出：藝術的本質，不在於它追求一種超自然的存在（如道、理念、眞理等），也不在於它對現實的忠實反映或內在感情的表現和抒發，而是在於它對現實的批判。這對作爲藝術形式之一的小說來說，再貼切也不過了。

如果我們都能重新認識這一點，不僅會使閱讀行爲增加它的「顯意識促發」的成分和提高它所能達到的「邊際效益」，還會刺激小說創作更求精進（內含更有效而合理的對現實的批判），從而給予現實人生添加有益的變數和妥適的引導。

（中央日報「國語文」，一九九五年一月十二日）

咳，那頂桂冠

——《拿到博士的那一天》讀後

相傳唐代新科進士，都會獲邀參加曲江宴飲饌、上慈恩塔題名，一時榮寵常使他們樂得陶然忘我，把來時的艱辛、苦楚全抛在腦後。這種情景不知往後是否還有，但可以想見每一個努力躍上龍門的人，無不渴望有那麼一刻能在「傾城縱觀」下痛飲狂歡，一洩平日的悒鬱和委屈。被喻爲現代進士的「博士」們，本來沒有機會再受同樣的歡宴和尊榮，但意外的卻有傳播媒體「仿擬」前例，讓他們在紙上共度了一次盛會。

《拿到博士的那一天》書中所收二十一篇文章，當初在《中央日報》長河副刊陸續刊出時，已經篇篇拜讀，深爲編者所開現代版的曲江大會所著迷，也爲那些博士們的「盡情揮灑」而暗佩編者的貼心和睿智（能提供版面讓博士們聊慰求學的劬勞和當初獲得桂冠時所缺少的群衆喝采）。現在編輯成書，再次拜讀後，才發現原來編者還有一番用心：「光彩背後的淚水付出，卻常常爲人所忽視。一般人只聞撲鼻之梅香，卻不思其承受的徹骨之寒……我所要藉以呈現的，主要還是他們拿到學位前的奮鬥過程」。這比起古代皇室設宴款待進士只是進一步牢籠前的「施惠」，簡直不可同日而語。

以前讀書人熱中科舉，多半是爲了功名。雖然明知那是朝廷所設彀，「賺得英雄盡白頭」，而自己也不免「三場辛苦魔成鬼，兩字功名誤煞人」，但在天下僅此一場大家可以共玩的遊戲的前提下，誰能耐得了寂寞而不前往一搏？現代讀書人已經有較多的出路，功名未必是他們所叼念的。然而，進學校受業以便追求某些榮銜或利益或理想，仍是他們不能或忘的嶄向，以至現代讀書人少不了也要嘗受以前讀書人爲「讀書」、「應試」所要嘗受的「勤苦憂患警怖束縛」之苦。而「博士」學位這象徵學問的頂峰，能爬上去的人，所吃的苦豈不是要再加一等？可見古今讀書人都是同樣「處境」，想來不免有些黯然！

不過，個人比較感興趣的是：在這一場無止盡的追逐遊戲中，是否有人遭遇某些特別的挫折，以及挫折後所起的心理或人格上的變化，這將會加深我們的印象和省思。以前「屢試不中」對一個讀書人來說，毋寧就是最大的挫折了。但「一試而中」或「數試而中」的人又如何？他們原先在學時的受虐承笞和應試時的齒震悚慄，不可能不在中試後「反彈」出來。其中「驚喜還疑夢，狂來不似儒」的人還算能自制，「坐堂，灑籤，打人」的人就有點喪失理智在進行反虐，而助君「屠毒天下之肝腦」「敲剝天下之骨髓」的人則無疑是精神分裂到不辨自己爲何人了。

無獨有偶的，現代的博士也有一些不尋常的遭遇：「據前輩們的經驗，論文口試是一場苦戰，曾經有人熬了六個小時才過關，我也帶了一大落資料，預備引經據典展開長期作戰，聽了這番話，一時之間我像洩了氣的皮球，花了七年時間，所有努力都爲了要打這一仗，結果和平到來得這麼快，所有戰術無用武之地，高潮的頂點卻是反高潮，令我不知是悲是喜，百感難耐」（本書，頁二五～二六）、「口試分兩次舉行，校內考過，教育部再考……記得，教育部那一場，查良鑑先生擔任主任委員，他劈口開罵，說我爲什麼不穿西裝，不尊重國家考試大典。當場有兩、三位委員，犯了同樣罪狀，一時之間氣氛尷尬凝重。接著他要我用三句話說出論文要點，我想他一定沒看論文，而態度竟如此輕蔑，誰能用三句話來說十八萬字的長篇大論，我勉強回了三句，他威武地說：沒有說到重點。我氣得直想站起身來，罵兩句走路，我可以不要學位，也不能接受如此無禮的對待」（本書，頁六〇）。只是不知曾遭遇消遣、刁難的博士們，一旦也擁有類似的「生殺大權」後，是否也會反過來消遣、刁難別人？這似乎可以再寫一本書來追蹤報導。

考進士、念博士，顯然都不是能讓人玩得稱心如意的遊戲，而且還關係一個「究竟有何意義」的問題。古代從皇帝到市井小民，都曉得科考「於政無涉」，但爲了維繫一個形上儀式（共享尊榮），大家仍甘願去扮演「牢籠者」和「被牢籠者」的角色。現在也有人已經體會到博士學位跟「學問的好壞」「做人的好壞」無關，只爲了「在向那些崇拜學位的人們遞出名片時的一點點虛榮感，以及向『文憑至上』的機關求職時，容易被欣然接受」（本書，頁一二五）而奔競不已！這麼一來，整個社會（國家）安排了這個遊戲場域，到底有什麼「遠景」可以期待；而讀書人紛紛投入倖博一勝，又有什麼「出路」足以安身立命，就不能不教人深思了。

（中央日報「長河」，一九九五年十月九日）

翻落一籮筐語言符號

——張啓疆的《小說‧小說家和他的太太》

讀慣那些故事情節首尾完整作品的人，乍看張啓疆的小說，可能會有不知所措的感覺。他獵取許多的新聞鏡頭，卻無意將它鋪展成可「動人」的事件，而以議論「夾纏」的方式，來呈現他的「見識」。以至讀者還來不及揣想故事中人物意識行動的全貌，已經「懾伏」在他一波波的論評裡。這本小說集《小說‧小說家和他的太太》，仍舊體現了他一貫的「旨趣」。

在後現代的情境中，二元價值的神話已被打破，眼光銳利的作家，無不以突破既有框限爲快意事。張啓疆的表現，毋寧也當他受到這一情境的感染，而有意開啓小說的「期望眼界」的變革。既是變革，也就沒有一定的止境，所有的作爲都是「嘗試」，而有待自己或他人的詮解和品評。在這個前提下，個人找到一條未必相應卻有意思的解讀線索，就是重組由解構理論宣判斷裂的意符。

如果語言符號原是人把它裝在籮筐裡，所有的意符都能找到各自的意指，而聯結成一個整體，那解構理論所出示的意符搭連不到意指的「支解」情狀，就成了強烈的對比。這中間孰是孰非還很難斷定，但「心急」的人不免要把那些語言符號掀翻開來，重新加以組合，好體驗解構理論所暗示的「沒有什麼不可以」的遊戲樂趣。張啓疆的小說，就是一個具體的例證。在他的演出中，我們可以看到三種重組意符的形態：

第一，「超現實」的語句經營，如「他試著用力呼吸，尋找三個月後『完整無缺』的身體的位置」（頁一四）、「有一位四肢全斷的弟兄看見他（軍醫），跳下擔架回頭就跑，忘了自己失去手腳，此後一輩子衝鋒陷陣，再也停不下來」（頁四〇）、「有人因爲遍尋不著傷口，過度擔心，衰竭而死；有人命喪當場，卻因等不到人收屍，憤而起身離去」（頁七一）、「陽光繼續搜索看不見劇情的傳說」（頁一三二），面對這些語句，已經無法用常理來理解。

第二，「乖俗情」的論調運使，如「那些與日用常行無關的小說裡的明喻或暗示，或許才是通向眞實世界的蛛絲」（頁八八）、「我覺得肉感的女人反而失落了眞正的性趣味，因爲那飽脹的肉體阻礙了心靈的延申」（頁九五）、「（妓女拒吻）她在吊男人的胃口，喚醒男人最深沉的恐懼，那種雄性動物專有，騁馳擄刺顧盼自雄突然翻身墜馬的失重感」（頁一一四）、「回憶在本質上就是一種虛妄」（頁一七四）、「愛比怪獸更虛幻，卻比整個世界更眞實」（頁一八八），這類的論調，平常是很少看得到的。

第三，「灰色調」的篇章組織，本書總收二十六篇小說，區分成七個部分：「人潮的背影」、「戰爭四部曲」、「他人的臉」、「男人勿近」、「瞬間風景」、「關於上帝的誹聞或緋聞」、「惡魔天空下」。當中除了〈「ㄅ一」字這條路〉和〈上帝的名字〉兩篇看似有「聯結」，其餘各篇都各自獨立。雖然如此，通書卻貫串著由情愛、戰爭、虛無、惡魔等「引起」的危疑和震撼，讓人難有「喘息」的機會。

此外，作者還善於製造「兩種聲音相互拉扯」來拓展人性的深度。最明顯的例子，就是被作者取爲書名的那篇〈小說．小說家和他的太太〉。文中的小說家寫小說「恆常地以一位『孤獨、憂鬱、懷才不遇的小說家』爲主角，十年如一日，小說家不變，小說裡的小說家也不老。小說中的小說家也有老婆，卻是一位『肥腫、兇暴、性飢荒』的女羅剎……」（頁八九）這一切都會在他的「經紀人」（小說家的老婆）手中出現一百八十度大轉變，形成小說家和小說家的老婆以及小說的原結局和改動後的結局的雙重對峙。這與其看作是必然的「生命的二律背反」，不如看作是人性在面對眞實情境交替呈現的兩種面相。現在經由作者的揭發，多少能產生一些啓示作用。

根據作者在自序中的告白：「我眞正想說的是：我們所熟悉和所好奇和所渴望和所恐懼的重重世界之間，也許重疊，也許互補，也許有交集，也許是餘集，也許是永不交叉的平行關係……於是，一切不可能都將變爲可能，可能之中又夾藏著翻覆、傾斜與危疑」（頁九），可以證明個人前面所說的不致太過離譜。只是他翻落一堆語言符號後所進行的種種重組方案，是否就能更新舊有的視界，成爲不可或缺的「範例」，那就有待時間的考驗，而不是目前個人所能草率推斷的。

（文訊第九九期，一九九四年一月）

北港香爐人人插？

這陣子，李昂又出盡了風頭，也賺滿了荷包。《北港香爐人人插》一書，初版一刷就印了五萬本，起碼也有上百萬的版稅收入。我們當然不必像一開始就跟她對上的陳文茜一樣，嗔怪她「賺錢的方式很不正常」，但也難免對她一夕之間「暴得書價」而稍感眼紅。這無疑應了最新的經濟學理論（複雜理論）所說的「報酬遞增率」——一項產品賣得好，是由某些偶然的因素造成的，而跟它的品質是否精良無關。因此，對於長年爬格子而仍處於挨餓邊緣的人來說，也只能徒呼奈何！

爲了不顯得落伍，個人也購買一本來看。而稍早傳播媒體所披露的衆多批評文章裏，多集中於討論「兩個女人的戰爭」的是非或略就書中性／政治的遊戲予以質疑，並沒有什麼「駭然可怪」的說法。倒是無意中瞥見「看完該書的人紛紛抱怨，書裏沒有教人插香爐的方法」這句俏皮話，而莞爾不已！其實，這是一本「灌水」的小說集，別人爲它所寫的長篇序論，以及四篇有關探討李昂舊作的論文，合起來就佔了三分之一強的篇幅；而眞的引起輿論嘩然的作爲書名的那篇〈北港香爐人人插〉，卻沒有想像中的精彩。

就李昂的立場，她寫作〈北港香爐人人插〉一文，似乎不滿於「女人以性換取權力」（甚至將自己的身體作爲實踐政黨大和解的「前哨站」），但她卻沒有警覺到自己正陷在簡化問題的思考格局裏。首先，以性換取權力的作法如果値得撻伐的話，那女人的動機絕不是唯一要受到解剖的。凡是相信性的「媒介」功能和掉入權力的追逐「迷思」，以及認爲性能改變權力結構等等，都遠比女人的動機更需要檢視。畢竟政治權力的獲得，是由智慧和時運所決定的；而政治權力的不穩定性和低價性，也不是人終身可以依賴的。至於權力結構的瓦解或重建，更不是憑著某人一己的「妄想」就會發生。其次，一個女人幾乎可以毫無限制的「奉獻」給對她有性需求的政治人物或異議分子，這顯然「低估」了人的情感深度。不論是從性慾的層面來看，還是從心理的層面來看，人都有許多的顧忌和複雜的情緒，不太可能始終停留在某一特定的模式裏。再次，政治人物對這類女人的「利用」和「再利用」（前者指發洩性慾，後者指分配權力），所藉來衡量的指標，未必盡是她的「誘人胴體」和獻身的「公衆性格」，也可能是她的「孤單身分」（可免惹相關人士的尋隙報復）和「反叛威脅」（預料她會抖出內幕或四處搗亂）。這些都在李昂「輕率」的筆下被遮蓋或被遺忘了。

倘若再狠一點，還可以揪出李昂行文上的一些疏漏，如〈北港香爐人人插〉是採倒敍手法，結尾卻沒有接上開頭，使得一個「故事」呈現破碎相；明顯是用了全知觀點，能將做愛細節描繪得淋漓盡至，卻不對林麗姿如何「轉變」得那麼突然的不合理成分作些必要的交代；小說的重點是在凸顯女人以性換取權力所要付出的代價，卻沒有多加著墨，反而賣弄起她對女人胴體的「淵博知識」和對男女交媾過程的「瞭如指掌」。老實說，這篇小說的名稱再添個問號，變成〈北港香爐人人插？〉，可能更容易造成「自我解構」的特殊效果。現在不是，那麼我們就可以理直氣壯的質問它：這是那門子的「北港香爐」？

李昂已經是文壇的老手，也深知「風尙所趨」，但寫起文章未必像她所自詡的能「探觸時代生活的核心」或像別人所加冕的「女性主義的代言人」，中間還有些環節有待銜接。而如果純粹從她所「偏愛」的性愛情境的描寫來說，含蓄委婉處比不上《紅樓夢》，張狂露骨處還不如現代A片。前者讓人少了一分遐思或默會的樂趣，後者也讓人興起不及看A片或親自體驗過癮的遺憾！李昂也許可以考慮，在她下一部小說中，嘗試讓焦慮、沮喪的男人去面臨性慾的挫折（據說這時跟去勢相距不遠），不要老以爲男人都是一副「昂奮」樣！

（一九九八年四）

鄭愁予〈錯誤〉詩評析

現代詩人中，鄭愁予的盛名歷久不衰。其凝鍊含蓄的抒情詩，堪稱獨樹一幟。論者常將其比擬唐宋小令；而鄭氏表現手法的靈活多變，遠非張先、柳永等束於格律者可及。因此，評他的詩時，往往有說不透徹的感覺；甚至當你傾力去詮釋他的詩後，又猛然發現自己落入他的文字迷障中。從許多人試圖解開鄭愁予詩作的奧秘，而終不得不放棄的情形看來，可知詩人的心聲心畫，宛如空中雲霓，渾然縹緲；遠觀則有朦朧之美，近觀卻失一分天然的眞趣。所以本文不貿然去掀揭作者的「詩心」，純就詩論詩，談談這首名作：〈錯誤〉。

　我打江南走過
　那等在季節裡的容顏如蓮花的開落
東風不來，三月的柳絮不飛
你底心如小小的寂寞的城

恰若青石的街道向晚
跫音不響，三月的春帷不揭
你底心是小小的窗扉緊掩

我達達的馬蹄是美麗的錯誤
我不是歸人，是個過客……

——錄自《鄭愁予詩選集》

詩名取得妙，全文也可稱絕。如精緻的玩偶，讓人賞玩不置；又如秋湖上白色的睡蓮，令人顫然心動。全詩在表達一種情緣不遇的哀感，頗富有戲劇效果；雖然未盡其抒情的能事，但不失溫婉蘊藉，讀來醰醰有味。試從詞句、意象、韻律、結構等方面，分析它的得失，期望有助於讀此詩的人對它的品評。①

作者開始就呼出主人翁「我」來，並點明他的所在地江南：「我打江南走過」。主人翁騎馬行經江南，引起他一連串的思維和感觸。「那等在季節裡的容顏如蓮花的開落」，有比喻，也有暗示。「容顏」比喻主人翁所思念的女子；「蓮花」形容該女子貌美，但在漫長的等候騎士歸來中，逐漸失去了光澤。作者巧妙的以「蓮花的開落」比喻那等在季節裡由盛至衰的容顏，意象鮮明，使人不費猜疑。這在承接首句的意義，另有一層深刻的暗示：就是主人翁內心蘊涵不可告人的愁結；也許是世事的變化，迫他離開江南，一旦有機會再經過江南，卻見景物依舊，人物全非，不禁百感交集。他想起女子的容貌後，進而設想對方的心理：「東風不來，三月的柳絮不飛」。這個意象所傳達外在景象的寂寥，用來象徵女子孤孑的效果已達到了，然而作者為表明語意和顯露主人翁思維「綿密」，又增加「你底心如小小的寂寞的城，恰若青石的街道向晚」兩句。猶有不足，再安排一個涵義類似的意象：「跫音不響，三月的春帷不揭」；及補述語：「你底心是小小的窗扉緊掩」。江南三月，應是鶯飛草長，到處呈現盎然生機，而該女子卻獨守空閨，心如寂寞的城、緊掩的窗扉那般的凄涼！結語「我達達的馬蹄是美麗的錯誤，我不是歸人，是個過客」意象最為生動。這是全詩的高潮，也是最感人的部分。「達達的馬蹄」一面表述馬繼續前行，一面表述主人翁沒有停留之意。「美麗的錯誤」造語奇特，實為詩人的專利；它融合了馬蹄行進的形象美和主人翁的錯覺（原以為可登門造訪那女子），使人無法分辨到底是馬蹄踏上江南的錯誤，還是主人翁意念的錯誤。總歸是帶點自嘲意味的說這一趟旅程錯誤得美麗啊！因為我不是歸人，只是個過客。一片愁苦的心思，想藉著這種輕鬆的方式發洩了之，不意那愁思卻如蔓藤盤旋不去；也益發扣人心弦，隨著主人翁愁腸百轉。

此詩的韻律諧暢，節奏明快，琅琅入口之際，猶為其浪漫的情思所牽而不能自已。楊牧說：「鄭愁予是中國的中國詩人，用良好的中國文字寫作，形象準確，聲籟華美，而且是絕對現代的。」（《

鄭愁予詩選集·序》）「聲籟華美」，對鄭愁予的詩，確爲的評。讀此詩，首覺音調富有變化，古人所謂唇吻遒會，在此大概可得八九。其次長短句錯落，沒有枝蔓的毛病；長句讀緩，如在慢長的時間裡細品它深緻細膩的情感，而短句不至過促，維持全詩清哀的氣氛。作者尤善於在句尾運用去聲字（如過、落、誤、客）來促成韻律的起伏跌宕，而達到撼動人心的效果。

至於結構上，此詩起承轉合可說綿密允當。首段爲起、承，中段爲轉，末段爲合。作者將詩中兩個人物錯開處理，一動一靜；動的人物帶動情節，靜的人物隱在背後。先是詩中主人翁輕騎進入江南，見景生情，想起他的情人，及想像對方的心境，最後經過她的居處，而引發一場慨嘆！整個情節一貫而下，不旁生枝節，也無前後矛盾的現象。黃維樑說：「本詩以『我』的動作開始，以『我』的聲明作結，這個『我』君臨全詩，控制了女子感情的起伏。『我』捉弄了她，好像上天捉弄人。」②此依詩句推理，或不盡然如此。從廣一點的角度看詩中人物的遭遇，也許是情緣未遇，也許是時代所造成的「悲劇」，都不是他們所能主宰。

另外，作者在安排情節時，對於時空轉換的處理，頗爲高明。首句「我打江南走過」的「走過」，意味著空間的變幻；次句「那等在季節裡的容顏如蓮花的開落」，也透露了時間轉移的消息；都屬於過去。至於現在主人翁正在江南的路上，腦海裡不斷地出現許多念頭。當他想到「東風不來，三月的柳絮不飛」「你底心如小小的寂寞的城」，空間已轉到城內了；「恰若青石的街道向晚」，明白的告訴讀者當時正值黃昏；接著那兩句的「跫音不響，三月的春帷不揭」和「你底心是小小的窗扉緊掩」，更清楚的說明主人翁從青石街道走近女子的居處了;等到最後「我達達的馬蹄是美麗的錯誤」和「我不是歸人,是個過客」兩句出現,讀者恍然大悟,原來主人翁不是「歸人」,而是「過客」,那無窮盡的時空又自眼前展開來了。作者不用白描,而用景物的襯托以暗示時空的轉變,誠爲匠心獨運。柳宗元〈江雪〉詩:「千山鳥飛絕,萬徑人蹤滅。孤舟蓑笠翁,獨釣寒江雪。」也是一首有意在空間上造成奇效的詩,但似乎不如〈錯誤〉詩能掌握時空兩因素於無形來得生動逼人。

然而,此詩也不無小疵。㈠作者爲使時空能順利轉移,在中間一段安排兩個喻意相同的意象,而略失語意的整體性。古人作詩於對仗處,甚忌正對,所以《文心雕龍·麗辭》篇有所謂「正對爲劣」的說法。〈錯誤〉詩中,「你底心如小小的寂寞的城」和「你底心是小小的窗扉緊掩」,都在隱喻那女子心境的淒涼,實犯了「合掌」的毛病。㈡首兩句是否有必要低兩格?這在講究形式的現代詩人那裏,也許有特別的用意③。但總覺得此詩分成三段,每段間隔一行,已有開展詩意的層次感,沒有必要把首段低兩格來提醒讀者,聰明的讀者自會看出那是記憶中的事。㈢最後一行的刪節號似乎可去。「我不是歸人,是個過客」所含的意義已由字面顯示,作者再加上刪節號來暗喻主人翁的無限感喟,顯然是多餘的。讀者這時已從主人翁所發洩的情感中游離出來,他所看到的是主人翁惆悵而去,不是那些小小的黑點。

【註釋】

① 楊牧爲《鄭愁予詩選集》寫了一篇代序〈鄭愁予傳奇〉,用四分之一的篇幅解釋這首詩。另外水晶〈馬蹄聲

與玫瑰〉和黃維樑〈鄭愁予的「錯誤」〉兩文（收在《聯副三十年文學大系·評論》卷三），也爲這首詩作詳細的分析。但仍有不足的地方，且都爲詩人稱奇，絲毫不作苛求之想。今撰本文，略陳己見，或有不當，尚祈博雅匡正是幸。

② 見〈鄭愁予的「錯誤」〉一文。

③ 水晶〈馬蹄聲與玫瑰〉一文說：「詩人落筆之初，空兩格像是日文裡所謂的『冒頭』，英文裡的Preamble，提醒讀者，以下所詠，係記憶裡的事。」

（星光第二二期，一九八四年五月）

皮黃聲裡寄深情

——記「中正國劇」十五年

從明中葉以來，崑曲一直獨霸劇壇，頗受文人雅士的喜愛，但因曲藝逐漸典雅化，不免流於板滯僵硬，喪失原先為迎合大衆口味而特重「熱鬧活潑」性的要求，終於在清初「南洪北孔」雙璧並出後，無以為繼，而正式結束了這一代曲藝，代之而起的是地方戲劇。地方戲劇沒有統一的規律，當時稱為花部或亂彈，以有別於規律謹嚴的崑曲雅部。乾隆在位時，六次南巡，接觸民間戲劇甚多，又在他七旬、八旬大壽時，所有民間劇團都上朝拜賀，直接促進地方戲劇的興盛。

然而，各地戲曲湧入京師後，受觀衆歡迎的程度並不一致。首先是隸屬弋陽腔的京腔專擅勝場，但為時不久，稍後被秦腔所取代。秦腔激昂高亢，節奏鮮明，旋律變化多，又有善於做表、扮飾的演員魏長生擔綱，京城為之轟動，魏氏也因此博得最佳花旦的雅號。後因有妨善良風俗，魏氏被逐，秦腔受挫。繼起的是安徽人高朗亭所創的徽班。徽班的曲調，除在安徽流行的徽調（二黃調的源頭），還包括京腔、秦腔、崑腔等，特能兼容並蓄，順利取得「霸主」地位。徽班中有一演員程長庚，不只會唱以上各曲調，還能融會各曲調於一爐，創立皮黃腔（西皮、二黃合稱），大受觀衆的歡迎。咸豐年間，程氏數度蒙召入圓明園演唱，從此皮黃在花部中一枝獨秀。因爲皮黃流行於京城，被稱爲京戲；民國成立後，京城易名爲北平，又被稱爲平劇；不久再被稱爲國劇。直到大陸淪陷後，勢力才慢慢消退。

回顧這段戲劇史，我們不難發現皮黃戲所以能獨佔鰲頭，除了曲藝本身富有衆腔調的長處，散發獨特的魅力，緊緊「抓住」觀衆的心；還有達官貴人的賞愛，爲它作了免費的宣傳，間接強化了觀衆對它的品味。雖然如此，到現在還在流行的粵劇、潮劇、川劇、越劇（紹興戲）、評劇（蹦蹦戲）等地方戲曲，仍然有相當的勢力（尤其後二劇種，目前正受大陸當局重視，而全力在推廣發展），不因爲皮黃一劇獨大而有重挫的跡象。換句話說，不論皮黃戲，還是其他地方戲，都能相安無事，各憑本事力求發展。比較奇特的是大陸易守後，其他地方戲都沒能傳到臺灣，只有皮黃戲被顧正秋一班名伶帶來臺灣，成立顧劇團（今已解散）。然後透過政、軍力量，成立復興劇校，以及海光、陸光、大鵬、明駝等國劇隊，極力在延續皮黃戲的「生命」。只是臺灣這一塊「化外之地」，長久以來就缺乏藝術的霑溉，僅有的「歌仔戲」也僅在鄉野流行，始終難登大雅之堂，一旦接觸皮黃，全然陌生而又知其具有高水準的曲藝，一時頗有難以適應之感。除了少數人有興趣去一窺堂奧，大多數人都把它當作「異類」，敬而遠之。

中國戲劇都是在搬演故事，以詩歌爲本質，密切結合音樂和舞蹈，再如上雜技，運用說唱文學的敘述方式，通過俳優（演員）的扮飾，使用代言體，在狹隘的舞臺上所表現出來的綜合藝術。這種藝術本來是生活的一部分，幾乎人人都能「創作」和「欣賞」（即使不能，經由學習也能），因爲它就是在這塊土地上產生的，大家對它無不如數家珍般的熟悉。但是當這種藝術轉移到另一個空間，立刻會面臨枯萎、衰亡的考驗，因爲它喪失了「土地」的滋養，除非奇蹟出現，不然它是很難生存的。歷年來喜好國劇的人士，一直有國劇難以在臺灣生根的感慨，就是「移植」得太倉促，以及外來文化紛然沓至，使人無暇省視這一藝術價值（進而加以接納）的結果。因此，到今天國劇還是少數人的「禁臠」，別人不敢去碰，也沒有能力去碰。這時如有人出來提倡國劇，那眞是稀罕；如有人出來疾呼國劇向小學紮根，那更是絕無僅有了。在臺北縣新店市中正國小服務的王玨老師，就是那絕無僅有的人。

十五年來，王老師以無怨無悔的精神，全心投入發揚國劇藝術的工作中。他所經營的國劇組，在歷屆校長、家長會長、地方人士、民意代表的支持，以及多位國劇名角的協助，迭有優異的表現。共計榮獲國劇比賽優勝四十七次，參加各項慶典公演二十八次，七十年八月還曾應邀赴新加坡爲籌募老人福利基金義演。而王老師也因此榮獲教育廳頒發特殊優良教師獎、國劇推廣獎，以及中華文化復興運動推行委員會頒發推廣國劇績優獎和獎金。這分成績單，已經足以使他傲視群倫了，但是他還是一秉初衷，默默的在耕耘，不曾向任何人炫耀過他的成績。如今退休在即，他仍然沒有放鬆手邊的工作，一邊處理教學組的事宜，一邊積極籌劃元旦晚會的公演。識與不識，相信都會被他的熱心所感動！

也許有人會認爲國劇已經是「末代藝術」，快要成爲歷史的陳跡，任何挽救行動都是白費。尤其當這一代的年輕人耽溺在聲光影視，不屑一顧這「古老的玩意兒」之際，想要「邀請」他們回頭來哼唱幾句，藉以淨化心靈、美化人生，不啻痴人說夢，永遠不可能實現。然而我們要知道，即使成爲歷史的，也還沒有過去，我們都活在歷史中。也就是說，人類的過去、現在和未來是一個不可分割的整體，而要展望未來的道路，必須透徹瞭解過去所走過的每一腳步。因此，「歷史的終結」是不可能的，也是無法想像的。如果眞的有「歷史的終結」，那表示「現在」也失去了；失去了「現在」，也失去了「我們」自己（失去任何意義和價値）。除非現代人眞的不在乎「前途」的有無，不然重回皮黃的時代，溫習一段「過去」的人生，是絕對有必要的。如果有人願意把皮黃這門藝術，透過各種管道（如表演、廣播、錄影、著述），讓衆人都能「會意」過來，減少獨自摸索的時間，不是更稱便利？

這樣看來，王老師所從事的工作，還只是個開端，仍然需要更多時間，讓他完成其他可能更爲艱鉅的工作。想想當今國會殿堂還在爲「京戲」、「平劇」、「國劇」正名問題爭辯不休，全然不知自己正在「歷史終結」的「臨界點」上，隨時會陷入「失重狀態」，而王老師這樣不斷引領後生去回顧「歷史」的人，無形中讓人特別覺得可愛又可敬！再度聆聽他沙啞而富有磁性的嗓音，彷彿聲聲都有一股殷盼之情，令人感懷不已！

（師友月刊第二八七期，一九九二年三月）

談錢鍾書的〈紀念〉

國內一家文學雜誌，曾經製作一個「錢鍾書專輯」，介紹錢鍾書的生平事跡及其作品。輯中選刊一篇原收入一九四六年上海開明書店出版的《人獸鬼》而現經錢氏親自修正的短篇小說〈紀念〉。〈紀念〉寫中日戰爭期間，一個寂寞已婚婦人的婚外情。論者都以爲這是《人獸鬼》全書中最好的一篇，因爲它於女主角的心理刻劃入微，而篇末的反諷也很精彩。黃維樑還特地爲這個專輯寫一篇短評〈徐才叔夫人的婚外情——讀錢鍾書的「紀念」〉，非常推崇錢氏細膩而機智的筆法，比喻和象徵的技巧，以及反諷的喜劇效果。大致上，這些說法沒有什麼不對，但是仔細讀過〈紀念〉後，發現〈紀念〉中有不少問題，都足以動搖它的「地位」，這時又覺得評論聲中「恭維」的成分多，而「苛求」的成分少，以至「浮泛之見」溢目盈耳，不免令人失望！

以〈紀念〉的情節來說，曼倩發現她的丈夫才叔不知世事，不會鑽營差使，不懂發意外財，而使她感到缺乏依傍，前途渺茫，這跟她後來傾心於天健的漂亮、能幹、專斷、圓滑，是兩回事，並沒有必然的關聯（因爲天健只在「善體人意」和「誘人感情」方面，贏得曼倩的芳心，並沒有在事業前途上，爲曼倩提供任何的保證），使曼倩的「變心」，變得不太合理。又天健來徐寓那麼多次，竟然沒有人起疑心，實在可怪！雖然天健沾著親戚關係而來，但是他來的時機多在午後（才叔在辦公室時），難道那麼巧都沒有被老媽子和鄰人瞧見？即使瞧見了，也不會懷疑他別有用心而傳話給才叔？作者愈把事情「簡化」，愈令人起疑。而且天健爲何不顧禮儀而跟表嫂偷情，也不見說明，是不是這種事在那個時代是司空見慣的？又作者在篇末安排天健迎戰敵機而陣亡，以諷刺他不該淫人之妻（此爲黃維樑語，想必作者也有此意），不然不會有這種下場。可是天健是爲國捐軀，不是一般的飛行失事，這麼神聖的一件事，竟然跟「天譴」（黃維樑說「天健不健」，我覺得天健還有一層諧音「天譴」的意涵）扯在一起，是何居心？可見〈紀念〉情節的合理性，不得不使人懷疑。

又以〈紀念〉中的人物來說，作者一面說曼倩是個「慢性個兒」，一面又描寫她遇見天健後種種激切的情愫的反應，一個慢性子的人會這樣？還有天健是個空軍健兒，理應有雄赳赳氣昂昂的一面，卻輕率的跟表嫂搞起婚外情，這是什麼道理？還有作者處處在暗示才叔的無才，甚至以無用的「土牆」爲象徵，但是又處處在寫才叔的細心和世故，如才叔運用他的「挑誘潛能」，終於娶到曼倩；婚後又能察覺曼倩偶爾流露的「頑皮可愛」，而想上去吻他；以及在天健的追悼會上「不肯借死人來露臉，不肯在情感展覽會上把私人的哀傷來大衆化」而謝絕致詞。如果說這樣的人無才，那麼誰才是有才？作者刻意把人物設定在他所要諷刺的對象上，而故事情節也按照他的設想來發展，卻忽略了人物性格的一致性，才會出現顧此失彼的缺憾！

也許有人會說這是吹毛求疵。即使如此，也不要緊，因爲〈紀念〉還有一個更大的問題，就是主題的浮淺。依作者意，〈紀念〉是在諷刺偷情者的不得善終（一慘死一懊惱），以及乏才者的無知（被人戴綠帽還洋洋得意）。這樣的題旨，對讀者來說，實在沒有什麼啓示作用。因爲任何以婚外情爲題材的文章，一開始就讓人想到結局不會有好事，而事實也是如此。讀者除了警覺自己，不去當天健第二（以免招致慘死），不去仿效曼倩紅杏出牆（以免終身懊惱），不去步才叔後塵（以免成爲被取笑對象），此外又能怎樣？他們無法想像那一天自己也面臨同樣的困境時，要如何去處理。我們看不到才叔、曼倩二人曾爲他們的婚姻生活付出什麼，也看不到他們因爲某種緣故爭辯不休而使婚姻生活出現裂痕，更看不到他們爲了追求什麼理想步調不同而導至不睦，只是由於生活單調寂寞而引發這場婚外情的「鬧劇」（我稱它爲「鬧劇」，是它純出於文人的想像，事實上不可能這麼單純），這樣我們還有什麼深思的餘地？假使才叔、曼倩二人眞是彼此認識不清而結合，婚後彼此也嘗努力調整自己步伐以適應對方，而終告失敗，以至出現婚外情的事實，那麼我們就會反省問題出在那裡，怎樣去解決，避免重蹈覆轍，再演一段「悲劇」（這是眞正的悲劇，誰都不能不正視它）。由此看來，〈紀念〉主題的膚淺，是不可否認的事實，一向愛護它的人，實在不必規避而不談。

此外，作者所用的敘述方式和敘述觀點，也不無値得商榷。他用的是倒敘手法（中間有插敘），通常篇尾應該接上篇首，他沒有這樣處理，而讓故事繼續發展下去。這在整個故事內容上固然一貫，但是形式上卻顯得紊亂。而他所採取的全知觀點，夾敘夾議，在形式上也極不統一。當然我們可以說這也是作者的特色（因爲大作家都不甘於墨守成規），一如黃維樑所說：「錢鍾書的小說，都用夾敘夾議的全知觀點寫成，議論風發。」我們不得不承認錢氏深具這種筆底能運轉乾坤的本領。

然而，錢氏寫作〈紀念〉，儘管使盡文字的技巧，卻掩蓋不住內在結構的鬆散和意義的貧乏，不能說不是一件憾事。這幾十年來，我們的小說界迭有創新，花樣繁多，不再固守一種表達方式，但是「精品」卻不多，這又是什麼緣故？我願藉這次對錢氏作品〈紀念〉的探討，提供大家一個省思的機會，也許我們能從這裡找到比較可靠的創作方向。

（文訊第七八期，一九九二年四月）

祥林嫂的悲慘從何而來？

魯迅小說集《徬徨》中有一篇〈祝福〉，向來被認爲是魯迅的代表作之一，寫得極爲出色；還被劇作家袁雪芬改編成越劇《祥林嫂》，跟《梁祝》、《紅樓夢》、《西廂記》並列爲四大名劇。主要是〈祝福〉中塑造了一個中國舊社會貧苦婦女遭受壓迫的典型「祥林嫂」，足夠讓人同情和沈思！

照一般的說法，祥林嫂的悲慘，是來自壓迫者通過神權、族權、政權、夫權對她肉體和精神的摧殘，使她的信心和尊嚴完成崩潰了。然而，「事實」眞是這樣嗎？古來「寡婦不吉」的迷信（神權），固然是威脅她生存的社會障礙，但是只要避去某些「忌諱」（如不碰魯四爺家的祭器、祭品），她仍然可以坦泰的過她要過的生活，那神權又干擾了她什麼？而把她捆起來賣給山中獵人做妻子的婆婆（族權的執行人），手段雖是殘忍了些，可是比起要她終身守寡一事，顯然這有人道多了，她又吃虧了什麼？當她第二任丈夫染病而死，兒子也被狼叼去，一連串橫禍使她變得痴呆，如果這也要怪罪當政者不顧百姓死活（不能安頓這類不幸的人），那試問古今中外有那一個政權能免於這種「遺憾」？最後有人恐嚇她犯了「事二夫」的罪，在陰間會被閻羅王鋸開身體分給兩個丈夫，她爲了贖罪，把掙來的錢都送到廟裡捐門檻（顯見丈夫雖死，夫權依然存在），不過這是出於她的「自願」，沒有人強迫她非要這樣做不可，只要她不信這檔事，一切不就「安然無恙」了？

雖然個人力辯祥林嫂的悲慘跟是否受到壓迫無關，但擺在眼前的祥林嫂因感到絕望發瘋而死（或自盡），卻是不容否認的事實，這又該怎麼解釋？關於這一點，我們可以看成是「命運捉弄」和「自我流失」所造成的。前者是遠因，後者是近因。也就是說，祥林嫂從賣給人家做童養媳開始，到她被魯家打發走而流落街頭爲止，有一些她所無法自主的事（如死丈夫、死兒子），只能歸諸命運的捉弄。此外，凡是她所能自主的事（如不違反主人家的規定、不向別人細訴苦痛），而她都沒有「意識」到或已「意識」到而不願正視它，這就得算作自我的流失。由命運的捉弄到自我的流失，祥林嫂不發瘋也難！

不論魯迅創作〈祝福〉是不是正如一般人所說，要藉一個貧苦婦女（祥林嫂）悲慘的一生，向壓迫者（有形無形的權威者）提出最強烈的控訴，我們都不得不說〈祝福〉中的主角（祥林嫂）沒有理由在舊禮制的「箝制」下，以絕望（或自戕）來收場，因爲舊禮制如果會箝制人，那生活在同處境的人，都一樣悲慘，不獨〈祝福〉中的主角一人而已。倒是魯迅安排了一個「曲折離奇」的情節，讓人很容易想到：祥林嫂怎麼這樣倒楣，最難堪的喪夫失子事都發生在她身上！就因爲這些難堪事集中在她一人身上，而她又沒有能耐（知識、經驗）去化解，以至鎮日沈浸在悲傷的氛圍裡，直至有一天支持不了而潰決。

試想祥林嫂如果不逢人就說（或自言自語）她的遭遇（特別是她的兒子被狼叼走一事），振作起來找些事做，或試圖突破命運的侷限，開創出一片天地，這又會是怎樣的情景？雖然這件事沒有發生，而我們也很難期望它發生（因爲魯迅選了一個既少經驗又無緣讀書的村姑爲小說中的角色，很難讓她「翻轉」成「另一種人」），但在我們的人生中，這卻是一個值得警惕的事件（稍不留意，可能就會像祥林嫂那樣流失了自我）。當今有人因爲傳播媒體不斷（重覆）報導戰爭、饑荒、難民潮等，而擔心會造成「祥林嫂效應」（觀衆心理逐漸麻痺），如果放在各別人身上來看，又何嘗不會讓周遭的人減卻他們的同情心，而最後只剩自己在自怨自艾，這又對人生有什麼好處？熟悉〈祝福〉的人，實在不能不想想這一點。

（中央日報「長河」，一九九三年九月二十七日）

誰謀殺了《紅樓夢》的作者？

《紅樓夢》的作者是誰？紅學家們爲這個問題已經爭論了二三個世紀，到現在還是一個解不開的謎。

有人認爲《紅樓夢》是曹雪芹作的，而書中首回所說的「後因曹雪芹于悼紅軒，披閱十載，增刪五次，纂成目錄，分出章回，則題曰《金陵十二釵》」，不過是個障眼法（以便逃過因揭發家族醜聞而遭受的指責）。有人不同意這個講法，而把《紅樓夢》歸諸某一有反滿思想的隱士所作，並極力鈎稽史實或其他文獻來坐實書中首回所載「作者自云因曾歷過一番夢幻之後，故將眞事隱去，而借通靈之說撰此《石頭記》一書也」所隱去的「眞事」。

以上兩種說法，針鋒相對，無數的筆仗也由此而起。彼此爲了因應對方的質疑或自我圓說，也各自都作了一些調整。如主張《紅樓夢》的作者爲曹雪芹的，當自傳說（以曹雪芹自己的經歷爲背景）不足以服人時，就有他傳說（以曹雪斤叔父脂硯齋爲模型）、合傳說（以曹雪芹史實及曹雪芹個人經驗爲藍本）等出來彌補；又如主張《紅樓夢》爲反滿隱書的，當曹雪芹的影子揮之不去時，也要說曹雪芹僅參與《紅樓夢》的整理刪改工作，或曹雪芹在修訂《紅樓夢》過程中並未察覺該書有反滿思想，或曹雪芹明知《紅樓夢》有反滿思想而藉它來抒發憤滿情緒（曹雪芹原爲滿化的漢人）等。此外，還有認定《紅樓夢》的作者另有其人（指吳梅村），而有意藉此來轉移大家的注意力。

乍見這種現象，本來要感到駭異才對（正常），但繼而一想，在這分歧的說法背後，還隱藏著更爲驚人的一幕：誰殺了《紅樓夢》的作者！作《紅樓夢》的人，不在書中或他處道出他的眞實姓名，究竟是什麼緣故？如果依照索隱派紅學的講法，《紅樓夢》的作者擔心當道（清廷）找他算賬才隱去姓名，那麼謀殺《紅樓夢》作者的元兇就是滿洲人了；如果依照考證派紅學的講法，曹雪芹不願家族責備，才假託《紅樓夢》爲別人所作，這樣謀殺《紅樓夢》作者的罪犯就是曹氏家族人了。但倘若上述兩種情況都不是，那又會是誰在暗中施「毒手」？這眞會讓人越想越不得釋懷，而原先爲衆說紛紜所激起的一點駭異情緒，此刻也算不得什麼了。

就整體來設想，《紅樓夢》的作者除了會因外在壓力而隱去姓名（身分），也可能會因內在壓力（自我設限）而隱去姓名，還可能會因傳書或傳抄者刻意的壓抑而姓名不彰。第一種情況已經有索隱派和考證派提供我們聯想的資源，第二種情況也可以從末回藉空空道人口說「原來是敷衍荒唐！不但作者抄者不知，並閱者也不知；不過遊戲筆墨，陶情適性而已」推知作者不願示人姓名的緣故（擔心這一遊戲筆墨影響他既有的聲譽），第三種情況更是「理中合有」（傳書或傳抄者緣於嫉妒或謀利）而不必加以迴護。這樣謀殺《紅樓夢》作者的兇手，就不只是三百年來紅學爭論《紅樓夢》作者所隱含的那些對象，而是遍及各領域中的人（包括作者、讀者、「出版者」、「檢查者」等等）。

從另一個角度來看，紅學家們勉強找出一個《紅樓夢》的作者（而不顧《紅樓夢》已經無從確定作者這個事實），這不過應了當代後結構主義學家的論說：「作者不是塡塞作品的無止境涵義的泉源。作者並不存在於作品之前，他是一種我們用來在我們的文化中作限制、排除及選擇的某種運作原則。簡言之，那是人們用來阻礙虛構體（作品）的自由流傳、自由利用、自由組成、解組及重組的。」（傅柯〈何爲作者？〉，收於朱耀偉編譯《當代西方文學批評理論》）換句話說，紅學家們只是找個《紅樓夢》的作者「爲我所用」，而這種作法卻「阻絕」了《紅樓夢》意義的延申（自己不會想到還可作別的詮釋，也不「准許」別人有不同的詮釋）。

其實，任何語言成品都不可能有固定的意義，正如巴特所說的「每篇文本本身作爲另一文本的相互文本是屬於相互文本指涉的，而這必定不能與文本的源頭混亂過來；去尋找作品的『源頭』及受到之『影響』只是滿足一種家系神話。構建文本的引述是無名的，不能還原的，而且是已經被閱讀的；它們是沒有引號的引述」（巴特〈從作品到文本〉，收於上引朱耀偉編譯書）。因此，紅學家們努力在尋找《紅樓夢》的作者，除了滿足「家系神話」（關係考證神話），恐怕再也沒有半點用處了。

既然這樣，紅學家們爭論《紅樓夢》的作者是誰，就成了一種白費心力的舉動（《紅樓夢》不可能有人替它找到作者就可以「自我封閉」起來，更何況作者本身也是一個有待詮釋的對象），而我們根據紅學家們的爭論所掘發的《紅樓夢》作者被謀殺案，也只合作爲大家茶餘飯後的談助。剩下來的，就是今後再面對《紅樓夢》時，大家如何在既有的詮釋案例外，另作一些更具有吸引力（啓發性）的詮釋，以不辜負這麼一部耐人尋味的「大書」。

（中央日報「長河」，一九九四年六月十一日）

紅樓夢與「紅樓夢」

標題中沒有括號的是「文本」（text）《紅樓夢》，有括號的是「作品」（work）《紅樓夢》。前者在未被閱讀前，只具有被閱讀的「潛能」；後者經過了閱讀，可以稱作閱讀的「實現」。由於有「潛能」和「實現」的區別，所以暫時以「文本」和「作品」畫分《紅樓夢》存在的兩種形態。

個人所以不稱被創作的《紅樓夢》爲「作品」，是因爲語言（文字）有本質上的限制和結構上（語法、語意、語用）的限制，無法描述事物內在豐富的狀態（如「這裡有一棵樹」語句中，有關該樹正在進行的變化，全付闕如）和無法表達人深刻的情感（如「我的心在痛」語句中，有關痛的程度和強弱，都在語言外），以及不得不受語法、語意和語用的規約（如上述「這裡有一棵樹」和「我的心在痛」二語句，全受語法的制約和語意僅止於形式上對應的侷限；而其「確實」指意，也得看語用情境，才能決定），致使所有的創作都無法意義自足，而有待讀者的詮釋。在這種情況下，我們把未經詮釋的《紅樓夢》，稱作「文本」《紅樓夢》，自然是正當而合理的了。

至於「作品」《紅樓夢》，則要在讀者詮釋後（賦予意義），才正式告成。它跟「文本」《紅樓夢》的差別，主要在「文本」《紅樓夢》只有一個（不同的版本，就是不同的「文本」），而它卻有或可能有無數個。這無數個「作品」《紅樓夢》，來自讀者對同一個「文本」《紅樓夢》所作無數個相異的詮釋。也就是說，讀者各別根據他已知的知識範疇，以及對存有的體驗和對生命的體會，來決定他對「文本」《紅樓夢》所作的詮釋，而這樣的詮釋有多少個，「作品」《紅樓夢》就有多少個。而由於每一個「作品」《紅樓夢》，都是各別讀者根據他已知的知識範疇及對存有的體驗和對生命的體會所詮釋來的，因此，每一個「作品」《紅樓夢》都有存在的「合法性」，不能格以是非或對錯。

從這個角度來看，有人認爲《紅樓夢》是一部敘述纏綿痴絕男女歡愛的情書，有人認爲《紅樓夢》是一部石頭經歷一番夢幻過程的悟書，有人認爲《紅樓夢》是一部隱含反清意識的民族血淚史，有人認爲《紅樓夢》是一部臚列曹雪芹家族興衰的實錄，有人認爲《紅樓夢》是一部近古烏托邦的範例，有人認爲《紅樓夢》是一部迷離惝恍而不斷自我解構的大書……這不但不應輕致軒輊或妄貶爲叢脞，還得承認各自合理存在的地位，而給予絕對必要的尊重。畢竟沒有人能拋開他已知的知識範疇及對存有的體驗和對生命的體會，而可以對《紅樓夢》進行詮釋。既然這樣，誰還能判斷別人的詮釋有「問題」（如果有人作出這類的判斷，那也是源於他擁有的知識和對存有及生命的體悟，不關《紅樓夢》的本然問題）？

不過，話說回來，旁觀者有權認同（接受）或不認同某一家的詮釋，而詮釋者無權加以「干預」。這應當是大家共同要具備的一點「知識」。以我個人來說，每一種詮釋各有它的精彩處，難以決定取捨。如果眞要分出一點輕重緩急，我可能會暫時略過有關《紅樓夢》是曹雪芹的自敘傳和寓有民族大義的隱書等說法。因為這些說法都假定了《紅樓夢》是清初的產品，倘若《紅樓夢》不作於清初而作於前代（明朝），這些說法可能都要「落空」，而自動降低了旁觀者對它的「信賴」。為什麼這樣說？根據一般文學社會學的理論，文學跟社會關係最密切的是題材部分（尤其是題材中的名物制度）；儘管人物可以假造，故事情節可以虛構，但是當中的名物制度卻很難超越作者所處的時空（因為那不是他所「熟悉」的）。以這個為前提，我們可以從《紅樓夢》中找出許多證據，證明它的創作年代要早於清初：

如第十六回敘及賈元春奏請回家省親，太上皇、皇太后大喜，深讚當今「至孝純仁，體天格物」而核准所請。考察明代諸帝多重孝德，謚號中少有不用「孝」字的（如成祖謚號就是「啓天弘道高明肇運聖武神功純仁至孝文皇帝」），而書中盛稱「當今體貼萬人之心，世上至大莫如孝字」而准了賈元春省親事，可見故事發生在明代。

又如明代參加科舉考試，必定要經由學校（就是由地方儒學和中央國學分別薦選），只是明初制度尚未健全，多留一條出路給未能入學的士子。往後制度逐漸確立，這條路就斷絕了。清代完全承襲明代確立後的制度，自然沒有士子未經入學就去應考的事。但是我們看賈雨村僅憑己力赴京參加考試，且會了進士，選入外班（第一、二回），顯然這不是清初故事。

又如第十六回記王熙鳳說她早生二、三十年，就可以趕上太祖皇帝倣舜巡狩故事。查清太祖努爾哈赤並未入關，不可能會倣舜巡狩。那書中所說的太祖，就是指明太祖了。

又如書中男子都是束帶頂冠，並沒有人薙髮綁辮，又可知時不在清朝。又如第一百五回載錦衣軍抄榮寧兩府，這錦衣軍也是明制，而不是清制。又如賈家遠祖上溯至東漢賈復（第二回）。賈復於《後漢書》卷四十七有傳，可見賈家爲純漢人。因此，在嚴禁滿漢通婚的清初，賈元春是不可能被冊封爲貴妃的。今天賈元春被冊封爲貴妃，更知這不是清代故事。

後面這一項證據最爲「堅強」，足以「破解」《紅樓夢》是曹雪芹自敘傳和反清志士血書等說法。此外，第二回所述唐伯虎、祝枝山諸「近人」，都是明代人；而第四十二回記薛寶釵小時所愛看書（《西廂》、《琵琶》、《元人百種》）及第四十三回記爲王熙鳳慶生日戲（《荊釵記》）等，也都是明初作品（《元人百種》是明人整理），沒有一樣涉及清代。這不能全看作是「巧合」，而是作者（不知何人）捃摭當時制事以入書的結果。

如果以上所舉諸條可信，那有關《紅樓夢》是曹雪芹自敘傳和反清志士血書等說法，就沒有另外幾種說法「吸引」人了。當然，個人所以會對前面兩種說法稍有意見，也是根源於自己已知的知識範疇和對存有及生命的體悟，彼此沒有是非對錯可辨。而後面這一番「辨白」，也不過是在說明「文本」《紅樓夢》永遠不可知，所可知的是「作品」《紅樓夢》。而只要有人對「文本」《紅樓夢》進行詮釋，就會成就一種「作品」《紅樓夢》（照理說不會有兩人的詮釋完全一樣）。這就暗示了向來大家斷斷爭辯「文本」《紅樓夢》該當如何，都偏使了力氣。因爲「文本」《紅樓夢》已了不可知（只是一個語言組構體）。而各人眼中的《紅樓夢》，都是「作品」《紅樓夢》。這時誰有能耐聲稱他所見的就是「文本」《紅樓夢》？

（國文天地第一〇卷第九期，一九九五年二月）

《紅樓夢》的旨意問題

《紅樓夢》到底在說什麼？許多人都莫明所以，偶爾有人提出解答，卻又因為引發爭議，而使原先的困惑更深。這種困惑的根源，在於他們都假定《紅樓夢》有個客觀的旨意，可以經由某種途徑獲得它。一旦找不到途徑獲得那個客觀的旨意，他們就悵然若有所失。然而，《紅樓夢》眞有一個客觀的旨意嗎？如果沒有，他們豈不是在自尋煩惱？

以前，大家讀詩詞，也常假定那些詩詞都有客觀的旨意，就是作者所表達的意念或主張。但是有人卻發現作者所表達的意念或主張很難捉摸，最後不得不宣告「作者之用心未必然，而讀者之用心何必不然」（譚獻《復堂詞話》）、「雖然作者之意，豈能必讀者之意而悉解之？解而得與解而不得，則姑聽於讀者之意見，不必深求之也」（劉子春〈石園詩話序〉），從而解除了尋求客觀旨意的企圖。還有人說得更「露骨」：「如謂說詩之心，即作詩之心，則建安、大曆有年譜可稽，有姓氏可考，後之人猶不能以字句之迹追作者之心，矧三百篇哉？不僅是也，人有興會標舉，景物呈觸，偶然成詩，及時移地改，雖復冥心追溯，求其前所以為詩之故而不得，況以數千年之後，依傍傳疏，左支右吾，而遽謂吾說已定，後之人不可復有所發明，是大惑已」（袁枚〈程綿莊詩說序〉），這幾乎否定了客觀旨意的存在地位。

爲什麼會這樣？我們直接從語言來分析，就知道是怎麼一回事。如「我愛你」這句話，底下省略的不確定是「你的人」，還是「你的心」，或是「你的人和心」；而「你的人」也不確定是「你身體的局部」或「你身體的全部」，而「你的心」也不確定是「你對人善良」或「你對人體貼」。即使有適當的語境，可以瞭解所愛的「對象」，也無法確定這句話的意義。關鍵就在「愛」字，它不知是指「你很可愛，我想看看你」，還是指「我喜歡你，想跟你親熱」，或是指「我崇拜你，求你賜我好處」；而每一種情況，還可以再細加追究，迫使整句話「支離破碎」，以至無法辨認「眞相」。這不只是聽話人的難處，也是說話人的難處。因爲語言只是抽象的符號，高度化約了人的意識和感情，使得傳達和接受隔了一道「鴻溝」。而如何跨越這道鴻溝，讓彼此還能「交流」，就有賴「體諒」和「包容」兩種美德了。個人前面所舉幾段話，應該就是在這個基礎上發出的。

現在回頭來看《紅樓夢》，它自然有個作者（或一群作者），這是不可否認的。而那個作者寫《紅樓夢》，也可能有所「寄寓」（不必急著懷疑他會是無心的）。但是這麼一部龐然大書，字數遠超過任一詩詞千萬倍，那個作者憑什麼本事，能「掌握」那些文字的意義，並且能讓讀者完全「領會」到？而讀者又如何能確定他所「捕捉」到的意義，實際就是作者所要傳達的？從我們對「我愛你」那句話的分疏，可以看出不但聽者難以確定它的意義，連說者也難以確定它的意義，最後只有各自「自由心證」（依恃某些相近的經驗在進行「溝通」），以便言說可以繼續下去（言說是人和人溝通較便捷的媒介）。這麼簡單一句話，都有如許複雜的「問題」，何況是《紅樓夢》這部書？

其實，我們也應該想到，《紅樓夢》作者要《紅樓夢》說什麼，而讀者想知道《紅樓夢》在說什麼，彼此有相互「疊合」的可能。但是這也只能說他們有共同的認知（對語言的理解沒有歧異），不能說《紅樓夢》沒有別的意義（在他們的認知外，《紅樓夢》還有可被詮釋的廣大空間）。因此，有些人在爭《紅樓夢》是一部情書，還是一部悟書；或《紅樓夢》是一部反清的血淚史，還是曹雪芹的自敍傳，都不會有結果（沒有人能裁定誰是誰非）。因爲每一種說法，都是對原書的一種理解，而這種理解又源於讀者各自具有的知識和對人生的體悟，彼此沒有取代對方的理由。

這麼說來，《紅樓夢》就沒有什麼旨意了，有的只是讀者體會到的意義（其實那一本書不是這樣？這裡只因爲《紅樓夢》比較特殊，藉來點明此一道理）。這在伴隨《紅樓夢》一書而來的諸多異名（《石頭記》、《情憎錄》、《風月寶鑑》、《金陵十二釵》），似乎已經在向我們暗示這一訊息，只是沒有人去注意罷了。換句話說，每一個名稱，正代表了命名者對該書的理解，不需要後人去強分它們的優劣當否。更有趣的是，本書最後一回末尾，記載空空道人的話說：「原來是敷衍荒唐！不但作者抄者不知，並閱者也不知；不過游戲筆墨，陶情適性而已！」原來全書只是一番「游戲筆墨」，大家都那樣「認眞」的在說東道西，豈不「滑天下之大稽」！

（中央日報「長河」，一九九三年十一月五日）

《紅樓夢》中的自殺事件

自殺事件在現實中並不稀奇，但在小說裡一再讓它「重演」就顯得不太尋常；如果不是別有寓意，就是另有作用。這裡所指的不是別的，正是古今中外一大奇書《紅樓夢》。

《紅樓夢》中的自殺事件，似乎是刻意安排的。這可從兩個比較明顯的徵象得知：第一，《紅樓夢》中前後有十個人自殺，自殺的方式大都不同，如瑞珠「觸柱」（第十三回）、張金哥「自縊」（第十六回）、長安守備之子「投河」（同上）、金釧「投井」（第三十二回）、鮑二婦「上吊」（第四十四回）、尤三姐「刎頸」（第六十六回）、尤二姐「吞金」（第六十九回）、司棋「撞牆」（第九十二回）、司棋表兄「抹脖」（同上）和鴛鴦「懸樑」（第一百十一回）等。眞難爲《紅樓夢》作者「硬擠出」這麼多種自殺法（其中「重覆」的部分也以「異名」出現），倘若不是有意安排，又怎會有這樣的「斧鑿痕跡」？

第二，《紅樓夢》首回和末回都交代它是用「假語村言」所敷衍出來的一段故事，不過是一場「游戲筆墨」；而全文採用全知觀點來敘述，也讓人不疑它不是作者所編造的（特別是幾場托夢和賈寶玉兩度進入「太虛幻境」最見編造痕跡）。但在內文卻又出現不少類似這樣的「實錄」告白：「寶玉不知與秦鐘算何賬目，未見眞切，未曾記得，此係疑案，不敢纂創」（第十五回）、「不知妙玉被劫或是甘受污辱，還是不屈而死，不知下落，也難妄擬」（第一百十二回），這豈不是又要教人相信書中所記載的「確有其事」？難怪索隱派和考證派的紅學家們要在這個節骨眼（隱書或實錄）上大作文章。其實，我們也不必那麼不知趣（像索隱派和考證派的紅學家們那樣）的硬要去翻案（將人家的「游戲筆墨」全拋開不管），而忽略了對《紅樓夢》作者這一玩弄文字的高手的欣賞。也就是說，《紅樓夢》作者非常擅長於在寫作過程中表現「如眞似幻」、「如幻似眞」的敘事才能，這是常人所難企及的。而上述那些自殺事件，正是或很可能是該作者要藉以平衡書中過多的「虛幻事」（自殺在現實中常見，入書可增加一點眞實感），不然爲什麼會讓它們那樣的「間歇夾雜」（出現在不同回數裡）？

不過，《紅樓夢》作者還是有所「節制」的，他並沒有羼入一些會引發痛苦掙扎和七孔流血等慘狀的自殺方式（如服毒、重壓、車輾等），同時他也沒有讓自殺者的演出「拖泥帶水」（徒增讀者的厭噁），始終保持一分「清雅」的格調。

尋繹到這裡，好像可以結束了（個人實在看不出這些自殺事件對於理解《紅樓夢》有什麼「大關係」）。但又不然，《紅樓夢》作者也許除了考慮「悅世之目」（第一回）外就不再有深意寄寓，但我們卻未必要停在這個層面而不繼續挖掘。換句話說，《紅樓夢》中的自殺事件可能隱含有作者所不自覺的潛意識，需要我們來作點「爬梳」的工作，爲《紅樓夢》這個「文本」添加或開發新的意義。

就個人所見，一般會注意這些自殺事件的人，多半拿它跟賈寶玉、惜春等人出世而無欲求相比，認爲後者才是眞正的解脫，前者不過是爲滿足欲求而不可得而已。沒有錯，《紅樓夢》中那些自殺者，不是爲了「殉主」（如瑞珠、鴛鴦等人），就是爲了「殉情」（如張金哥、長安守備之子、尤三姐、司棋、司棋表兄等人），不然就是爲了「羞愧」或「氣憤」（如金釧、尤二姐等人），都有所欲求而「告償無門」才出此下策。但他們這樣做，未必就得不到解脫或不如賈寶玉、惜春等人「高明」（因爲「解脫」是由人定義的），所以這類的比較探討顯然意義不大。

那麼現在又該怎麼看待這些自殺事件？首先，我們得知道每一個自殺事件都不是孤立存在的，作者還安排了其他相關的人事背景，以至自殺者不可能不「受迫」於周遭環境。這點我們應當「致上」一分同情，並且也得隨時自我警惕不要做出類似「間接害人」的缺德事（不論有意還是無意）。其次，我們還得知道爲環境所迫的人不定都會走上絕路，凡是走上絕路的人應該還有更根本的原因（當事人未必有自覺）。就《紅樓夢》中那些自殺案例來看，這更根本的原因就是「過度依賴他人」（一旦發現依賴他人無望，就自戕了結），從來不見當事人聯想到：依賴他人「成功」了是否就眞的能得到「幸福」並且可以長保「幸福」？這點就不免要令人深感不安：不知什麼時候還會有更多「自主性」不夠的人踏上同樣的路途！

依常情衡量，人對死後一概不知，如果有人以爲痛苦煩惱可以在死後獲得解脫而去自殺，那有絕大成分不是他的初衷；他最想要的還是活著解脫痛苦煩惱。只可惜自殺的人還沒想清楚時，就誤以「死後解脫」爲「活著解脫」而快速的迎向黃泉路。倘若相似的事件一多，積「非」成「是」，恐怕連活著的人都會受其「感染」而短於思索和處理人生問題，這才是眞正堪慮的所在。《紅樓夢》作者在構設這些自殺事件當下，也許會感到相當「快適」（那些人似乎都沒把「死」當一回事，動不動就拔刀自刎或就地自戕，於人情相去甚遠，顯見是作者「一手導演」），但他沒料到自己缺乏能耐「更好」安置那些自殺事件，很可能也會「帶動」讀者起懶而讓智慮日漸流於貧乏。善讀《紅樓夢》的人，豈能不留意這裡還有個「陷阱」哪！

（國文天地第十四卷第三期，一九九八年八月）

天譴、人譴與無常譴

——《紅樓夢》治「淫」有妙方

「淫」字天下凡夫共沾而不同品，這似乎是《紅樓夢》率先提出來的。《紅樓夢》第五回載有警幻仙子對賈寶玉說：

> 淫雖一理，意則有別。如世之好淫者，不過悅容貌，喜歌舞，調笑無厭，雲雨無時，恨不能盡天下之美女供我片時之興趣，此皆皮膚濫淫之蠢物耳。如爾則天分中生成一段痴情，吾輩推之爲「意淫」。惟「意淫」二字，可心領而不可口傳，可神會而不可語達。汝今獨得此二字，在閨閣中固可爲良友，然于世道中未免迂闊詭怪，百口嘲謗，萬目睚眦。

這裡區分「淫」爲「皮膚濫淫」和「意淫」兩類，相當有意思。尤其是「意淫」爲古來所僅見（可說是《紅樓夢》作者的獨創），已引起不少紅學家的興趣，並且撰文加以討論。但他們大多不曾留意「意淫」之上還有一個「未發之情」（這才是《紅樓夢》作者所特許的最高境界），以及「意淫」和「皮膚濫淫」同受譴責所隱含的自覺倫理或自省道德的深刻意義。

大體上，《紅樓夢》對於犯淫的事都給予負面評價，這可以先從該書藉警幻仙子所說的一段話看出：「塵世中多少富貴之家，那些綠窗風月，繡閣煙霞，皆被淫污紈袴與那些流蕩女子悉皆玷辱；更可恨者，自古來，多少輕薄浪子，皆以『好色不淫』爲飾，又以『情而不淫』作案，此皆飾非掩醜之語也。好色即淫，知情更淫。是以巫山之會，雲雨之歡，皆由既悅其色、復戀其情所致也」（第五回），「好色」、「知情」都事涉污穢醜惡，可見《紅樓夢》難容淫亂之一斑（本來犯淫並不限於男性，如第十三回載秦可卿「犯淫」而死、第六十九回載尤二姐前生「淫奔不才」而此生遭妒婦磨難等，都顯示女性也會犯淫；但比較起來，男性犯淫常滋生「流弊」，而且手段不免「殘酷」，所以《紅樓夢》多以男性犯淫爲譴責對象）。

其次，最具匠心的是《紅樓夢》始終沒給犯淫者好下場。這可分兩部分來說：第一，犯「皮膚濫淫」者，不是得「猝死」或「速亡」報應（如第十一回、第十二回所載賈瑞見王熙鳳起淫心而無病死及第十五回、第十六回所載秦鐘跟尼姑智能偷情繾綣而染恙死等都是），就是有「牽制力量」而終不盡「如其所願」（如第二十一回、第四十四回所載賈璉跟鮑二婦私會、別娶尤二姐而爲原配王熙鳳「橫阻破壞」就是——並見第六十五回、第六十八回、第六十九回），所給「待遇」極度不堪；第二，犯「意淫」者（只賈寶玉一人），固然可爲「閨閣增光」，成就一段「痴情」美名，但終究未出「迷津」，不得不先失所愛對象（如賈寶玉所鍾情、疼惜的女子，紛紛出嫁、喪命），而後落髮爲僧（賈寶玉最後「應數」離妻棄子，遁入空門），「好一似食盡鳥投林，落了片白茫茫大地眞乾淨」（第五回），所給「待遇」也相當不情。

綜合看來，《紅樓夢》頗有意要懲治犯淫者。它對於犯最下的「皮膚濫淫」者，所採取的懲治手段較直接而嚴厲，就是藉「天譴」和「人譴」：前者顯現在讓犯淫者不得好活或不得善了（如上所述），後者顯現在讓犯淫者遭人不齒或唾罵（如第七回所載焦大對賈蓉等人開罵「每日家偷狗戲雞，爬灰的爬灰，養小叔的養小叔」、第六十六回所載柳湘連當賈寶玉面數落「你們東府裡，除了那兩個石獅子乾淨罷了」等都是）。而對於犯較上的「意淫」者，所採取的懲治手段雖顯緩和卻也不輕，就是藉「人譴」和「無常譴」：前者顯現在讓犯淫者不時被人看作「淫魔色鬼」或「古今第一淫人」（見第二回、第五回），後者顯現在讓犯淫者逐漸「喪失所愛」或「遺棄所愛」（如上所述）。從「天譴」到「人譴」到「無常譴」，該有的在《紅樓夢》裡頭都有了。尤其是「無常譴」，這給予仍陷於「迷戀」中的人不啻是一個當頭棒喝！畢竟書中利用「天譴」和「人譴」都不免帶有道德教訓意味，只有「無常譴」能示人以「事實眞相」（人生變幻不定，又豈有永恆的愛戀呢），教人不得不再三沈思。

如果仔細翻尋，大家可能還會發覺《紅樓夢》保留了一個理想境界或最高境界，就是在第一百十一回藉警幻仙子之妹來接引鴛鴦魂所道出的「未發之情」：「世人都把那淫慾之事當作『情』字，所以作出傷風敗化的事來，還自謂風月多情，無關緊要。不知『情』之一字，喜怒哀樂未發之時，便是個性；喜怒哀樂已發，便是情了。至於你我這個情，正是未發之情，就如那花的含苞一樣。若待發洩出來，這個情就不爲眞情了。」這是相對於「皮膚濫淫」和「意淫」那些假情而說的，並非常人所能輕易臻致（鴛鴦是個例外），可以看成是《紅樓夢》從正面點出的一個可嶄向的標的。倘若說《紅樓夢》懲治「皮膚濫淫」和「意淫」是消極的作爲，那麼倡議或指引「未來之情」就屬積極的作爲了。

面對《紅樓夢》這一啓示錄式的「演出」，我們到底該感到欣慰還是悲哀？在現實中，不要說什麼「未發之情」，就是「意淫」也沒幾人能夠，《紅樓夢》這番精心的明喻暗示又能起多少作用？也許我們要退一步想：「意淫」、甚至「皮膚濫淫」既是我們這些凡夫所不免，強禁恐怕也無濟於事，但必須凜於可能遇到「天譴」、「人譴」和「無常譴」而力思有所節制，使得自己跟別人所構成的倫理關係或所約定的道德尺度多一分覺察或省悟。這樣一來，《紅樓夢》還是深具現實意義的。至於它倡議或指引「未發之情」頗顯「高調獨唱」，那又何妨（跟得上的就跟，跟不上的就作罷）？

（一九九六年九月）

迷失在權力的邊緣

——《紅樓夢》群芳的一段變奏曲

《紅樓夢》中有這麼一段插曲：被賈寶玉特許爲「鍾靈氣」而潔淨清爽的女子，一旦出嫁變成人婦後，多半很快就換了一副面貌，舉凡嘮叨、嫉妒、亂發脾氣等等一些毛病全都出現了，害得賈寶玉大爲嘆恨：「奇怪！奇怪！怎麼這些人只一嫁了漢子，染了男人的氣味，就這樣混賬起來，比男人更可殺了！」（第七十七回）面對這種現象，我們不妨把它看成是《紅樓夢》作者有意抛給讀者或無意留給讀者的一個難題而仔細想想：爲什麼「好端端」的女子會突然這般地走樣？

照《紅樓夢》所預設的「女兒是水做的骨肉，男人是泥做的骨肉」（第二回）的前提來推，女子嫁給男人，正是潔淨的水沾了污濁的泥，不變原樣也難。只是女方的混賬相跟男方的混賬相（貪財、好色、無賴等等）並不相同，而始終「自慚形穢」的賈寶玉在家人的設計安排下娶了薛寶釵，對方也沒有因爲「染了男人的氣味」而有任何異樣，這又令人相當「不解」！雖然賈寶玉最後是在精神失常的情況下被迫跟薛寶釵完婚，無法自我檢驗對方沾染他的氣味是否就不再可愛，但全書從頭到尾沒有提供什麼合理的解釋，也算是一個有待解決的問題而值得紅迷們加以關心。

現在有一種由主張《紅樓夢》是反滿隱書的學者所提出的講法，認爲那些女子所以一出嫁就變樣，是因爲在《紅樓夢》中「女子」影射「漢人」而「男人」影射「滿人」，基於民族情感，「女子」是不嫁「男人」的（漢人不投靠滿人）；既然嫁了「男人」，就不得不受其污穢或糟蹋，而以此來砥礪天下反滿的志士。這把女子出嫁變樣當作是隱喻或象徵，可說別出心裁！但它同樣要面臨上述的困難（男女混賬相不同和不是每位女子嫁人都會變樣）而無法自圓其說。況且這女子嫁人還有階段性的差異：「女孩兒未出嫁是顆無價的寶珠，出了嫁不知怎麼就變出許多的不好的毛病來；雖是顆珠子，卻沒有光彩寶色，是顆死的了。再老了，更變的不是顆珠子，竟是魚眼睛了！分明一個人，怎麼變出三樣來。」（第五十九回）像這種情況，又豈能一味歸於隱喻用法或象徵用法？顯然要解開這個癥結，必須別爲尋繹。

如果我們不在原書的預設點上窮耗（原書的預設毋寧是隨意性的，而我們也無從想像或驗證女子特稟天地靈氣而男人只承渣滓濁沫），直接就女子出嫁前後判若兩人一事來考察，那麼這裡就有一些實際的經驗可以相互印證。我們知道人活著免不了會有權力衝動；權力衝動獲得滿足，不但會導至物質需求的滿足（如財富、地位等），而且還會導至精神需求的滿足（如尊嚴、名譽等）。更重要的是，權力衝動經常表現爲去影響、控制、支配他人，使他人的行爲符合自己的意志。此外，權力會帶給某些性格特殊的人一種心理上的補償（如有自卑感的人，擁有權力會使他產生優越感；又如缺乏安全感的人，擁有權力等於獲得一副安慰劑），而間接鼓舞了他們更積極於爭奪權力。根據這點來看賈府中人，除了賈寶玉和部分女孩等少不更事外，有那一個不熱中於權力的追逐？在那個小天地裡所歷演的「爭權奪利」（或支配和被支配及反支配），跟整個現實世界中有的情況又有什麼兩樣？賈寶玉懷疑那些女孩「長大」出嫁後爲何不再清純可愛，那是他不知道有大人呵護而不愁吃穿跟躍居大人而得參與生計並不一樣。前者少有「可欲」的場域刺激她們的權力衝動；後者忽然增多了「可欲」的場域（包含她們可以獨佔一個丈夫和可以擁有部分或全部的家計決策權）喚起她們的權力衝動，如何能教她們不隨流俗一起「墮落」？

雖然如此，現實中人有的迷失，《紅樓夢》裡的那些女子也有。因爲權力對人來說縱有無可比擬的吸引力，但並不是人人想要權力都能「遂其所願」，這中間不知得受多少的牽制和壓抑（即使一時僥倖獲得權力，也難保不會在下一刻就被人剝奪或取代而去），而一般人卻仍孜孜不倦的投入這場註定難有斬獲的權力遊戲。《紅樓夢》裡的那些女子，嫁爲人婦後所以顯得嘮叨、嫉妒和亂發脾氣，無非也是初嘗權力的滋味而竟以爲權力可以長久擁有或護衛，不惜將她們所能使出的手段拿來對付干擾或挑釁她們的人。由於這些女子所擁有的權力背後，還有更大規模的權力網絡（由夫權、族權、政權、甚至神權組合而成）制約著，她們只能在邊緣遊走（其他擁有個別權力的人也是），而這樣的遊走又註定只是徒勞，所以我們無妨說那些女子正迷失在權力的邊緣。

本文這裡所作的解釋，應該比其他的解釋合理而可信。只可惜《紅樓夢》中並沒有「記載」被賈寶玉批評爲「後不如前」的女子的生活細節，不然就可以「廣爲支持」本說。倒是嫁入賈家後一直執掌經濟大權的王熙鳳，在她病危時對平兒吐露的一段心裡話，頗能讓人會意一二：「我是早已明白了，我也不久了！雖然活了二十五歲，人家沒見的也見了，沒吃的也吃了，衣祿食祿也算全了，所有世上有的也都有了，氣也賭盡，強也算爭足了；就是壽字兒上頭缺一點，也罷了！」（第一百一回）撇開她的短命不說，就說她的「賭氣爭強」，固然曾把榮府治理得有條不紊而深得長輩的賞識和寵愛，但也開罪了不少人（包括逼死和設計害死她丈夫賈璉所愛的另一些女人），以至後來趁她發病紛紛「反撲」，讓她幾乎無力招架，而她卻還不清楚「原因」何在。這樣的「苦果」，豈不是迷失在權力的邊緣後所得來的嗎？其他沒王熙鳳「精明」的女子，如何能從權力的邊緣脫身而免除類似的苦果（至少也惹來「混賬」一類的譏諷）？

不過，《紅樓夢》中的女子也不盡是一個性子。像薛寶釵就非常淡泊於權力，她以「冷人」的姿態來面對世事（見第一百十五回），始終是個「有福」的人（見第一百八回），世間的一切紛擾似乎都跟她無關（比起她的丈夫賈寶玉以出家來避免世間的一切紛擾，顯然強過許多）。這不禁讓人要在關注《紅樓夢》群芳的一段變奏曲外（所以稱它爲變奏曲，主要是那些女子才貌過人，理當激賞，只有這一點不免遺憾），另升一分思情：也許那裡還有我們所不及的大智慧在呢！

（中央日報「長河」，一九九五年十月三十日）

變幻與靈妙的世界

——談張潮的《幽夢影》

緣起

《風俗通義》曾經記載這麼一個故事：「俗說天地開闢，未有人民，女媧摶黃土作人，劇務，力不暇供，乃引繩絙泥中，舉以爲人。故富貴賢知者，黃土人也；貧賤凡庸者，引絙人也。」這對富貴賢知者來說，可能沒有什麼感覺；但對貧賤凡庸者來說，卻會大爲喪氣！倘若一切已經命定，又何必努力？然而，世上有些因努力而擺脫貧賤凡庸束縛的人，又鼓舞著他們，使他們不致完全絕望。這樣說來，編造故事的人，如果不是信口開河，以便博人一笑，就是偶處貧賤，藉來自我安慰，其實他何嘗眞的相信自己這麼「歹命」？

不錯，沒有人會相信自己生來就註定一個樣子，只要肯「上進」，就會改變「命運」；只要肯「拚命」，就會締造「奇蹟」。有了這股信念，生活不再枯燥乏味，人生也不再黯然無光。只是各人的抉擇不同，有的熱中權勢，期待過得「轟轟烈烈」；有的耽戀名利，希望過得「風風光光」。當然，也有的只想悠遊人間，但求愜意而已。前兩者的作法太過明顯，容易引來非議，也容易製造紛爭；後者「不汲汲於富貴」，也「不戚戚於貧賤」，能作到富貴貧賤兩忘，常令人羨慕不已。而很奇怪的是，天底下儘管有熱中權勢、耽戀名利的人，卻不見誰有勇氣傾訴他的經驗，廣為流傳。倒是局外人不斷揮舞著筆桿，訴說他們所厭惡的「官僚氣」、「市儈氣」，而表白他們所欣賞的「山林氣」、「蔬筍氣」。是否那些熱中權勢、耽戀名利的人，也知道自己違背自然的律則，駭怕「天譴」，以至作者的頭銜，拱手讓給了別人？如果是這樣，古來「不得志」的人，就不須再唉聲嘆氣了，「清風明月不用一錢買」、「五湖煙景有誰爭」、「溪山好處便為家」、「心遠地自偏」、「大隱隱於市朝」，無處不可安居，無時不可適志；而且信手拈來，都是篇什最好的題材，比起前者不是更為富足和高雅？不期然而然的，《幽夢影》的作者，正為我們提供了這一信息。

書名及其作者

首先，書名題作《幽夢影》，就很吸引人。幽，指幽人，韋應物〈秋夜寄邱二十二員外〉詩說：「空山松子落，幽人應未眠。」在這裡是指隱士（作者自己）。夢和影，都如字解。不過，有人認為它們別有取義，孫致彌〈幽夢影序〉說：「顧題之以夢且影云者，吾聞海外有國焉，夜長而晝短，以晝之所為為幻，以夢之所遇為眞。又聞人有惡其影而欲逃之者。然則夢也者，乃其所以為覺；影也者，乃其所以為形也耶？」楊復吉〈幽夢影跋〉說：「書名曰夢曰影，蓋取六如之義，饒廣長舌，散天女花，心燈意蕊，一印印空，可以悟矣。」前者把夢影當作廋辭隱語，有「言無罪而聞足戒」的風詩古意；後者把夢影比作佛家的六如之義，志在發人警悟。這些解釋，都是從原詞引申發揮，可以加深我們對本書的理解。只是要從書中一一得到印證，恐怕就有困難。倒不如根據現有材料，作一些分析推測，也許更能貼切本書的旨意。

依本書所提到跟夢有關的文字有五處：

莊周夢蝶，莊周之幸也。蝴蝶夢爲莊周，蝴蝶之不幸也。

山之光，水之聲，月之色，花之香，文人之韻致，美人之姿態，皆無可名狀，無可執著，眞足以攝召魂夢，顚倒情思。

假使夢能自主，雖千里無難命駕，可不羨長房之縮地，死者可以晤對，可不需少君之招魂；五嶽可以臥遊，可不俟婚嫁之盡畢。

有地上之山水，有畫上之山水，有夢中之山水，有胸中之山水。地上者妙在邱壑深邃，畫上者妙在筆墨淋漓，夢中者妙在景象變幻，胸中者妙在位置自如。

予嘗集諸法帖字，爲詩字之不複而多者，莫善於《千字文》。然詩家目前常用之字，猶若其未備，如天文之煙霞風雪……人事之夢憶愁恨……數月之一三雙半，皆無其字。《千字文》且然，況其他乎？

而跟影有關的文字只有一處：

鏡中之影，著色人物也；月下之影，寫意人物也。鏡中之影，鈎邊畫也；月下之影，沒骨畫也。月中山河之影，天文中地理也；水中星月之象，地理中天文也。

從這裡看來，作者對夢影似乎只取其變幻莫測、靈妙可愛，別無特殊意義。也就是說，這是幽人對人生事物如夢如影處的「感悟之言」。而這番「感悟之言」，也的確讓人有「展味低徊，似餐帝漿沆瀣，聽鈞天廣樂，不知此身之在下方塵世」（余懷〈幽夢影序〉）的感覺。這也許是常人只知道夢影虛幻不實，不知道它們也有令人心動的一面，才讓作者如此「得意」的抉發殆盡。所謂「發前人未發之論，方是奇書。」作者的著書本領，已經被他不經意的道出了。

對於這樣一個「快意平生」的人，個人實在很想多瞭解一點他的生平事蹟，可惜文獻闕如，無法滿足我的好奇心。只約略知道他姓張，名潮，字山來，號心齋，清初歙縣人，曾任翰林院孔目。以刊刻叢書著稱於世，所刻有《昭代叢書》、《檀几叢書》等。他個人著作除了《幽夢影》，還有《心齋聊復集》、《花影詞》等。又輯有短篇小說集《虞初新志》。余懷〈幽夢影序〉說他「家積縹緗，胸羅星宿，筆花繚繞，墨瀋淋漓。」孫致彌〈幽夢影序〉也說他「著書滿家，皆含經咀史，自出機杼，卓然可傳。」都讚美有加。後人可能會因爲得不到直接的資料，好瞭解他寫作本書的背景因緣，而深感遺憾；但是不知道他寫作的背景因緣，也未嘗不是一件好事，可以讓我們有更大的想像空間。話說回來，即使有確切的證據，足以說明他寫作的背景因緣，也不能「妨礙」我們的理解，因爲他所使用的語言文字，自有其約定俗成的「歷史的意義」，不容各人擅自加以裁定。因此，有無他寫作本書的背景資料，也就不關緊要了。

理解《幽夢影》的態度問題

其次，本書以隨筆的方式出現，句句清新可愛，也相當迷人，前人曾經給予極高的評價，石龐〈幽夢影序〉說：「若夫舒性情而爲著述，緣閱歷以作篇章，清如梵室之鐘，令人猛省；響若尼山之鐸，別有深思：則《幽夢影》一書，余誠不能已於手舞足蹈，心曠神怡也。」張惣〈幽夢影跋〉說：「凡一切文字語言，總是才人影子，人妙則影自妙。此冊一行一句，非名言，即韻語，皆從胸次體驗而出，故能發人警省，片玉碎金，俱可寶貴。」當然，也有人會不以爲然，尤其睽違古人生活經驗已久的今人，不免會嫌他「附庸風雅」、「俗不可耐」，如呂正惠〈形式與意義〉一文中就說：「在明清小品中，也常可看到晚明文人刻意拿雅、俗作對照……像袁宏道、張岱如此刻意的去區別雅俗，最後反倒表現了些微的『作態』……至如極享盛名的《幽夢影》，那眞是集假風雅之大成，即使評爲『俗不可耐』，也未嘗不可。」不過，今人可能忽略了作爲斷定是否「附庸風雅」、「俗不可耐」的尺度，不是自己手上這一把，而是古人手上那一把（也就是依當時的情境、價値觀來評斷）。如果不用古人的尺度去衡量，怎能信服古人？何況這種斷言又那麼「大膽」（幾乎沒有什麼推論過程），恐怕連今人都難以信從呢！而後面這一點，也正是今人最常據以質問古人的。

就《幽夢影》中的文字來說，幾乎一則就是一個斷言，既沒有前提，也沒有推論，這在今人看來是不大對胃口的。然而，要求一個斷言必須由前提推論而來，基本上是西方具有「主謂結構」的拼音文字所要講究的，中國文字沒有「主謂結構」，如何形成嚴密的論證形式？即使能勉強弄出一個論證形式，但對一向講求「含蓄」、「言外見意」的中國人來說，也會「寢食難安」，因爲他所要說的都說盡了（了無餘義），別人還會有興趣去玩味嗎？再說任何一個論證（某些數學上的論證除外），它的前提都是暫時的假定，它的結論自然也隨時會被推翻，既然如此，還要弄個前提作什麼？以前西方人滔滔不絕的講了幾千年的話，中國人也滔滔不絕的講了幾千年的話，雖然方式有所不同，也都相安無事，如今大家反怪罪起後者的不是，不免令人感到駭異，難道以前中國人所講的話都不是「人話」？而作爲這樣論斷的證據眞能成立嗎？我們寧可相信這是今人一時糊塗所造成的錯誤，只要勤於摩挲古書，自然會糾正過來。只是今天我們已經「習慣」（學到）別人的說話方式，倘若還是像古人那樣，就顯得有點「不知趣」了。所以這裡用來討論《幽夢影》的話，也不再是寥寥幾句，僅陳結論而已，至少要提出一些理由，好讓人家相信這是「有根有據」的。

上面所以不憚其煩的清釐一些觀念，主要是有感於今人還存著近代以來的某些成見，這些成見適足以阻礙「歷史知識」的建立，而使生命無所依歸，影響到未來的發展。換句話說，我們不能老是用懷疑的眼光看古人，必須眞誠的跟古人「照面」，汲取他們的智慧，來探索人生的意義，建立人生的價值，才是正當作法。現在我們面對《幽夢影》一書，也需要這種態度。

《幽夢影》的重要論點及其旨趣

《幽夢影》本身的篇幅不長，但是論題卻頗多，略爲歸納，大致有論讀書，如：

讀經宜冬，其神專也；讀史宜夏，其時久也；讀諸子宜秋，其致別也；讀諸集宜春，其機暢也。

少年讀書，如隙中窺月；中年讀書，如庭中望月；老年讀書，如臺上玩月；皆以閱歷之淺深，爲所得之淺深耳。

論善惡，如：

無善無惡是聖人，善多惡少是賢者，善少惡多是庸人，有惡無善是小人，有善無惡是仙佛。

何謂善人？無損於世者則謂之善人。何謂惡人？有害於世者則謂之惡人。

論友道，如：

天下有一人知己，可以不恨。不獨人也，物亦有之，如菊以淵明爲知己，梅以和靖爲知己……一與之訂，千秋不移。若松之於秦始，鶴之於衛懿，正所謂不可與作緣者也。

雲映日而成霞，泉挂岩而成瀑，所托者異，而名亦因之，此友道之所以可貴也。

論修養，如：

少年人須有老成之識見，老年人須有少年之襟懷。由戒得定，由定得慧，勉強漸近，自然鍊精化氣，鍊氣化神，清虛有何渣滓。

論處世，如：

富貴而勞悴，不若安閑之貧賤；貧賤而驕傲，不若謙恭之富貴。

寧爲小人之所罵，毋爲君子之所鄙；寧爲盲主司之所擯棄，毋爲諸名宿之所不知。

論美醜，如：

花不可以無蝶，山不可以無泉，石不可以無苔，水不可以無藻，喬木不可以無藤蘿，人不可以無癖。貌有醜而可觀者，有雖不醜而不足觀者；文有不通而可愛者，有雖通而極可厭者；此未易與淺人道也。

論閑趣，如：

樓上看山，城頭看雪，燈前看月，舟中看霞，月下看美人，另是一番情境。窗內人於窗紙上作字，吾於窗外觀之，極佳。

論詩文，如：

詩文之體得秋氣爲佳，詞曲之體得春氣爲佳。

《水滸傳》是一部怒書，《西遊記》是一部悟書，《金瓶梅》是一部哀書。

此外，還有論儒釋道，如：

孔子生於東魯，東者生方，故禮樂文章，其道皆自無而有；釋迦生於西方，西方死地，故受想行識，其教皆自有而無。

予嘗謂二氏不可廢，非襲夫人大養濟院之陳言也……客遊可作居停，一也；長途可以稍憩，二也；夏之茗，冬之薑湯，復可以濟役夫負載之困，三也。凡此皆就事理言之，非二氏福報之說也。

從上面所列論讀書、論善惡、論友道、論修養、論處世、論美醜、論閑趣、論詩文、論儒釋道等話題，可以看出作者所關注的幾乎都是「切身之事」。這些「切身之事」是否經過他一一體驗，我們不得而知，但是從書上那些懇切、堅定的語氣，我們也不難窺見他對這些事的認眞；同時他在行文中，使用很多規範語詞，如「宜」、「可以」、「不可以」（不可）、「須」、「必」、「不必」、「不得」、「方是」、「乃爲」、「不可不」、「寧……毋」、「能……方可」等，也讓人覺得他像一位藹藹長者，在對晚輩後生殷殷寄予期許，場面溫馨感人。不過，這些還不是最重要的，最重要的是作者在書中透露了豁達的人生觀，令人憧憬不已。這就得從一個「情」字談起。

「情之一字，所以維持世界。」作者破天荒的道出這樣的話。是的，這個世界不是靠法制來維持，也不是靠道德來維持，而是靠情來維持的。即使不得不靠法制和道德來維持，也要有情作基礎才行，不然，法制將會流於殘賊人性的工具，而道德也會變成束縛人心的教條。就個人來說，有了情，就能愛；愛山光水色，愛風花雪月，愛美人才士，愛好書醇酒：

有山林隱逸之樂，而不知享者，漁樵也，農圃也，緇黃也；有園亭姬妾之樂，而不能享、不善享者，富商也，大僚也。

爲月憂雲，爲書憂蠹，爲花憂風雨，爲才子佳人憂命薄，眞是菩薩心腸。

天下無書則已，有則必當讀；無酒則已，有則必當飲；無名山則已，有則必當遊；無花月則已，有則必當賞玩；無才子佳人則已，有則必當愛慕憐惜。

這種愛還可以跨越時空，成就一己對生命的圓滿的關懷：

我不知我之生前，當春秋之季，曾一識西施否？當典午之時，曾一看衛玠否？當義熙之世，曾一醉淵明否？當天寶之代，曾一睹太眞否？當元豐之朝，曾一晤東坡否？千古之上，相思者不止此數人，則其尤甚者，故姑舉之，以概其餘也。

才子遇才子，每有憐才之心。美人遇美人，必無惜美之意。我願來世托生爲絕代佳人，一反其局而後快。

有了情，也會想到才。「才之一字，所以粉飾乾坤。」像司馬相如以才藝贏得卓文君爲他當爐，李白以詩才博得楊貴妃爲他捧硯，王勃過江作〈滕王閣序〉，王之渙等人在旗亭賭唱等，都爲人間添增了動人的風流韻事。由才再往前推，就是仁人君子，就是聖賢。「聖賢者，天地之替身。」「天極不難做，只須生仁人君子有才德者二三十人足矣；君一相一冢宰一及諸路總制撫軍是也。」聖賢、仁人君子，更爲人間留下了一如女媧補天的功勞。這些風流韻事、功名德業，雖然可望不可及，但是耳聞目睹，時間一久，也會提升品味，而足以審美醜、辨善惡：

春聽鳥聲，夏聽蟬聲，秋聽蟲聲，冬聽雪聲，白晝聽棋聲，月下聽簫聲，山中聽松聲，水際聽欸乃聲，方不虛生此耳。若惡少斥辱，悍妻詬誶，眞不若耳聾也。

官聲採於輿論，豪右之口與寒乞之口，俱不得其眞；花案定於成心，豔媚之評與寢陋之評，概恐失其實。

美醜善惡既然已經分判，親美離醜、存善去惡，也就成了人生必然的歸趨：「昔人云：若無花月美人，不願生此世界。予益一語云：若無翰墨棋酒，不必定作人身」、「有工夫讀書，謂之福；有力量濟人，謂之福；有學問著述，謂之福；無是非到耳，謂之福；有多聞直諒之友，謂之福」。

以上這段「心路歷程」，不妨當作作者所走過的，因爲我們發現他對於人生有「很不尋常」的期望：

值太平世，生湖山郡，官長廉靜，家道優裕，娶婦賢淑，生子聰慧，人生如此，可云全福。

十歲爲神童，二十三十爲才子，四十五十爲名臣，六十爲神仙，可謂全人矣。

人莫樂於閑，非無所事事之謂也。閑則能讀書，閑則能遊名勝，閑則能交益友，閑則能飲酒，閑則能著書，天下之樂，孰大於是。

閱《水滸傳》，至魯達打鎭關西、武松打虎，因思人生必有一椿極快意處，方不枉在生一場。即不能有其事，亦須著得一種得意之書，庶幾無憾耳。

這些期望，如果不是發自他的審美趣味和溫厚善心，又如何可能？也正因爲有審美趣味和溫厚善心，在不得已的情況下，才能退一步想，所謂「文名可以當科第，儉德可以當貨財，清閑可以當壽考」、「胸藏邱壑，城市不異山林；興寄烟霞，閻浮有如蓬島」、「居城市中，當以畫幅當山水，以盆景當苑囿，以書籍當朋友」，再豁達也不過如此。

這跟書名題爲夢爲影，也有了聯繫。也就是說，人生事物有變幻如夢的，也有靈妙如影的；變幻如夢的，不必強求，靈妙如影的，不妨盡賞。至於如何斟酌才能恰到好處，就有賴人的「慧根」了（人的「慧根」，到底有多少天生的成分，誰也不知道；但是經由學習，可以發揮它的潛力，卻是不爭的事實。作者在書中常提到讀書，可能也是有感而發）。這好比讀書和遊山水：「善讀書者，無之而非書，山水亦書也，棋酒亦書也，花月亦書也。善遊山水者，無之而非山水，書史亦山水也，詩酒亦山水也，花月亦山水也」。如果沒有一點「慧根」，可能作到這樣嗎？

結　語

總括來說，《幽夢影》一書，處處洋溢著「機趣」，頗能發人深省。而其中有一點特別可貴的是，作者在對我們透露豁達的人生觀之際，也向我們暗示不走「偏鋒」（極端）的智慧，像「律己宜帶秋氣，處世宜帶春氣」、「立品須發乎宋人之道學，涉世須參以晉代之風流」、「入世須學東方曼倩，出世須學佛印了元」，或律己，或處世，或入世，或出世，在他似乎已經得心應手，而儒道佛思想也被他打成一片。

如果不明白這一點，書中有些看似矛盾的言論，就不容易理解，如前面所引「無善無惡是聖人，善多惡少是賢者，善少惡多是庸人，有惡無善是小人，有善無惡是仙佛」、「何謂善人？無損於世者則謂之善人。何謂惡人？有害於世者則謂之惡人」，這兩段話都涉及善惡，但是善惡的涵義極不確定

（如「善多惡少是賢者」的善，和「有善無惡是仙佛」的善，應該不在同一層次上），而且有相互鑿枘的地方（如「無損於世者則謂之善人」的「無損於世」是善，「無善無惡是聖人」的「無善」就是無無損於世，無無損於世就是惡，聖人既是惡，又是無惡，豈有此理），可能就會遭至別人的訾議。不過，我們也不必這麼嚴苛，只要當它們在不同情境下說的，就不覺得有什麼不妥了。又如「願在木而爲樗，願在草而爲蓍，願在鳥而爲鷗，願在獸而爲廌，願在蟲而爲蝶，願在魚而爲鯤。」這裡「樗」則不才而終其天年，「蓍」則前知，「鷗」則忘機，「廌」則觸邪，四願都是相反（前知必定多才，忘機就不能觸邪），不是很奇怪？然而，我們在別的地方已經看出作者融合了儒道佛思想，橫說豎說都不無道理，對這段話也就不須詫異了。

此外，書中還有一些「新奇」的言論，如「胸中小不平，可以酒消之；世間大不平，非劍不能消也」、「妾美不如妻賢」、「婢可以當奴，奴不可以當婢」、「不待教而爲善爲惡者，胎生也；必待教而後爲善爲惡者，卵生也；偶因一事之感觸，而突然爲善爲惡者，濕生也；前後判若兩截，究非一日之故者，化生也」，或屬「快人快語」，或屬「大男人主義」（已經過時，可以不究），或屬「即興之言」（如「胎生」、「卵生」、「濕生」、「化生」），無妨付之一笑，不必太過認眞。

（一九九〇年八月）

「斷腸人在天涯」怎樣斷？

馬致遠小令〈天淨沙〉末句「斷腸人在天涯」，有人讀作「斷腸人，在天涯」，有人讀作「斷腸、人在、天涯」，都欠當。應該讀作「斷腸、人在天涯」才是。

「斷腸人，在天涯」除具意義形式外，毫無音節形式可言；凡是〈天淨沙〉的末句，都沒有頓作三三的，後人塡詞如有作這種頓法，一定是不諳音律，而以今臆古。頓作二二二，雖然具有音節形式，卻不具意義形式，恐怕元人不作這種讀法。因爲曲家於倚聲塡詞之際，爲協和音律，而改變造句的常法，自屬難免，但少有爲合音節形式而罔顧意義形式的。以這句「斷腸人在天涯」來說，解作「人在天涯已（或正）斷腸」，遠比解作「斷腸之人在天涯」通順。今曲家將「斷腸」二字提前，雖然已改變造句的常法，但並不減低讀者對此句義的瞭解。所以讀作「斷腸、人在天涯」，才能兼顧音節形式和意義形式。

再舉數例爲證：如張可久的「探梅人過谿橋」（魯卿庵中）、「典衣索做清明」（清明日郊行），應將「探梅」、「典衣」移下解，前出陸游詩「僧約谿橋共探梅」，後出杜甫詩「朝回日日典春衣」；又如吳西逸的「此情時拍闌干」（閑情），猶言「時拍闌干憶此情」，此出辛棄疾詞「拍闌干，更有人相憶」。像這些意義形式自爲二四，而音節形式也是二四，絕對沒有頓作二二三的道理。試看張可久的「看看月上荼靡」（閨怨）及李致遠的「臨鸞不畫眉彎」（離思）二句，雖然造語平常，但作二四讀法，較前各例尤爲明顯。

此外，從音理來推，也可以證明不作二二二頓法。〈天淨沙〉末句聲調通常爲「仄平平仄平平」，如「斷腸人在天涯」、「探梅人過谿橋」、「此情時拍（古爲入聲）闌干」（並見前）等都是。其餘或改第三字爲仄聲，如「一枝弄影飄香」（商衢作）、「典衣索做清明」（見前）；或改第一、三字爲平聲、仄聲，如「青衫夢裡琵琶」（徐再思作）、「無言獨（古爲入聲）倚闌干」（無名氏作）！或改第二字爲仄聲，如「白草紅葉黃花」（白樸作）。不論文字聲調怎樣變化，第四字必爲仄聲（去或上），這是關鍵字。凡去聲字音甚短，譜曲時節拍不宜過長，而元曲都是爲歌唱而作，時人必定重其聲情美，自然沒有在這裡引聲而歌的道理。試問第四字上下都是平聲字，歌者唱到這裡如何能曳引其音？作上聲的也是這樣（凡改爲上聲字，上字必作去聲或入聲，節拍更不能拖長）。今人所說作二二二頓法的，在古人必可曳引其音，但經分析，又知道不然。像第二字多爲平聲字（上聲字極少，去聲字幾無。「看看月上荼靡」下看字當輕讀），依音節形式可頓，依意義形式也該頓，這沒有什麼疑問。至於白樸的「白草紅葉黃花」和喬吉的「停停當當人人」常被舉爲二二二頓法的例證，其實頗有問題。「白草紅葉黃花」的音節形式已解如上，而就意義形式來說，「白草」是一組，「紅葉黃花」是一組，不該析「紅葉黃花」爲二組。「停停當當人人」，應當視爲別格（這只要看全詞，就可知道：「鶯鶯燕燕春春，花花柳柳眞眞，事事風風韻韻，嬌嬌嫩嫩，停停當當人人。」近似遊戲之作，不可爲例）。

古樂府曲譜多已失傳，其聲情也已式微，今人難以再歌，所以僅止於吟誦文字，翫其辭情而已。然而，古今音理，必有相通之處，據以考古樂府，雖然不能盡合原貌，也不致差池太甚。願舉〈天淨沙〉末句爲例，供同好三隅反，俾能多領略一分古人苦心經營的聲情美。

（中央日報「中學國語文」，一九九二年七月二十三日）

東坡詞中的鄉土情懷

詞本是樂府的支裔，綢繆宛轉爲其特色，然至蘇東坡一變，寄慨無端，別有天地，始蔚爲大國。前人品評東坡詞，咸謂橫放傑出，爲曲子中縛不住者；我尤喜其超乎塵垢外的那股逸懷浩氣。讀東坡詞，既憫其在宦海浮沈中所遭受的折騰，又凜其深長的情懷橫空而來，直入人的胸臆。東坡一生，極思退出官場，始終無法如願，因此寄托於詞中的返歸鄉土之情，便顯得特別的凸出。

真性情的流露

東坡早年得志，廿二歲即舉第，後被拔擢爲翰林學士。時王安石當政，變法方熾，東坡不滿新政，自請外調。但其性情率眞坦直，每爲詩詞以抒鬱積，終難逃烏臺詩案。從正面看，東坡因詩詞而惹禍；從反面看，正因其筆端盡是眞情實意，方能名垂不朽。難怪有人說東坡詞在「情性之外，不知有文字，眞有一洗萬古凡馬空氣象」。

東坡是個「奮厲有當世志」的文士，表現在其作品中的也是一片澄澈的情操。一天，東坡將赴密州，給其弟子由寫了一首〈沁園春〉說：「孤館鐙青，野店雞號，旅枕夢殘。漸月華收練，晨霜耿耿，雲山摛錦，朝露團團。世路無窮，勞生有限。似此區區長鮮歡，微吟罷，凭征鞍無語，往事千端。當時共客長安，似二陸初來俱少年。有筆頭千字，胸中萬卷，致君堯舜，此事何難？用舍由時，行藏在我。袖手何妨閑處看，身長健，但優游卒歲，且鬥尊前。」此不但透露出用世的心跡，也深寓著坦蕩的襟懷。想致君於堯舜之境，誠非難事，然而東坡一生，多事與願違，不但用舍操在君主之手，行藏也不能由其自主。因此對於重返鄉土的渴望，便愈見殷切。

苒苒中秋過，蕭蕭兩鬢華。寓身此世一塵沙，笑看潮來潮去了生涯，方士三山路，漁人一葉家。早知身世兩聱耳，好伴騎鯨公子賦雄誇。（〈南歌子〉）

像這種想違離崎嶇仕途的念頭，跟他的抱負並無衝突，反而是他的率眞處。因爲勞生有限，而宦海難測，與其「區區長鮮歡」，寧可「優游卒歲，且鬥尊前」，但求適志而已。這不是東坡改變了初衷，乃是在「從事鬢驚秋」之餘，駭怕像謝安那樣「雅志困軒冕，遺恨寄滄洲」（〈水調歌頭〉）罷了。乍看似有矛盾，細思全是人之常情。坦泰如東坡，實無必要加以避諱。

飄泊中自求安頓

東坡高志不遂，屢遭貶謫，而且行跡不定，與親友聚少離多，其詞中常流露著百般的愁緒：

輕雲微月，二更酒醒船初發。孤城回望蒼煙合，記得歌時，不記歸時節。　巾偏扇墜藤牀滑，覺來幽夢無人說。此生飄蕩何時歇，家在西南，常作東南別。（〈醉落魄〉）

雨後春容清更麗，只有離人，幽恨終難洗。北固山前三面水，碧瓊梳擁青螺髻。　一紙鄉書來萬里，問我何年，眞箇成歸計。回首送春拚一醉，東風吹破千行淚。（〈蝶戀花〉）

去年相送，餘杭門外，飛雪似楊花。今年春盡，楊花似雪，猶不見還家。　對酒捲簾邀明月，

風露透窗紗，恰似姮娥憐雙燕，分明照畫梁斜。（〈少年遊〉）

東坡的雙親早見背，自己的仕途又不如意，加上夫人及弟弟俱不在身邊，想來只有淚千行。不過，東坡並未因此而坐困愁城，反以灑脫之心去面對現實環境。且看其〈水調歌頭〉：「明月幾時有？把酒問青天。不知天上宮闕，今夕是何年？我欲乘風歸去，惟恐瓊樓玉宇，高處不勝寒。起舞弄清影，何似在人間？轉朱閣，低綺戶，照無眠，不應有恨，何事長向別時圓？人有悲歡離合，月有陰晴圓缺，此事古難全。但願人長久，千里共嬋娟。」但若非東坡，誰又能表現得如此不慍不火？那「致君堯舜」的夢想，猶在心中縈迴著；親友乖離的苦楚，也不時催已潸然淚下。此刻要求解脫，只有認定「此心安處是吾鄉」（〈定風波〉）；想要獲得慰藉，也只好夢回過去，重新品嘗人間難得的清歡。

不同高蹈隱士

東坡常存退隱之心，確無可疑，但他不像一般買山歸隱的人，一心只在紅塵外。「安石在東海，從事鬢驚秋。中年親友離別，絲竹緩離愁。一旦功成名遂，準擬東還海道，扶病入西州。雅志困軒冕，遺恨寄滄洲。歲云暮，須早計，要褐裘。故鄉歸去千里，佳處輒遲留。我醉歌時君和，醉倒須君扶我。惟酒可忘憂，一任劉玄德，相對臥高樓。」（〈水調歌頭〉）「故鄉歸去千里，佳處輒遲留」，這是何等的瀟灑！故知東坡並非高山不隱的人。他曾說過的「溪山好處便爲家」（〈臨江仙〉），也非虛語。從其知徐州時，往石潭謝雨（雨前徐州爲大旱），在道上所作五首〈浣溪沙〉今試舉二首爲證：

簌簌衣巾落棗花，村南村北響繰車，半依古柳賣黃瓜。　酒困路長惟欲睡，日高人渴漫思茶，敲門試問野人家。

軟草平莎過雨新，輕沙走馬路無塵，何時收拾耦耕身？日暖桑麻光似潑，風來蒿艾氣如薰，

使君元是此中人！

「使君元是此中人」，不正道出東坡自己的心聲？其以太守之尊，「敲門試問野人家」，不也顯出其關懷與親切之情？其隨遇而安的個性，在此已表露無遺，何待高蹈深隱以明其不隨流俗？

東坡在烏臺詩案後，常嘆「世事一場大夢，人生幾度新涼」（〈西江月〉），而想忘卻營營。因此陶淵明的影子不斷浮現腦海，且嘗將淵明所作〈歸去來辭〉櫽栝以入詞。「念寓形宇內復幾時？不自覺皇皇欲何之？委吾心去留誰計？神仙知在何處？富貴非吾志，但知臨水登山嘯詠，自引壺觴自醉。此生天命更何疑？且乘流遇坎還止。」（〈哨徧〉）然而東坡究有淵明不及處。淵明生在亂世，可不為五斗米折腰；東坡處在新政黨人之下，身不由己，卻能委心以任運，千古中諒只東坡一人而已。

莫聽穿林打葉聲，何妨吟嘯且徐行？竹杖芒鞋輕勝馬。誰怕！一簑煙雨任平生。　料峭春風吹酒醒，微冷！山頭斜照卻相迎。回首向來蕭瑟處，歸去，也無風雨也無晴。（〈定風波〉）

類此在苦中作樂，在缺憾中求完滿的舉止，除東坡外，復有幾人？是知其不朽的文名之下，那崇高的志節與坦蕩的胸懷，也為世人「指出向上一路，新天下耳目」；而其回歸鄉土的意願，全出於一片真誠，遠非矯情的人所可比擬。

（中央日報「長河」，一九八八年一月十一日）

唐傳奇中有女性主義嗎？

女性主義從六〇年代在美國興起以來，文學批評界又多了一種聲音。這種聲音主要是在破解以男性爲中心的支配性論述，而爲女性爭取應有的發言空間。影響所及，許多國家也都正視起該一批評範疇，並且承認它的「合宜性」和「合法性」。

我們國內雖然沒有像某些國家（如日本）對這一思潮有過強烈的反應，但也不時透過文學創作或文學批評給予相當程度的迴響。就以文學批評來說，一向未被發覺含有女性主義的作品，都可能在新尺度的衡量下，紛紛露出女性主義的原形。如被公認最早帶有這一思想傾向的唐傳奇，就是大家喜歡標榜的對象。

由於觀察的角度不同，有人特別看重唐傳奇中女子在守貞固節等意識形態箝束下，逐漸流失自我（不守婦道）或憤而抗拒不平等待遇（敢愛敢恨）的過程（前者如霍小玉、崔鶯鶯；後者如紅拂女、步飛煙）；有人則特別在意唐傳奇中男性在無意識領域裡以「婦道」約制自己妻妾，卻又渴望從別的女人身上獲得性需求的迷思（如某些倡妓文學所顯現的）。不論各人的論述如何，女性主義文學批評在這裡都有了「發洩」口：將原來以男性爲中心的支配性論述神話狠加拋卻，而重新建立以女性爲中心或相等的論述典範。

這不能說有什麼錯誤（而且在舉世高擎女性主義旗幟當頭，駁議它也沒有多大意義），但是我們不能不想想：在大家一味標舉女性主義之際，是不是會遺漏一些更重要的訊息？如唐傳奇中所提到的部分女子，像霍小玉、李娃（或包括崔鶯鶯），都是賣唱的倡家，不是賣淫的妓女。前者地位雖然不如一般婦女，但也不至於低賤到可以任由男性玩弄，她們仍有一定的尊嚴。現在有人把她們畫入妓女文學中加以討論，「賦予」她們可憐的形象，而忽略了她們被藉來表述某種嶄向的可能性。

又如唐傳奇中不只以「貞節」觀念規範女子的行爲，也以「端正」觀念規範男子的行爲。皇甫枚〈步飛煙〉文末說：「豔冶之貌，則代有之矣；潔朗之操，則人鮮聞。故士矜才則德薄，女衒色則情私。若能如執盈，如臨深，則皆爲端士淑女矣。」這可以作爲例證。還有元稹〈鶯鶯傳〉文末引時人多許張生「爲善補過」，顯然也有戒惕天下男子必須專情的意思。另外，蔣防〈霍小玉傳〉安排李益後來「所見婦人，輒加猜忌」，心理大爲變態，不也暗示了薄情郎將不得「善終」？相對的，專情的人就不會如此。可見執著女性主義一端來論述，終究不能持平。

在今天看來，唐傳奇中（其至歷來相關的作品）所流露的，恐怕不是對女性的歧視，而是對男女雙方才貌品德的渴望，以及彼此情意相得境界的嚮往。而前者又是後者的基礎；只要有一方欠缺才貌品德或中途變樣，就無法達到情意相得的境界或難以維繫此一境界的圓滿。這也就是紅拂女要離開楊素投靠李靖、步飛煙要瞞著武公業密會趙象，以及李益忍棄霍小玉導至心理變態、張生拋離崔鶯鶯以至遺人口實的原因所在。

如果不能看出這一訊息，而徒以女性主義文學批評的論調強加其上，難得會有什麼新意出現。因此，要藉著對唐傳奇中女性主義思想的發掘，來破解以男性爲中心的支配性論述，只能落入第二義。第一義應該是看看唐傳奇中（甚至歷來的作品）到底提供了多少有關男女「共存共榮」的良方，可以作爲今人的借鏡。說實在的，人類到目前爲止，處理男女關係的智慧，還只停留在文學創作中編織「男歡女愛」的「夢境」，一旦進入現實生活，卻半點輒也沒有（這從社會上儘多怨偶可以看出），這不能說不是個遺憾。不過，藉由文學作品的「氣氛」營造，多少可以撫慰一己未能情意相得的憾恨。所以多讀文學作品，還是大有好處。

（中央日報「長河」，一九九二年十月十五日）

〈長恨歌〉所恨何事？

白居易〈長恨歌〉以「長恨」標題，到底所恨是什麼，爲何會綿延不絕？對於這個問題，歷來解說的人多受陳鴻〈長恨歌傳〉影響，而以「意者不但感其事，亦欲懲尤物，窒亂階，垂誡於將來者也」作答。但陳鴻自爲傳其事，白居易自爲歌其事，二者作意不必相同，豈能強以陳鴻的傳意來解白居易的歌旨？再說通觀〈長恨歌〉全篇，多有同情楊貴妃遭遇的言語，怎好就遽然斷定白居易是在諷刺楊貴妃而以爲天下（男子）戒？我們想瞭解這個問題，恐得另闢途徑才行。

大體上，我們必須從「誰在恨」以及「恨什麼事」兩方面去考慮，才可能有比較「相應」的感受。先看「誰在恨」方面，原文「天長地久有時盡，此恨綿綿無絕期」所點出的主題「長恨」是安排在最後，可看作楊貴妃本人在恨，也可看作白居易本人在恨或代當事人在恨。如果看作楊貴妃本人在恨，就得承認這兩句也是楊貴妃要方士轉告唐明皇的話；但我們看上文「臨別殷勤重寄詞，詞中有誓兩心知。七月七日長生殿，夜半無人私語時。在天願作比翼鳥，在地願爲連理枝」，似乎楊貴妃要方士轉告的話到這裡就結束了，不該再有「天長地久有時盡」那兩句，可見不是楊貴妃本人在恨。如果看作白居易本人在恨，那這兩句就是白居易對該事件的評斷（寓有尤物「亂政」的哀感），而很可以接到陳鴻〈

長恨歌傳〉的結論上去；但我們看整首詩沒有半句在說白居易本人的感受，不大可能突然在結尾加上這兩句，來一抒胸中的「憤積」，可見也不是白居易本人在恨。既然這兩種情況都不是，那就是第三種情況：白居易代當事人在恨。

這個推斷是從楊貴妃生前所受唐明皇的恩寵，以及死後成仙對唐明皇的念念不忘，理該合有此恨而由作者代爲「表白」成立的。雖然如此，唐明皇失去愛妃後的傷心落魄，也可以「共享」此恨，不必盡在楊貴妃身上設想。只是作者從頭寫來，似乎都在凸顯楊貴妃一人的際遇，這等憾事自然要由她本人去「感發」了。也因爲這等憾事不是楊貴妃親口所道，而是白居易代爲揭露，所以才說「此恨」。歷來解說的人不察，而「曲解」成白居易（或代擬天下人）爲尤物傾國抱憾，實在離譜得可以（倒是陳鴻話中「感其事」一語，値得玩味，其餘都「姑聽其說」，不必當眞）。

確立這是白居易代楊貴妃在恨後，我們還要追問白居易代楊貴妃在恨什麼事？從楊貴妃的遭遇來看，大家應該不難想到處心積慮要除掉她的人（怪罪她「紅顏禍水」），會被她所恨；還有她的靠山唐明皇在緊要關頭不能保她一命，也會爲她所恨。但這樣考慮都難免膚淺，無法深透當事人內心的沉哀（料想白居易以「長恨」點題，也當不只於這些浮面事）。那到底是爲了什麼？這大概得從愛情說起。

如果我們假定愛情存在於男女雙方共同感受裡；彼此喜歡關懷對方是它的必要條件，而彼此能做出讓對方欣賞的事是它的充分條件。這樣如有一方不願付出，或中途變故，那愛情就會有匱缺；如有外力介入，那愛情就會起變化，而不免令人感到憾恨。由此可見，〈長恨歌〉所恨的，不是前面那種情況，而是後面這種情況，也就是楊貴妃和唐明皇二人彼此相愛，卻無法長相廝守，因爲有外力（別人的嫉妒和構陷）介入的緣故。雖然這也有部分源於他們二人不顧念現實環境（不容許「此事」過度發展）而執意如此（包括楊氏兄弟姊妹的受封）所致，但人間「不許」見死生至愛的遺憾（總有人會橫加干預），卻是「綿綿無絕期」，成了有心人永恆的刺痛！

這當我們讀到「夜半無人私語時」，能不凜然感受到底下這對璧人所發的密誓「在天願作比翼鳥，在地願爲連理枝」，是多麼的淒涼嗎？他們明知此事不盡由自己掌握，仍要藉誓約來自我安慰，天地間還有什麼事比這更無奈的？這樣說來，白居易就不僅透視了楊貴妃心中的憾恨，他也透視了古往今來喜愛拆人佳偶者的齷齪心腸！

（中央日報「長河」，一九九三年七月十二日）

唐詩的聲情美

唐代詩人，精於抒情和寫景。嚴羽《滄浪詩話》說：「盛唐諸人惟在興趣，羚羊掛角，無迹可求。故其妙處透徹玲瓏，不可湊泊，如空中之音，相中之色，水中之月，鏡中之象，言有盡而意無窮。」豈止盛唐詩人如此，初唐、中唐、晚唐諸詩人都是抒情高手。蘇軾《東坡詩文集．題王維藍關煙雨圖》說：「味摩詰之詩，詩中有畫；觀摩詰之畫，畫中有詩。」求之唐詩，詩中有畫的所在多有，不只王維一家而已。然唐人作詩尙有一勝，前人多未道及，那就是善於摹寫聲音。姑且名之爲「詩中有聲」吧！現在就聽聽那些詩人透過帶有感情的筆端所描摹下來的各種聲音：

水聲

熊咆龍吟殷巖泉，慄深林兮驚層巔。（李白〈夢遊天姥吟留別〉）

飛湍瀑流爭喧豗，砯崖轉石萬壑雷。（李白〈蜀道難〉）

黃河萬里觸山動，盤渦轂轉秦地雷。（李白〈西嶽雲臺歌送丹丘子〉）

前則言巖泉聲響好像熊咆龍吟，使深林爲之顫抖，峯巒爲之震驚。中則言飛湍怒瀑嘩然爭響，撞擊山壁，滾轉礁石，猶如響在千山萬壑間的雷聲。後則言黃河蜿蜒萬里，觸山動地而來，經過秦地時，急流盤旋成深渦，聲如巨雷。描寫巖泉、飛瀑、黃河如此逼眞生動，可謂一字千金。劉勰《文心雕龍・辨騷》篇說：「論山水，則循聲而得貌。」李白諸作，不僅得其形貌，並能傳其神奇。

鳥聲

忽似上林翻下苑，綿綿蠻蠻如有情。欲囀不囀意自嬌，羌兒弄笛曲未調。前聲後聲不相及，秦女學箏指猶澀。須臾風暖朝日暾，流音變作百鳥喧。（韋應物〈聽鶯曲〉）

黃鶯忽似從上林翻飛到下苑來，嘴中哼著綿綿蠻蠻的聲音，如滿懷情意向人敘述。牠意態自嬌，想叫又不痛快的叫，好像羌兒吹笛還不成調。牠的聲音時而滯澀，以至前後不相貫，彷佛秦女初學彈箏，指法還不熟練。不久，風來送暖，朝日初升，在牠的一聲鳴叫後，百鳥都跟著喧鬧起來。此詩文采綺麗，情感深透，描寫鶯聲嬌婉，極爲巧妙。《文心雕龍・物色》篇說：「是以詩人感物，聯類不窮。流連萬象之際，沈吟視聽之區。寫氣圖貌，既隨物以宛轉；屬采附聲，亦與心而徘徊。」韋應物已深得其道。

舞聲

昔有佳人公孫氏，一舞劍器動四方。觀者如山色沮喪，天地爲之久低昂。㸌如羿射九日落，矯如群帝驂龍翔。來如雷霆收震怒，罷如江海凝青光。（杜甫〈觀公孫大娘弟子舞劍器行〉）

此寫公孫大娘舞劍器時舞姿矯健，駭人容色，天地都隨著上下起伏；而其氣勢磅礴，連雷霆都要收住了震怒。千載之後，我們猶能感覺到公孫大娘虎虎生風的舞容，全賴杜甫此詩的功勞。

歌聲

盼盼乍垂袖，一聲雛鳳呼。繁絃迸關紐，塞管裂圓蘆。衆音不能逐，裊裊穿雲衢。（杜牧〈張好好詩〉）

此寫張好好唱歌宛如雛鳳鳴叫，唱到清亮處，使伴奏的琴絃爲之迸斷；唱到高亢處，使伴奏的蘆管爲之裂開。她的歌聲綿延不絕的直上雲霄，任何樂器的聲音也追不上。詩人用短短數語把一副好歌喉描述得淋漓盡致。《老殘遊記》裡的王小玉唱書，大概可以跟她相比。看來劉鶚和杜牧都是摹寫人聲的聖手。

樂聲

大絃嘈嘈如急雨，小絃切切如私語。嘈嘈切切錯雜彈，大珠小珠落玉盤。間關鶯語花底滑，幽咽泉流水下灘。水泉冷澀絃凝絕，凝絕不通聲漸歇。別有幽愁暗恨生，此時無聲勝有聲。銀缾乍破水漿迸，鐵騎突出刀槍鳴。曲終收撥當心畫，四絃一聲如裂帛。（白居易〈琵琶行〉）

此寫長安倡女彈琵琶，大絃的聲音如急雨，小絃的聲音如私語。大絃小絃交錯而彈，圓潤的響聲仿若大珠小珠落在玉盤上。絃音有時像在花底流滑的鶯語，有時像在灘上嗚咽的泉流；有時如水流凍結般的低沈下去，有時如銀缾迸裂、鐵騎突出般的奔湧而出。曲子終了時，收回撥子，從琵琶中間畫過，四根絃索發出一道綢緞撕裂的聲音。詩人用極富音感的組語，形容琵琶聲調的悠揚、幽咽和激烈，令人感覺倡女的技藝已出神入化；而詩人的妙語天成，更增強了此詩的感人效果。杜甫〈贈花卿〉詩有言：「此曲祇應天上有，人間能得幾回聞？」白居易正把這難得一聞的天上曲描繪了下來。

唐詩中還有不少類似的作品，如李頎的〈聽董大彈胡笳弄兼寄語房給事〉、〈聽安萬善吹觱篥歌〉等詩，韓愈的〈聽穎師彈琴詩〉，李賀的〈李憑箜篌引〉詩，都極精彩。尤其韓愈的〈聽穎師彈琴〉詩，曾被蘇軾譽爲琴詩中的翹楚（見《東坡詞・水調歌頭》自序）。若能合而賞玩，當別有一番趣味。

（中央日報「長河」，一九八八年三月九日）

〈桃花源記〉的小說技巧

魏晉南北朝是我國文學流變的一個關鍵的時代，幾乎每一種文體都在突破舊有的形式，而走上講究技巧的新路。詩是這樣，散文是這樣，小說更是轉變得快。魏晉以前的神話和寓言，有人認爲它就是小說的雛型。其實，我們在神話和寓言中想找出一些跟小說有關的技巧，並不太容易；反而在魏晉的小說中，可以獲得印證。就是說魏晉的小說已接近現代小說的形式，我們在欣賞和研究它時，應該可以用小說的眼光和態度對待它。基於個人的愛好，選了〈桃花源記〉來談它的小說技巧，作爲前言的明證。

〈桃花源記〉的取材

〈桃花源記〉是陶淵明的作品，被收在《陶靖節集》和《搜神後記》裡①。因它是一篇題在〈桃花源詩〉前的記述性的短文，所以歷來都被人以散文看待，而很少論及它的小說性。〈桃花源記〉所描寫的，是陶淵明心目中的理想世界。這個世界完全跟現實世界隔絕；它沒有暴政，沒有動亂，沒有徭役，也沒有改朝換代，是一個非常完美的世界。我們研究這篇小說，不妨先探究它取材的背景，看陶淵明到底根據什麼素材來寫這篇〈桃花源記〉。

大致上說，〈桃花源記〉是陶淵明自己生活和思想的一種反影。〈桃花源記〉開頭所寫的漁人沿溪而行，發現桃花林，這從他自己的生活中就可以找到素材。因爲他的住處附近就有山有水，而且在他的詩文中也常提到泛舟揚檝的事②。〈桃花源記〉中間寫漁人進入洞口後見到的世界，這應該是虛構的，但也不能把它當作憑空虛造的，而是他處在那個動亂的時代，自然會嚮往這樣的理想世界。所以，他刻意的描繪了桃花源這麼一個跟外界戰亂完全隔絕的樂土。他的心理，我們不難揣摩。〈桃花源記〉結尾寫漁人出來後，再去尋找，終於迷路而沒有找著；他又依託高士劉子驥，也想前去問津而沒有什麼收穫。這是加強小說故事的眞實性的一種寫法，可以說是陶淵明特別安排的。

人物的塑造

〈桃花源記〉裡的人物，不論是漁人，或是桃花源中的男女老幼，還是那個喜歡遊山玩水的劉子驥，看來似乎都沒有經過精心的刻劃；但事實上是有一番挑選的，而且在安排他們出場時也各有先後。先看漁人這個角色，他是推展故事的主要人物。陶淵明選用他是有理由的。如果他排除了這個漁人，而以劉子驥那種人物來代替，給人的感覺就不夠自然，同時容易被人發現他揑造故事的痕跡。就因爲他塑造了這個與當時情境關聯最密切的漁人，使整個情節進展得非常順利；而且氣氛圓渾融洽，沒有絲毫破綻。

再看桃花源裡的那些人物。「男女衣著，悉如外人；黃髮垂髫，並怡然自樂。」陶淵明這樣描繪人物，顯然無意把他們看作特殊的對象，只在強調他們有異於外人的那種怡然自樂的心境而已。這些人生活在一個封閉的社會裡，當他們發現有外人進入，不免會感到驚訝和好奇。陶淵明並沒有忽略這一點人類的通性，所以他接著說：「見漁人，乃大驚；問所從來，具答之。便要還家，設酒殺雞作食。」這種淳厚的感情是與天俱來的，桃花源裡的人物也不例外。這些人到底是什麼人？「村中聞有此人（指漁人），咸來問訊。自云：『先世避秦時亂，率妻子邑人來此絕境，不復出焉，遂與外人間隔。』問今是何世？乃不知有漢，無論魏、晉。此人一一為具言所聞；皆歎惋！餘人各復延至其家，皆出酒食。」陶淵明編造這個故事，無非替他的理想世界鏤刻了深明的輪廓；更藉著這些人物的形態，來強化他對這個理想世界的崇慕之情。

最後，陶淵明又安排兩個人物上場。一個是人世上權勢的代表太守，一個是想逃避權勢的代表人物劉子驥③。這兩類型的人物，可以說是當世現實社會的縮影。但跟桃花源那個沒有紛爭的世界比較，現實世界的確有太多的問題，而使人感到厭惡。因此，陶淵明為了維護這一塊純淨的樂土，把現實社會摒逐於外，不讓劉子驥那些人找到，這是很自然的設想。他所塑造的人物，都取材於現實社會，並沒有任何違背常理的地方。只是他為了表現他的主題，而編造這樣一個荒誕的故事罷了。

敘事觀點的運用

這篇小說很短，不到四百字，只用了一個敘事觀點，而且運用的非常純熟。它是用「旁知式」的敘事觀點，來展示情節。由漁人沿溪捕魚而無意中發現桃花林開始，到他進入林後山口，逐漸引人入勝；當漁人和桃花源中人相遇，而後漁人出，高潮消失，故事在平淡中結束。由於他有統一的敘事觀點，使得情節一貫，也使得結構更形嚴密。

情節的轉化

前面說過，〈桃花源記〉是運用旁知式的敘事觀點，它的人物和場景在交互出現中，配合得天衣無縫；而它的情節一波一波的轉化，更加強了對人的吸引力。我們看它由漁人引出桃花源；由桃花源引出桃花源中的人物；再由漁人引出太守和劉子驥，這麼緊密的情節，像鍊條一樣，一個環節扣著一個環節，毫不鬆散。這篇小說的每一轉折，都有它的用意，不可分割，更不可任意錯置。

題旨的時代意義

〈桃花源記〉的題旨，跟陶淵明所處的時代有很深的關係，這在前面談〈桃花源記〉的取材背景時，已經略爲提到。我們讀這篇小說，很容易看出陶淵明的用心所在。無疑的，他在嚮往著一個沒有戰爭、沒有動亂、沒有權勢壓迫、人人安居樂業、家家生活富足的理想世界。他所以有這種思想，可以說是那個動盪不安的時代所造成的。可是他也知道時勢不是那麼容易改造，當然那個理想世界也不可能存在。所以他安排了太守和劉子驥等人去尋找而找不著，自動的讓那個世界歸於幻滅。從整體來看，〈桃花源記〉這篇小說，不但寫出了當時人厭亂和思安的心聲，同時也寫出了人類心目中共同的願望。

結　論

以上的分析，只是粗略式地談談，主要是要正視〈桃花源記〉的小說性，作爲我們從事短篇小說創作的一個借鏡。陶淵明寫這篇文章時，不一定懂得運用這些小說的技巧，而我們拿現代的小說理論來分析它，是爲了研究方便，才這樣做的。很令人欣慰的是，〈桃花源記〉能夠滿足我們對於小說的基本要求：一個是它有深富時代意義的主題；一個是它有高明的寫作技巧。值得我們深思，値得我們學習。

【註釋】

① 《陶靖節集》和《搜神後記》裡的〈桃花源記〉略有出入。《搜神後記》在太守下多劉歆二字；還有《搜神記》沒有「南陽劉子驥」到「問津者」這一段文字，其所記者，是劉子驥的另一件事。

② 陶淵明〈歸去來兮〉辭說：「將有事於西疇，或命巾車，或棹孤舟」又〈丙辰歲八月中下潠田舍穫〉詩說：「楊檝越平湖，汎隨清壑迴。」

③ 《晉書．隱逸傳》載，劉子驥係晉孝武帝太元間人，隱居陽歧。

（中華日報「文教與出版」，一九八二年七月二十六日）

文學批評的標準

我國的文學理論興起較晚，跟環境背景有很深的關係。《四庫全書總目提要》敍詩文評說：「文章莫盛於兩漢，渾渾灝灝，文成法立，無格律之可拘。建安黃初，體裁漸備，故論文之說生焉。」雖近兩千年前，論文之風已蔚爲時尚，但關於評文的意見卻隨人而異，換代即變，始終沒有定勢；直到近代新文學運動興起，仍然存著許多歧見。

當今，舊一派的理論，遠不如新一派的理論吸引人。學者們企圖建立一套論文的新尺度和新系統，然而他們在揚棄格調、神韻、性靈、肌理諸說後，從西方橫移過來的批評理論，對整個的文學批評而言，卻只照隅隙，未能涵蓋全面。因爲這些理論發生於西方時，有其歷史背景，適用於彼地，不定適用於此地；並且有些理論只是論文者欲自樹門派的工具，缺乏普遍性。如客觀的歷史派批評，著意於考證，目的在重新構造已過往的情景，使讀者能設身處地生活於原作者的時代，體會其創作的意旨，這和我國傳統的印象派批評的弊病相似，多少含有臆說的成分。又如心理學派批評，或重在作家性格的分析，或重在創作過程的心理研究，或重在剖析表現於作品中的心理類型或法則等，似新穎而實無甚意義。又如美學派批評，其理論的依據在藝術即直覺上，否定其創作的方法和技巧，則徒有理論的架構，很難實行無礙。其中一派以文本爲研究的對象，如取與歷史派合觀，應是理想的文學批評。但西方的理論，畢竟難以全盤移植，總有貌合神離之感。

因此，從新文學運動以來，時人亟於尋找文學批評的新標準而終未能如願以償，是可理解的。其實，古今文學有其共通性，文學批評應針對它而發，不當環繞於次要的枝節問題上，而掩其藝術性。確立這種觀念後，方能建立文學批評的標準，成爲指導文學創作的南針。學者們勤索於西方，誠令人困惑。何不反求諸己，從傳統的批評理論中去尋找答案。在諸多繁雜的批評理論裏，要數南朝劉勰《文心雕龍》一書最爲精當，堪爲今天論文者取爲借鏡。

《文心雕龍》談文學批評，標出「六觀法」。〈知音〉篇說：「將閱文情，先標六觀：一觀位體；二觀置辭；三觀通變；四觀奇正；五觀事義；六觀宮商。」「斯術既形，則優劣見矣。」劉勰無專列篇章論六觀法的內容，然在《文心雕龍》各篇中有闡發，茲試爲剔抉兼述於後。

〈附會〉篇說：「夫才量學文，宜正體製，必以情志爲神明，事義爲骨髓，辭采爲肌膚，宮商爲聲氣。然後品藻玄黃，摛振金玉，獻可替否，以裁厥中。斯綴思之恆數也。」情志即思想，事義即題材，辭采即文字，宮商即聲律；四者爲文章的要素，如同靈魂、骨髓、肌膚、聲氣爲人所具，缺一不可。所謂觀位體，即觀情志；觀事義，即觀題材；觀置辭，即觀辭采；觀宮商，即觀聲律。此外，劉勰又加入觀通變和觀奇正二項，則文學發展的規律盡在於此了。

觀位體，劉勰說：「文之爲德也大矣，與天地並生。」（〈原道〉篇）又說：「道沿聖以垂文，聖因文而明道。」（同上）可見文必有所繫而作，要能「觀天文以極變，察人文以成化；然後能輕緯區宇，彌綸彝憲，發揮事業，彪炳辭義。」（同上）所以作家當在雕琢情性、寫天地之光輝、曉生民之耳目處用心；而論文家也須據此先觀其思想，而後尋其脈絡。

觀事義，可以〈事類〉篇所說五句定其標準：「取事貴約，校練務精，捃理須覈，衆美輻輳，表裏發揮。」合此則辭成理明，信實可讀；否則引事乖謬，瑕疵立見。

觀置辭，當從其作法、遣詞、造句等方面觀之。作文的方法，或賦或比或興，皆有定準。賦體，不能「鋪采摛文，體物寫志」（〈詮賦〉篇），則不算賦體。比體，不能「切類以指事」（〈比興〉篇），則不算比體。興體，不能「依微以擬議」（〈比興〉篇），則不算興體。至於遣詞方面，要求極嚴。〈練字〉篇說：「是以綴字屬篇，必須練擇：一避詭異；二省聯邊；三權重出；四調單複。」、不如此練字，則文必敗。因爲「詭異者，字體瓌怪者也。曹據詩稱豈不願斯遊，褊心惡呶。兩字（指呶呶）詭異，大疵美篇；況乃過此，其可觀乎？聯邊者，半字同文者也。狀貌山川，古今咸用，施於常文，則齟齬爲瑕，如不獲免，可至三接，三接之外，其字林乎？重出者，同字相犯者也。詩騷適會，而近世忌同，若兩字俱要，則寧在相犯。故善爲文者，富於萬篇，貧於一字，一字非少，相避爲難也。單複者，字形肥瘠者也。瘠字累句，則纖疎而行劣；肥字積文，則黯默而篇闇。善酌字者，參伍單複，磊落如珠矣。」遣詞有定準，則造句、連章和謀篇，始有準據。〈章句〉篇說：「夫人之立言，因字而生句，積句而成章，積章而成篇。」又說：「篇之彪炳，章無疵也；章之明靡，句無玷也；句不妄也。」字句章篇，本無模式可拘限，但欲確立其標準，仍有原則可尋。〈章句〉篇說：「夫裁文匠筆，篇有小大；離章合句，調有緩急；隨變適會，莫見定準。句司數字，待相接以爲用；章總一義，須意窮而成體。其控引情理，送迎際會，譬舞容迴環，而有綴兆之位；歌聲靡曼，而有抗墜之節也。」如此，則能觀其是否「外文綺交，內義脈注，跗萼相銜，首尾一體。」綜此而評其置辭一項，大致不悖。又若論偶章聯辭之詩文，猶須注意其所營造的麗辭。〈麗辭〉篇說：「麗辭之體，凡有四對：言對爲易，事對爲難，反對爲優，正對爲劣。」言對，即雙比空辭（今謂白描），偶辭全出於胸臆，所以容易。事對，即並舉人事爲驗（今謂用典），須詳徵人事，所以困難。又事對各有反正；「反對者，理殊趣合者也；正對者，事異義同者也。」反對（今謂對照法）和正對（今謂合掌法）爲詩人所常用，但其優劣處，不待拈出，即判然而分。

觀宮商，須先吟詠，體其滋味，然後論斷。聲〈律篇〉說：「夫音律所始，本於人聲者也。聲含宮商，肇自血氣，先王因之以制樂歌。故知器寫人聲，聲非效器者也。故言語者，文章神明樞機，吐納律呂，脣吻而已。」聲律既爲文章的樞機，論文時自不可輕易放過。「凡聲有飛沈，響有雙疊。雙聲隔字而每舛，疊韻雜句而必睽；沈則響發而斷，飛則聲颺不還，並轆轤交往，逆鱗相比，迂其際會，則往蹇來連；其爲疾病，亦文家之吃也。」（同上）而其格高者，須能割棄支離，暢通聲律，調鍾脣吻；方能令人吟詠出味，而感蕩心靈。

前四項，作爲文學批評的標準，已綱舉目張，論文家當能心領神會。然文學批評並不至此而止，文學潮流隨時代嬗變，所謂「文變染乎世情，興廢繫乎時序」（〈時序〉篇），因此不得不觀通變；又一代之文常有數變，又不得不觀奇正。〈通變〉篇說：「設文之體有常，變文之數無方，何以明其然耶？凡詩賦書記，名理相因，此有常之體也；文辭氣力，通變則久，此無方之數也。」因此，文章能通古變今者爲貴，不能通古變今者，終無以避免被淘汰。〈通變〉篇又說：「名理有常，體必資於故實；通變無方，數必酌於新聲；故能騁無窮之路，飲不竭之源。然綆短者銜渴，足疲者輟塗，非文理之數盡，乃通變之術疎耳。」故觀通變，即在觀文章承繼和變新的脈絡。倘無所承繼，文章必定詭異；倘無所變化，文章必定僵化。又一文中，變化多端，有正有奇；文章措辭，勢有一定爲正，顚倒文句，穿鑿取新爲奇。論文家亦須於此細心體察。文並不忌新奇，但須不失正理；一失正理，則成怪體，難爲世人所取。最可貴的，乃在執正馭奇；能執正馭奇，則能臻於〈定勢〉篇所說「淵乎文者，並總群勢；奇正雖反，必兼解以俱通；剛柔雖殊，必隨時而適用」的境地。

《文心雕龍》的六觀法，誠爲文學批評立出範疇和圭臬，今天的新批評，能做到如此細密而深刻者，恐無法舉出一家跟它相比。文學批評，旨在解說和分析作品，以及指導作家的創作，倘批評的對象離開作品本身，即失去批評的意義。劉勰早已洞燭機先，且樹立千古不滅的論文典範，我們如能將它發揚光大，又何苦於拾人牙慧，無所成就。

（青年戰士報「中西文化」，一九八四年九月十七日）

鍾嶸評王粲詩「文秀而質羸」詮解

王粲是建安七子之一，善於辭賦，詩也好，前人佳評甚多。鍾嶸《詩品・序》說：「曹公父子，篤好斯文。平原兄弟，鬱爲文棟。劉楨、王粲爲其羽翼。」可見王粲和劉楨的詩，都在其他五子之上。然王粲和劉楨孰優孰劣，卻爲後人爭論的焦點。主王粲優者，以劉勰爲首，而附和者少；主劉楨優者，以鍾嶸爲首，則贊同者多。認爲劉楨詩佳於王粲詩的人，雖有魏文帝曹丕稱善於前爲依據，但大都受鍾嶸評王粲詩「文秀而質羸」一語的影響。歷來文學史對於這個問題都未深入探討，今重讀二子詩，有感而作此文。

《文心雕龍・才略》篇說：「仲宣溢才，捷而能密，文多兼善，辭少瑕累，摛其詩賦，則七子之冠冕乎？」《詩品》評王粲詩說：「其源出於李陵。發愀愴之詞，文秀而質羸。在曹（植）、劉（楨）間，別構一體。方陳思不足，比魏文有餘。」劉勰、鍾嶸二人評詩的角度不同，以至看法有所差異。劉勰重文才，所以以王粲爲高；鍾嶸重文氣，所以以劉楨爲上。王粲才捷思密，是不爭的事實，然「文秀而質羸」卻含意不明，後人多有誤解。

文秀，大概指文辭秀麗而言。《文心雕龍・隱秀》篇說：「文之英蕤，有秀有隱。隱也者，文外之重旨者也。秀也者，篇中之獨拔者也。」觀王粲詩，辭采贍麗，「文秀」當之而無愧。但「質羸」一義則未喻，評者多求證於古人。《魏志》說：「王粲容貌短小。」又說：「劉表以粲貌寢而體弱，不甚重也。」因此而跟「質羸」相互印證。這是誤解。另有人曾以爲曹丕〈與吳質書〉中所說「仲宣獨自善於辭賦，惜其體弱，不足起其文」的「體弱」，跟《魏志》所說的「體弱」同義；因《文心雕龍·養氣》篇有論身體羸弱的人，會阻礙寫作，而斷定王粲由於體弱，以至不足以廣其文。

此說實比前人釋「體弱」之體爲「文體」要高。不過，我的看法不同；曹丕所謂「體弱」跟《詩品》的「質羸」意思應相當，都指王粲的詩賦「文氣不足，而顯得羸弱」。固然身體不健康的人，從事嘔心瀝血的創作，必定難以承受其苦，但跟詩文中有無「氣」，似乎不可相提並論。曹丕《典論·論文》以「氣」爲文標首，鍾嶸繼其後，著《詩品》也貴氣而輕質。文氣欲盛，必須言壯；言不壯，則顯氣弱。鍾氏便是以此而定詩的高下。他評王粲詩「質羸」，可取跟劉楨比照，就可看出重氣之一斑。《文心雕龍·體性》篇說：「仲宣躁銳，故穎出而才果。公幹氣褊，故言壯而情駭。」許學夷《詩源辨體》說：「公幹氣勝於才，仲宣才優於氣。」陳祚明《古詩選》說：「公幹詩有氣故高；如翠峯插空，高雲曳壁。」又說：「仲宣詩跌宕不足，而直摯有餘。」這跟鍾嶸《詩品》評劉楨（仗氣愛奇，動多振絕，眞骨凌霜，高風跨俗）和王粲（文秀而質羸），實不謀而合。

爲進一層證《詩品》所評不假，現各舉兩首詩爲例，以見劉、王詩不同的風格。劉楨〈公讌〉詩：「永日行游戲，歡樂猶未央。遺思在玄夜，相與復翱翔。輦車飛素蓋，從者盈路旁。月出照園中，珍木鬱蒼蒼。清川過石渠，流波為魚防。芙蓉散其華，菡萏溢金塘。靈鳥宿水裔，仁獸游飛梁。華館寄流波，豁達來風涼。生平未始聞，歌之安能詳。投翰長歎息，綺麗不可忘。」王粲〈公讌〉詩：「昊天降豐澤，百卉挺葳蕤。涼風撤蒸暑，清雲卻炎暉。高會君子堂，並坐蔭華榱。嘉肴充圓方，旨酒盈金罍。管弦發徽音，曲度清且悲。合坐同所樂，但愬杯行遲。常聞詩人語，不醉且無歸。今日不極歡，含情欲待誰。見眷良不翅，守分豈能違。古人有遺言，君子福所綏。願我賢主人，與天享巍巍。克符周公業，奕世不可追。」劉楨詩清麗華貴，王粲詩朴厚寬和；二者氣勢、風味各異。又劉楨〈贈從弟〉詩：「亭亭山上松，瑟瑟谷中風。風聲一何盛，松枝一何勁。冰霜正慘悽，終歲常端正。豈不罹凝寒，松柏有本性。」王粲〈從軍〉詩：「涼風厲秋節，司典告詳刑。我君順時發，桓桓東南征。汎舟蓋長川，陳卒被隰坰。征夫懷親戚，誰能無戀情？拊衿倚舟檣，眷眷思鄴城。哀彼東山人，喟然感鸛鳴。日月不安處，人誰獲恒寧？昔人從公旦，一徂輒三齡。今我神武師，暫往必速平。棄余親睦恩，輸力竭忠貞。懼無一夫用，報我素餐誠。夙夜自恲性，思逝若抽縈。將秉先登羽，豈敢聽金聲？」劉楨寫來莫不清勁氣足；王粲寫來則詞平語斂，既無慷慨激昂之筆，也無壯盛之氣，只達「文秀」之境而已。由此可知鍾嶸的評見，並非無的放矢。然若以此判定二人詩的優劣，則易淪為意氣之爭，對於品詩實無助益。誠如王靜安《人間詞話》所說境界有大小，而無高下。我們評前人詩，應當作如是觀；不以有「氣」為高，也不以無「氣」為卑。皆可合而欣賞玩味，以體其精義。

（中華日報「出版界」，一九八五年十月二十四、三十一日）

舊說漢賦興盛原因的檢討

有關漢賦何以興盛的問題，學者普遍歸因於文體的遞嬗、政治的影響、帝王的愛好、物質的進步、學術的統制及小學的勃興等項。然此說不能無疑：

第一，就《漢書・藝文志》所載賦家及賦作來看，「遠」在先秦已有賦體的存在（如屈原賦、孫卿賦），不是到了漢代才「遞嬗」而成。況且漢人既作賦，也作詩，詩賦自是二途，難以強作一脈演變。

第二，漢代固有獻賦、考賦等制，而賦家也有以作賦爲致仕取祿途徑，但賦體出現在先，獻賦、考賦制事在後，不足以證明漢賦的興盛是由此因所致。再說《漢書・藝文志》及《文選》所載漢人賦篇，多有爲個人抒懷敘志而作，跟藉以探取利祿所作賦不類，二者不能「混」爲一談。

第三，雖然漢代帝王好賦者不少，可能給予賦家莫大「鼓舞」，但漢代帝王好賦，是因爲作賦風氣已成，適時擇「優」加以賞愛而已，不能反過來說帝王愛好而「導出」作賦的風氣。這應該妥爲分辨。

第四，漢代社會略較先秦繁榮，民生也較富庶，這是不容否認的，但這也只能說當時社會可以「提供」賦家作賦的「好」環境，不必然就能「促發」賦家作賦的行動。因此，試圖以漢代社會富庶爲漢賦興盛的理由，也是說不過去的。

第五，武帝時罷黜百家，獨尊儒術，這也是事實，但要藉它來說明賦家得此「鼓勵」（部分漢賦重諷諭及歌頌功德，被認爲跟漢人獨尊儒術有關）而興起作賦風氣，卻極爲牽強。因爲漢人要諷諭及歌頌功德，儘有別的途徑可行（如作詩、讚頌文），不一定非要作賦不可。何況漢賦中多有跟諷諭或歌頌事無關的篇章？

第六，漢代小學興盛，也是大家有目共睹，但它也只可能被「利用」來作賦，不足以構成促進賦作興盛的必要條件和充分條件。有關漢賦勃興的原因，還有待詳爲考察。

綜觀學者所提諸項，多集中於「外在因素」。而這「外在因素」，「有之」不必然，「無之」不必不然。換句話說，有這「外在因素」，不一定就能促成漢賦的興盛，而沒有這「外在因素」，也不一定就不能促成漢賦的興盛。其中關鍵，就在漢代賦家如果沒有創作的意願，無論如何也不可能有漢賦的出現。反過來說，漢代賦家如果有創作的意願，就算沒有那些「外在因素」，照樣會有漢賦的出現。

個人這樣說，並不是要否定漢賦和漢代社會的關係（至少漢賦的取材，就很難不從當時社會中來），而是要釐清一個「事實」，就是賦這種體裁不是憑空而起，漢人藉它來表達某些理念或情意，一方面要受到該語言成規的制約，不能「隨心所欲」的創作；一方面該語言成規會在新觀念的驅使下而有所「突破」，因此開拓了更大的創作空間。這一切都在語言成規和賦家觀念的辯證發展中演進，跟學者所提那些「外在因素」不必然有邏輯上的關聯。如果我們把那些「外在因素」當作漢賦興盛的前提，就無法解釋各家賦作之間些微或巨大的差異。

從這個角度來看，學者把漢賦的興盛歸因於漢代的社會環境和文化背景，只是對該現象的一種規範論述，而不是事實的描繪分辨。這種規範論述，隱含了論述者的某些價值取向（如唯物論者對經濟條件影響文學的強調、社會學者對時代環境模塑文學的看重）或政治動機（如馬克思主義者想藉文學來操控人心），以至不得不把它劃歸爲一種「言說策略」。

既然推測漢賦興盛的原因，是在「言說策略」下發動的，它就不可能有固定的答案（除非有二人的「言說策略」相同）。而個人前面所說「漢賦勃興的原因，還有待詳爲考察」，正表示個人不滿意已有的說法，而期待一個嶄新的「言說策略」，來演繹一段更具有啓發性的漢賦「因緣」。

（中央日報「中學國語文」，一九九三年三月二十五日）

中國詩的本質

像人類的歷史一樣，詩從興起到現在不知有多久的年代，我們無法去推算，只能探討詩在發展過程中的種種變化而已。原來古人把心中的「志」說出來叫做詩，後人把說出來的「志」藉文字記述下來叫做詩，從此詩就註定了它的「波折的命運」。這是必然的現象，因爲語言經過文字記載以後，所有記載的內容和記載的方式，都會遭到時人和後人的爭議；一有爭議，就難保它原始的面目。我們要瞭解詩，絕不能憑空想像，一定得把「詩源」找出來，才能徹底的認識它。

西洋人認爲詩是由模仿外界事物而來的，他們的目的是想從模仿的成品中獲取快樂，正如他們那些模仿於自然的雕刻、繪畫等藝術品，是他們發洩情緒的工具(亞里士多德的《詩學》，有詳盡的說明)。我們的詩就不同了；我們都把詩看作心志的寄託，而藉著它來傳達彼此的感情。所以我們的詩和西洋的詩在性質上就有差別，而在表現的技巧上相距更遠。由於自然的題材無窮盡，他們不必斤斤計較於運用何種的記述方式(當然，西洋詩仍以抒情詩爲主，這裏只是略談彼此的表達方法)；而我們專注於情志的表達，要受到題材的限制，不得不在表現方法上力求突破。這點關係我們「詩風」的演變非常大，也是個人現在所要探討的有關於中國詩的本質的原因。

依古人的說法，詩是起於「言志」。《毛詩·序》說：「詩者，志之所之也。在心爲志，發言爲詩。」又說：「情動於中而形於言。言之不足，故嗟歎之；嗟歎之不足，故永歌之；永歌之不足，不知手之舞之足之蹈之也。」這是說把心中的「志」說出來時，不只是單純的說說而已，還有配合著一些嗟歎、詠歌和舞蹈的表情動作，目的是要讓心中的「志」表達得淋漓盡致。詩既然是人表達情意的一個方式，它的源流應該可以追溯到沒有文字前。鄭玄《詩譜·序》說：「詩之興也，諒不于上皇之世。大庭、軒轅，逮于高辛，其時有亡，載籍亦蔑云焉。〈虞書〉曰：『詩言志，歌永言。聲依永，律和聲。』然則詩之道昉于此乎！有夏承之，篇章泯棄，靡有孑遺。邇及商王，不風不雅……周自后稷，播種百穀，黎民阻饑，茲時乃粒，自傳于此名也。」鄭玄論詩，著重在文化的立場。其實，在沒有文字記載前，詩已經發生了。沈約《宋書·謝靈運傳》論說：「民稟天地之靈，懷五常之德，剛柔迭用，喜慍分情，夫志動於中，則歌詠外發……然則歌詠所興，宜自生民始也。」這段話正印證了《毛詩·序》「詩起於言志」的說法。至於人運用文字來記載他心中的「志」，應該是後來的事。從這裏我們知道把心中的「志」說出來或記下來就是詩。

詩從口說發展到寫成篇章，也許有一段很漫長的歷程。由於古籍沒有明確的記載，我們無從得知。但是詩被寫成篇章後，詩的面貌卻變得多彩多姿：一方面詩的內涵擴充了，一方面詩的形式變多了。後來詩所以會形成各種流派，我想其中的關鍵，在於古人對「詩言志」的「志」，有其看法不同的緣故。大約從孔子開始，詩被引到實用的路子上去。當時詩的抒情性固然還保留著，可是大家不是從文學的觀點來看詩，而是從功利的觀點來看詩。孔子說：「小子何莫學乎詩？詩可以興，可以觀，可以群，可以怨；邇之事父，遠之事君；多識於鳥獸草木之名。」（《論語·陽貨》篇）又說：「不學詩，無以言。」（《論語·季氏》篇）孔子是儒家的宗師，他的看法對於後人影響很大。經他這樣一標舉，後學者毫無疑問的把「詩言志」的「志」，看作一種「聖道」，認爲詩所要傳達的就是這種「聖道」。像《荀子·儒效》篇所說的：「聖人也者，道之管也。天下之道管是矣，百王之道一是矣，故詩、書、禮、樂之歸是矣。詩言是其志也。」這種觀念，一直流傳了將近千年。直到魏、晉時代，才有人站出來呼籲大家重新肯定詩的價值。首先發起的是提出「詩賦欲麗」說的曹丕，他看清了「文本同而末異」的情形，所以希望大家從附會於政治教化的衚衕中走出來，再往審美的途徑出發。詩本來就不是爲著政治教化而產生的，它只是人類內心情意自然的流露而已。它的極至應是陸機〈文賦〉所說的「詩緣情而綺靡」。如果詩另有其他的作用，那是人類賦予它的，不是它本來的「使命」。

魏、晉、南北朝的詩，在詩史上所以能放出綺麗的光彩，實在是當時人重新肯定詩的價值的結果。假使把這個時代跟初發生詩的時代銜接在一起，我們可以想見早在千年前詩壇上就呈現了一片蓬勃的氣象。但是事實上卻間隔了那麼久！這時期的詩，仍是「言志」的。所不同的，起初那個「聖道」的志，被「性情」的志取代，而大家都能回復到文學的觀點來看詩。這不是說不該包容爲政治教化服務的那種詩的價值觀，而是說當人刻意的要求詩符合某種功用時，詩的本質會被埋沒，恐怕再也沒有發展的餘地。

我們翻開整部文學史，魏、晉、南北朝的確是個關鍵，文學的發展到這時期才有明顯的突破。南北朝以後，文學的流派越來越繁雜，讓人有無從窺探本源的感慨。不過，文學隨著各時代而演變是必然的趨勢，正如劉勰《文心雕龍．時序》篇所說的「文變染乎世情，興廢繫乎時序」。我們能把握住文學那點不變的原則性，大致不會無所適從。比如說：唐代的詩，不是專走先秦前後「言志」（指載道）的路子，也不是遵循魏、晉、南北朝「緣情」的路子，而是在這兩條路上「分鑣並驅」，各有千秋，所以能大放異彩，在詩史上佔著崇高的地位。我們明白了詩演進的過程，再來看博大精深的唐詩，就不足為奇了。

可是，有一點值得我們注意的是：唐以後的詩人，大都能更上一層樓的在表達的技巧上鑽營探新，這是令人敬佩的地方。因為詩被公認為是「語言的藝術」，倘若不能常改變它的風貌，給人的感覺它只是僵化的「藝術品」罷了。既然要改變風貌，而給人新鮮的感受，就不得不在技巧上翻新求精。關於這一點，我們可以從晚唐司空圖《詩品》中的一些評論看出端倪。在〈與李生論詩書〉一篇裏，司空圖提出「韻外之致」和「味外之旨」的說法，這跟他在〈含蓄〉品中所說的「不著一字，盡得風流」意思相侔；也就是說詩人要創作具有藝術力量的詩篇，必須做到「含不盡之意見於言外」的地步。到了宋代，嚴羽更發揮司空圖的旨意，以禪喻詩，目的是為了使詩能達到「禪」那樣圓融而空靈的境界。嚴羽在《滄浪詩話》中所標舉的「言有盡而意無窮」和「不著一字，盡得風流」是一致的，都是要提昇詩的層次。而後清初神韻派詩人王漁洋提出「神韻說」，力主詩要有神韻，要能妙悟，才是好詩（這仍不出司空圖等人論詩的範疇）。以上所談的，雖是關於作詩的技巧，不關詩的內涵，然而唐以後的詩並沒有違背詩的本質，在這裏不再詞費。倒是一般詩人在表達方法上變新，使我們慶幸著詩的生命（如詞曲等）能夠延續下來；而且在品貌上的變化多端，更使我們擁有一分替前人感到驕傲的心情。

我們明白詩的演變情形後，再回過頭看看「詩言志」的「志」，是不是值得我們去爭議它應屬於「聖道」，還是應屬於「性情」？很明顯的，這是不需爭議的。詩的本質只有一個，不可能有第二個存在。舉個簡單的例子說：當初人類在抒憤遣悶或詠歌舞蹈時，他絕不會去考慮「教化」的問題（「教化」的問題是有了社會組織以後才產生的）。既然是這樣，那麼詩的作用只限於「抒情」而已。但是我們也該知道詩跟現實生活具有密切的關係，它不能自絕於社會。我們可以藉著它來反映我們的生活，而當政的人也可以藉著民間流傳的詩歌，瞭解百姓的生活狀況，以便作為施政的參考。這是詩次要的價值（或叫做衍生的價值），我們沒有理由去排斥它。

最後，我個人要強調一點，就是今天我們想發展詩，不論詩的形式怎樣變化，一定得把握住詩的本質，儘量達到「審美」的目的，自然會被別人接受。至於別人會在詩中尋求什麼價值，我們不必去理會，成敗得失自有後人會論斷，我們只要「忠於藝術」就可以了。

（中華日報「文教與出版」，一九八三年二月二十八日）

假問題與假悲情

——「悲情城市」所引發風波的檢討

今年九月十五日，侯孝賢導演的電影「悲情城市」，榮獲第四十六屆威尼斯影展首獎金獅獎。威尼斯影展與德國柏林、法國坎城、美國紐約並稱世界四大影展，能獲參展影片的素質有一定的水準，而評審團的成員也是德高望重的行家，「悲情城市」能在影展中脫穎而出，爲中國人爭一口氣，想必有其成功的因素。

從多日來新聞媒體的報導中，也不難勾勒出「悲情城市」在威尼斯影展綻放異彩的原因：第一，侯孝賢過去所執導的影片，如「兒子的大玩偶」（一九八三年）、「風櫃來的人」（一九八三年）、「冬冬的假期」（一九八四年）、「童年往事」（一九八五年）、「尼羅河女兒」（一九八七年）等，曾在一些國際影展中深獲好評或得獎，早已蜚聲國際影壇。出資拍攝此片的年代公司，在片子尚未殺青前，就利用侯孝賢累積的聲名，頻頻邀請美、英、日等外國知名影評人和電影雜誌主編來華參觀訪問，大肆作海外的宣傳，可以說「未演先轟動」；又透過香港影評人舒琪於今年二月間，攜帶「悲情城市」的相關宣材，分赴柏林影展和坎城影展，向來自世界各地的影評人、電影業者等推薦，衆人對「悲情城市」無不留下深刻的印象，歐美各重要電影雜誌也競相報導，一時之間「悲情城市」喧騰國際。第二，「悲情城市」本身有濃厚的鄉土情感和人文關懷，頗獲評審的青睞，此片得獎時，評審會就有這樣的評語：「展現人與社會、國家之間民胞物與的胸襟，不是今天只專注於挖掘個人內心問題的小格局影片所能比擬。」又「悲情城市」有「二二八」事變軍人鎮暴的描摩，跟剛發生於大陸使舉世震驚的「六四」天安門慘案有「異曲同工」之處，雖然「二二八」不是「悲情城市」表達的重心，但也難保不會讓評審「心有戚戚焉」，而對它另眼相看。趨勢專家詹宏志說：「侯孝賢是個好導演，『悲情城市』是一部好電影，但能在威尼斯影展獲得榮寵，則要靠幾分的運氣。」恐怕就是這個意思。可見「悲情城市」的得獎，除了編、導的藝術創作和製片公司的宣傳造勢，雙雙奏捷，那不可逆料的「機運」，也進來軋了一腳。

然而「悲情城市」獲獎後，國人紛紛把箭頭指向掌管電影檢查的新聞局，極力斥其長期以來都在干擾電影創作，而少有問問「悲情城市」到底說了些什麼，這是怎麼一回事？其次，「悲情城市」還沒有得獎前，已廣受國際影壇的注意，而國人卻還「淡然處之」（影評人兼導演但漢章於八月從美返臺，就向人表示「悲情城市」是今年國際影壇矚目的焦點，爲什麼臺灣仍如此漠視這個國寶），這又是什麼緣故？仔細披閱一些資料，終於發現了兩件事實：一是大家問了一個假問題；一是作者造了一場假悲情。

「悲情城市」在送檢前，年代公司負責人邱復生，自行剪掉一分半鐘有關軍人上山搜捕信仰社會主義分子的情節（據邱復生自己說，這是他的「二階段送審策略」，就是說事先删除可能造成誤解的畫面送審，先化解外界的猜疑，然後再以完整版本申請復檢），而引發了一番爭論。先是「悲情城市」的策劃詹宏志，出面邀請藝文界及新聞界人士觀賞試片，赫然發現上述軍人搜捕信仰社會主義分子的畫面消失了，經詹宏志表示邱復生曾告知他是新聞局有意見，而自行修剪了。因此大家都將箭頭指向新聞局，指責新聞局不尊重藝術創作自由（在此之前，新聞局曾邀請十七位社會人士參與「悲情城市」的審查，最後決定「一刀不剪」以「輔導級」通過准演）。

爲此新聞局副局長廖正豪特地公開辯解：「悲情城市」是片商自己修剪，新聞局根本沒有動過一刀。然而片商方面別有說詞，說是新聞局暗示他爲了避免刺激軍方，希望能删除。不論孰是孰非，事情既然發生了，理虧的一定是新聞局，畢竟它是操影片「生殺大權」的機構，如果不是它有意無意的明喻暗示，片商何有自動剪刀之理？正當外界向新聞局「興師問罪」之際，適逢海外傳來「悲情城市」獲獎的消息，這時大家更理直氣壯的把新聞局批評得一無是處（其中有一條比較嚴重的罪狀是新聞局「該剪的不剪，不該剪的亂剪」）。最後箭頭略轉，再射向根據電影法而來的電檢制度（有人認爲電影法第八章第二十六條「不得損害國家利益或民族尊嚴」、「不得違背國家政策或政府法令」、「不得妨害公共秩序或善良風俗」、「不得提倡無稽邪說或淆亂視聽」、「不得污衊古聖先賢或歪曲史實」等規定，不但模糊不清，而且充滿自由心證），認爲它箝制藝術思想，妨礙創作自由，應該廢除而以分級制代替。

這一股批評聲浪，是挾「悲情城市」獲獎的餘威而來，不免氣勢洶洶。而新聞局也很「識趣」的作了兩項反應：一是將已送行政院而待送立法院審議的現行電影法修訂草案，申請撤回再行研究；一是以「無修剪，列輔級（片中出現許多粗話，恐怕對孩童造成影響）」上映通過「悲情城市」（原版）的復檢。這樣一來，事件似乎可以平息了。其實不然，這裏頭仍然存在許多問題，可能連那些喧嚷廢除電檢制度的人士，都不自覺呢！

首先說電檢制度能不能廢除？答案很顯然是不能廢除。理由何在？第一，電影這一行業比較特殊，不能沒有法規予以規範，法規的作用不僅在保障民衆「娛樂」的權利，也在保障業者「創作」的權利，我們無法想像沒有法規約束的電影業會是什麼樣子？第二，任何法規都是應需要而生，而電影法正源於人要拍電影、看電影。如果人不拍電影、不看電影，那電影法自然不必存在。今天這一行業既然要繼續經營下去，怎麼可能把它「與生俱來」的法規，一腳踢開？可見這是一個能不能的問題，不是該不該的問題。大家都在問電檢制度該不該廢除，豈不搞錯了方向？其次說以分級制代替電檢制是不是可行？提出這一說法的人，本身就有觀念混亂的問題，因爲「分級」就是電影檢查，他卻截然二分。如果他的意思是指不禁演、不刪剪而只區別「限、輔、普」級，那個人要指出這是行不通的。何以知道？第一，觀衆可以透過各種管道（包括爾後發行的錄影帶），看遍各級電影，那分級本身有什麼作用？第二，一旦沒有電檢，等於全面開放，等到整個社會充斥著引人非議的色情、暴力等電影，那分級又有什麼意義？可見大家是被得獎的興奮沖昏了頭，而不自覺的玩起「文字遊戲」來，根本不知道那是無濟於事。

個人以爲眞正的問題不在電影法（電影法如有不完善的地方，當然要修正，但不是廢除。廢除了電影法，是否還有電影的「存在」，不無懷疑），而在負責電檢人員及電影從業人員身上。就前者而言，影評人焦雄屏說：「當前的檢查制度在於只看色情暴力有無明顯鏡頭（如露三點），而根本無法由意識形態層面考察該片有無『語言暴力』、『性暗示』。」很顯然這是「人」的因素。既然這樣，我們就要檢討電檢人員適任不適任的問題。像這次邀集社會人士共同審查「悲情城市」，就很值得稱許。往後電檢人選的產生，不妨採取類似的方式，或許可以杜絕由少數人專斷的弊端。就後者而言，侯孝賢說：「電檢制度的傷害，並不僅在動一剪或切去哪一片段，因爲這些片段所切去的可能是導演及工作人員所花去的數百萬預算所拍出來的場景。但這是有形的，重要的是無形的，亦即由電檢而變成『無形的界限』，讓編劇、片商、導演、製片等電影工作者在腦海中就『剪掉』某些題材、某些場景，無形中這些大腦失去創作的自由，只敢在小部分被限制的天空下活動，對藝術創作的傷害非常嚴重。」這段話乍看很動人，細看全是毛病。第一，電影工作者創作電影，是要給觀衆欣賞；電檢人員修剪電影，也是爲便於觀衆欣賞，不能說誰對誰錯。今天把影片被修剪，完全歸咎於電檢人員，豈是公允？第二，把電檢制度的存在，視爲不利於藝術創作的主因，這也是一種遁詞。如果電影工作者所創作的電影，確實沒有明顯的缺點，是不是還會遭到修剪？

今天由於影片被修剪，而指責對方妨礙藝術創作，豈不自信太過，肯定自己的東西都是藝術品？

假使有許多人跟電檢人員的看法一致，你又怎麼說？因此，我們覺得電影從業人員不斷地自我提昇，拍出一些眞正有價值的影片，讓電檢制度失去「束縛力」，才是應該努力的目標。假使只是拍些不關痛癢的三流影片，讓人處處可以著剪，而反過來對人怒目相視，訾其不是，那電影業還有什麼前途可言？底下所要探討的問題，也可以印證這裏所說的話。

到目前爲止，專文討論「悲情城市」內容的人不多，有也都震懾於威尼斯影展首獎的威名，只褒無貶。其實，這並不是一部耐人尋味的影片，因爲作者誤把假悲情當成了眞悲情。這可以分三方面來說：

第一，「悲情城市」以戰後基隆一帶林家的家族故事作爲主軸，試圖透過林家家族的命運，來描繪自戰後以迄政府撤守來臺期間臺灣的政經社會圖像，特別是集中在民國三十六年「二二八」事件的前因和影響上。基本上這件「史事」是虛構的，其中有作者主觀的情感在（當然劇中有些角色也確實有一個眞人存在，如張大春飾演的大公報記者、詹宏志飾演的鍾理和哥哥；其他獄中被槍斃的吳繼文，被片商自行剪掉的情節，也都是眞人眞事，不過整個故事內容無疑是虛構的）。換句話說，作者是在「處理」史事，而不是在「呈現」史事。難也就難在這裏，作者如何處理史事，他的態度有沒有問題，他所表現的主題有沒有意義？都必須妥爲考量，稍有差錯，就會壞了影片。現在先談作者怎樣處理史事：作者處理史事的方式很簡單，他是切斷了歷史的脈絡，把「二二八」事件當作導演一場悲劇的主因。殊不知「二二八」事件不是突發的，而是有來由的（見後），這一點作者幾乎沒有去探討過，而逕自讓它單純化。因爲單純化了史事，以至使緣此而生的悲劇，變成假悲劇（作者所提供的時代和社會的條件，不足以解釋作品中人物的遭遇，無從對人生經驗眞實）。

第二，侯孝賢說：「我想呈現的是一九四五年到一九四九年那段時間臺灣人的心情。那段時間日本人剛離開，是一個權力、利益開始重新分配的時期，就像現在解嚴以後一樣，開始有一些重新分配、勾結的現象。」然而他在處理這件事的態度又是如何？我們從全劇看來，他把所發生一連串的悲劇，都納入「二二八」事件的背景下，讓軍隊來承擔省籍衝突的責任。這樣的看待事情，是很有問題的。因爲就歷史來考察，日本人才是罪魁禍首（當然還可以上溯到滿清政府）。日本人佔據臺灣五十一年，實施皇民政策，高壓統治，斷絕了臺灣的文化命脈，使得省民在重回祖國的懷抱時，不但對她感到陌生，還要加以排斥。所以說省籍的衝突，原有其歷史的必然性，軍隊一些過當的行爲，只是「催化劑」罷了。而作者沒有在此處有所著墨，以至他刻意去營造的一段悲情，便顯得相當飄浮而不「實在」。

第三，「悲情城市」所要表達的意念，主要是人要活得堅強、活得有尊嚴。本來這是一個很好的主題，但作者把它搞壞了。首先他讓省民的抗爭行動「地下化」（如那批崇尚社會主義的青年深入山區練兵，準備對抗軍隊），以凸顯他們的動機單純，而且有擔待（作者似乎有意以此來對治當今某些省民在政爭中蠻橫和功利的作風，只怕微意還沒有被發覺，反效果已先出現）。這種想法是很不切實際的。因爲現實中權力和利益的衝突，不能用「英雄式」的辦法來解決，必須據理力爭，直到衝突平息，然後立法來保障彼此應享的權力和利益。如果這一點辦不到，省民仍然被犧牲，那才是眞正的「

悲劇」。今天作者「引導」一批省民（知識分子的邊緣人）去從事必然不會成功的「事業」，這叫做活得有尊嚴（至於另一種「角頭人物」，作者既賦給他們陰暗的一面，如作投機生意、開酒家、嗜賭等，又要他們有某些倫理道德的堅持，如不使詐坑人、不販毒害人等，最後挺不住了，一「拚」了之。這也是一種假悲情。因爲他把倫理道德寄望在一批「有問題」的人身上，猶如在空中建樓閣，怎麼可能？既然不可能，那悲情又從何而來）？其次當這批人「殉難」後，他們的家屬顯得出奇的「平靜」，一點也沒有向當政者「討公道」的意思。到底是默認自己親人錯了？還是懼怕「討公道」會惹來更多的麻煩？倘若是前者，那也罷了，因爲自己理虧嘛！倘若是後者，就有問題了。因爲該「討公道」而不「討公道」，便是懦弱的表現，何有堅強可言？

我們看得出來，作者有一番雄心要立下某些「典範」，但或限於見識，以至讓那些「典範」一一的流失，最後剩下一個空架子。這種現象不只存在於侯孝賢的電影中，也存在於其他同行的電影中，使得國人對於國片的興趣始終提不起來。如果國人這次對「悲情城市」的反應不夠熱烈，也是源於過去的經驗而對它不抱有什麼期待，那本是極自然的事，又何必詫怪？如今事實還證明他們的想法並不差呢！

不過，「悲情城市」畢竟得獎了，不管外國人基於什麼理由看重它，都是可喜可賀的事。這裏所以挑挑「悲情城市」的缺失，無非是提醒大家不要太過興奮，而忘了我們還有很多地方需要努力。期望在不久的將來，我們有一套比較完善的電影制度，來幫助電影事業的發展；而電影從業人員也能突破目前的困境，拍出一些眞正可以「不朽」的電影。到時候別人不肯定我們的電影也不行，而我們不看自己的電影也不太可能了。

（中華日報副刊，一九八九年十一月六日）

《談美》與美學批評

在西洋的文學批評中，有一派特別標榜「美學的批評」，以意大利美學家克羅齊爲首。這一派的學說，是否能主導文學批評的風尙，至今仍未有定論。不過，它對當代西洋文學的影響甚爲深遠，是無可置疑的。美學派的起源，要追溯到十九世紀德國康德所建立的唯心哲學，爾後他的門徒如席勒、赫格爾、叔本華、尼采諸人，多有闡發，而最後起的克羅齊集其大成。克羅齊的全部美學，都是從「藝術即直覺」的定義中演繹出來的，藝術活動只是直覺，藝術作品只是意象；直覺的活動即是美感的活動，意象即是經過美感的心靈綜合作用，把原來紛亂的意象翦裁融會成有生命的有機體。於是他的學說要點，即建立在「直覺」和「表現」的同一上。依此觀察克羅齊派美學的批評，似乎能濟其他學派之窮。其實不然，它依舊擺脫不了「形式主義」（它自己所造成的形式）的窠臼。近人朱光潛《談美》一書（大概在民國二十幾年成書），擷取克羅齊學說處頗夥，而正其學說不精當處也多，很有見地，足爲談文學批評者借鏡。

《談美》文意淺顯，有如演說稿。其中所論，雖少舉美學派的論點，卻處處涉及美學派的學說；最可貴的是作者能盱衡美學派學說的得失，給予補偏救弊，重立一套新的「美學」。克羅齊美學中所肯定的「藝術不是物理的事實」、「藝術不是功利的活動」、「藝術不是道德的活動」、「藝術不是科學的活動」、「藝術不可分類」等論點，大致上較近於眞理。《談美》中有詳盡的分析。既然克羅齊美學把美感經驗解釋爲「形相的直覺」，否認美感只是快感，否認美感和聯想有關，排斥「爲道德而文藝」的主張，肯定美不在物和心而在「表現」；其理論應該有其特殊的優越性，但這種美感經驗的範圍未免太過狹窄，跟「放諸四海而皆準」的理想理論仍有一段距離。朱氏看清這個事實，於是提出一些比較合理的看法。茲就《談美》中跟克羅齊美學相異處，加以說明。

第一，克羅齊美學主張「機械觀」，把「美感的人」和「倫理的人」及「科學的人」分開來，使藝術獨立自主，不受非藝術之因素的干擾。朱氏不以爲然，他說：「人生是多方面而卻相互和諧的整體，把它分析開來看，我們說某部分是實用的活動，某部分是科學的活動，某部分是美感的活動，爲正名、析理起見，原應有此分別；但是我們不要忘記，完滿的人生見於這三種活動的平均發展。它們雖是可分別的而卻不是互相衝突的……嚴格的說，離開人生便無所謂藝術，因爲藝術是情趣的表現，而情趣的根源，就在人生；反之，離開藝術也便無所謂人生，因爲凡是創造和欣賞都是藝術的活動，無創造、無欣賞的人生是一個自相矛盾的名詞。」這種「有機觀」，實是千古不易的眞理，而克羅齊卻看不到這一點。

第二，克羅齊把「傳達」和「創造」分開，他說：「創造是直覺的、在內的；傳達是實用的、在外的。」顯然克羅齊否認傳達（翻譯在內的意象爲在外的作品）本身是創造，或是藝術的活動。朱氏的看法是「藝術不像克羅齊派美學家所說的，只達到『表現』就可以了事，它還要能『傳達』。」因為「藝術家既然要藉作品『傳達』他的情思給旁人，使旁人也能同賞共樂，便不能不研究『傳達』所必須的技巧。他第一要研究他所藉以傳達的媒介；第二要研究應用這種媒介如何可以造成美形式出來。」總歸一句話，克羅齊看輕了傳達的重要性，而朱氏認為傳達無異於創造。

第三，克羅齊雖承認藝術的特殊價值是美，但他卻否認作品本身是藝術。這就牽涉到藝術的價值問題。美不是絕對的，它必須經過比較才可見出其價值，但克羅齊否認作品為藝術，那欣賞者就失去可評判的對象。因為「批評」不僅批評意象本身的價值，還要批評該意象的傳達或表現是否恰當。朱氏在《談美》第六章〈靈魂在傑作中的冒險—考證、批評與欣賞〉中有詳論。他認為批評本身也是一種創造，而美的價值便是建立在有創造性的批評上。

今天我們談文學批評，自不能忽略「美學的批評」，而談「美學的批評」，也不能不注意其偏頗處。朱光潛在這裏開闢了一條路，啓示我們避免「誤入歧途」。我們也得明瞭「美學的批評」雖是當今文學批評的重要流派，但它的學說仍不是十分精確的。如果為了強調美感而忽略作品本身的價值，漠視傳達的技巧和表現的形式，便是不近情理。所謂「至高的美在無所為而為的玩索」，不僅對意象的直覺活動如此，對於作品的表現形式和傳達技巧也應如此；因為玩索之中自有美感存在，而傳達和表現都是值得我們去玩索的。文學批評以此為出發點，就能不偏不倚，而可行諸久遠。

（中央日報「文藝評論」，一九八五年四月十八日）

輯二

中西兩大語言世界

當代哲學家卡爾·巴柏，曾把世界分爲三類：一爲物質和能量的世界，包括有機物和無機物的世界，如機械和一切生命形式，甚至人類的軀體和大腦；二爲意識經驗的世界，不僅指人類直接的感覺經驗，如視覺、聽覺、觸覺、痛苦、飢餓、憤怒、歡樂、恐懼等，還指記憶、想像、思想和計畫的行動；三爲客觀知識的世界，包括客觀的思想內容，尤其是基於科學、藝術而表達的思想，如語言、倫理、法律、宗教、哲學等。巴柏認爲第三世界一旦形成，而變成人類生存環境的一部分時，人類常要適應它，受它塑造；當然，人類也可以研究、批評、擴充、修正，甚至廢棄它（卡爾·巴柏《客觀知識》）。巴柏所說的三類世界，在理論上固然可以這樣分，在實際上卻有困難。因爲物質和能量，必須爲人所意識才能「存在」，而人的意識一旦發生，立刻形成客觀知識，這樣三類世界就無從分起了。換句話說，客觀知識的世界，就是意識經驗的世界，就是物質和能量的世界。

這個客觀知識的世界，用卡西勒的話來說，就是「符號的世界」，或「文化的世界」，或「理想的世界」（卡西勒《人論》）。而卡西勒所說的「符號」，主要是指語言，語言是人所創造的，而人也只有在創造語言的活動中，才成爲眞正意義上的人。這麼說來，人要認識自己、瞭解自己、發展自己，必須在這個語言的世界裏才有可能。那麼語言的世界是什麼？它是怎麼形成的？怎麼演變的？多少世紀以來，不知有多少哲學家、科學家、社會學家、語言學家，在探討這些問題。他們相繼努力的結果，雖然有了一些具體的成績，可以解開我們部分的疑惑，但是語言的世界何其複雜，怎麼可能窮究得盡？何況還有一個遺憾，就是有些哲學家、科學家、社會學家、語言學家所熟悉的是自己的語言世界，對於別的語言世界，一談起就流於「皮傅之論」？因此，我們對這個語言世界，仍然有著「無可奈何」的心結：到底要怎麼入手，才能正確的理解它？也許這要從語言的發生探討起吧！

語言是怎麼發生的？目前有兩種說法：一是上帝所賜；一是人類自己發展的結果（自創語言或是模仿自然）。前一種說法，我們無法證明，也無法推翻；後一種說法，很接近「事實」，但是再追究人何以有這種能力，還是要歸功於上帝，實際上只有一種說法。然而，當今為什麼會有這麼多種語言？一提到這個問題，大家很容易聯想到《聖經．創世紀》所記載的巴別塔的故事。根據《聖經》的說法，原先人類只有一種語言，後來人類自大，妄想築塔通天，就在建塔之際，上帝將人類的語言混亂，從此聽不懂對方講的話，於是人類分歧四散。基本上，這是西方人才會想到的神話，中國人恐怕永遠也想不到。

中國人又是怎麼想的？《易繫辭傳》有段話說：「古者庖犧氏之王天下也，仰則觀象於天，俯則觀法於地，觀鳥獸之文，與地之宜，近取諸身，遠取諸物，於是始作八卦，以通神明以德，以類萬物之情。作結繩而為罔罟，以佃以漁，蓋取諸離……上古結繩而治，後世聖人易之以書契，百官以治，萬民以察，蓋取諸夬。」中國人不說「語言」，而說「八卦」、「書契（文字）」；也不說「八卦」、「書契」是上帝所賜，而說庖犧（同伏犧）仰觀俯察以造「八卦」、上古「結繩」而治、後世聖人易之以「書契」。很顯然這跟西方人的說法是不一樣的。爲什麼會有這種差異？原來這些都是「後設語言」，而「後設語言」是針對「對象語言」來的。由於中西方的「對象語言」不同，「後設語言」自然也就不會相同了。

我們知道西方的語言（包括口說語和書面語）只有兩個成分：音和義。中國的語言卻有三個成分：形、音和義。過去談論語言學的人，都說人類先有語言，後造文字。這種說法用在西方很合適，用在中國就有問題了。因爲西方先有音表義，然後用「符號」記錄音，它的「符號」跟義是不相干的；而中國的形是表義的，倒是音跟義沒有關聯，是不是中國先有形（文字）表義，然後用音伴隨形？也就是說，西方人是用音來思考，中國人是用形來思考。可見這是兩個不同系統的「語言」。雖然我們不知道當初西方人爲什麼會用音思考，中國人爲什麼會用形思考，但是彼此不能混爲一談，確是事實，而《聖經》所說語言分歧的故事，跟中國的語言根本是不相應的。

就語言本身來說，以音爲主的語言，衍變性大（如統攝在印歐語系下的各國語言，以及分散在各國境內的各地方言），隔了一個時空，就失去它的原樣，而它所表示的意義，也將難以理解，甚至無法理解。以形爲主的語言就不同了，雖然伴隨形的音，會因時空而轉變（如上古音、中古音、近代音、現代音各有差異，而各地方言也互有不同），但是形本身，以及形所表示的意義，卻頗穩定。這可能就是中國沒有分裂爲數個國家，以及文化綿延不斷，而西方卻分裂爲數個國家，以及文化間斷爲幾個時期的主要原因。

然而，這還是次要的，最重要的是中西方兩個文化的形態絕大的不同。這個不同，當然也就是語言的不同，這可分兩點來說：㈠西方人用音來指涉事物時，一個音只能表示一件事物整體中的一個意義，音改變了，意義也要改變（反過來說，意義改變了，音也要改變），所以西方的語言要有單複數、詞性、時態等區別，而在結合各語詞表達一個語句時，也要講求先後秩序，形成穩定的結構關係，不然就無法理解了；中國人用形來指涉事物就不一樣了，它是一個形涵蓋一件事物的整體（如人，既表示生理的人，也表示心理的人，也表示行動的人；既表示單數，也表示複數。又如予，包含所有給予的動作），既是涵蓋一件事物的整體，那麼這件事物所含有的意義，都可以從形顯現出來（中國文字中的「一字多義」，也應該從這裏來瞭解），所以中國的語言不必有單複數、詞性、時態等分別，而在結合各語詞表達一個語句時，由於各語詞都是獨立的單位，結合的方式也比較有彈性（最明顯的是中國詩歌的語言）。㈡西方人以一個音來表示一件事物整體中的一個意義，當事物本身變複雜，或事物增多時，音就要隨著增加（或在原音上添加成分，或另造新音），而且當這些音義不能穿越時空被別人理解，或穿越時空被別人理解而發現它有問題時，別人會再造新音，或修正原音，以至西方的語言，產生了「南北乖隔，古今阻塞」和「文字」越來越多等現象；中國人以一個形來表示一件事物整體的意義，結果就不同了，當事物本身變複雜時，仍然是那個形，頂多再取一個現成的形來修飾它（如德政、暴政之類），而當事物增多時，也不一定要造新形，往往取現有的形加以組合（如會意字、形聲字都是），這些新組合的形，所表示的意義，大多可以從各別的成分去「會意」，再加上轉注、假借的運用，中國文字不會無窮盡的孳孔，並且可以穿越時空而不致失去它的形義。

由於中西方語言的不同，所形成的文化，也顯現了不同的特色。比如西方人一生都在追求「眞理」（不論是古希臘時代理性哲學的「理念」，或是中世紀基督教的「上帝」，或是近代經驗哲學的「普遍法則」，都涵蓋在內）；而中國人一生都在體驗「眞理」。因爲西方的語言形態，最後一定會逼問到事物的「眞理」問題；而中國的語言形態，一開始就把握到事物的「眞理」（如仁、義、道、德等），爾後只是在體驗它而已。又如西方人喜歡自立學說（甚至他們喜歡冒險、超越顚峰、創紀錄、奪錦標，也可以從此處去理解）；而中國人只是在詮釋前人的學說，或修正前人的學說。因爲西方的語言以音表義，一旦時移境遷，或闇晦，或簡拙，後人爲求精確明晰，只好再創語言，而出現各種「主義」盛行和各種學說紛立的現象；而中國的語言以形表義，後人無力再造新形時，只好在舊語言中做學問（這也要中國語言本身具有豐富的涵義才行，事實上中國語言正有這個特色）。又如西方人在立說時，相當講究邏輯推理，以及方法的運作；而中國人在立說時，很少有論證過程，也沒什麼方法。因爲西方的語言本有邏輯形式，以及必須方法學幫助的要求；而中國的語言涵義那麼豐富，如何去論證？既然無法論證，方法學也就派不上用場了。因此，中西方在各種文化現象上（如哲學、科學、藝術、神話、歷史等），顯現出不同的特徵，是極爲自然的。

透過上面粗略的分析，已經可以看出中西方是兩個不同的語言世界，也是兩個不同的文化世界。任何談論中西文化的人，如果忽略了這個事實，而「以中律西」，或「以西律中」，都不能得其平。更有甚者，一味以西方的文化為優，以中國的文化為劣，這如果不是西方人的「優越感」在作祟（假定持此說的是西方人），就是中國人的「自卑情結」在作怪，這就很嚴重了。我們發現今天國人的學術研究，還是跳不開近代以來襲自西方的理論框架，不免有一種「危機感」！這不只是擔心傳統學術可能從此斷掉，也擔心我們將永遠迷途不返。因為我們還是使用這套文字，卻要改變思考方式，這樣一來，既無從認識過去，也難以計畫未來，只是隨波逐流而已。個人所以這樣說，不是有意跟提倡「西化」的人作對，而是深感「西化」這件事何其困難（正如西方人「中化」一樣的困難），呼籲大家小心謹慎，免得以後還要花時間來後悔！

（中央日報「長河」，一九九〇年七月二十四日）

後現代社會的價值觀

——從語言權威的失落談起

人來到世上，並不是出於自己的選擇，而是莫名其妙被拋擲下來的。這還不要緊，最無可奈何的是人被拋擲下來時，當下顯出不同的際遇（正如梁朝范縝對竟陵王子所說「人之生，譬如一樹花，同發一枝，俱開一蒂。隨風而墜，自有拂簾幌，墜於茵席之上；自有關籬牆，落於糞溷之側。墜茵席者，殿下是也；落糞溷者，下官是也」）。爲了這不同的際遇，人不知道困惑了幾千幾萬年，到現在還沒有解除。由這種困惑所衍生出來的，就是對人生的荒謬感（因爲人剛來時不是由自己主導，現在卻要由自己來主導未來的人生，這不是很荒謬嗎）。面對這種荒謬感，有些人能超脫出來，找到自己的一條路；有些人就不能超脫出來，只好整天過著醉生夢死的生活；還有些人不但不能超脫出來，還要影響別人也不要有超脫的念頭。有一個故事說：

一群螞蟻，他們在生活裏面找尋他們的生活。有一天，他們一起掉進一個牛奶瓶裏，奶瓶中有相當多的牛奶，這群螞蟻掉進去的時候，大多數都覺得非常幸運，因爲平常在覓食時，他們很不容易才能找到一滴牛奶，並且一經發現馬上就喝光了。如今，他們碰到這種千載難逢的大好時機，所以就拚命地喝，結果大部分螞蟻就這樣脹死在奶瓶裏。另外一小部分覺得這可能是一個陷阱，「怎麼無緣無故就有這麼多牛奶給我們喝？」所以他們嘗試尋找一條出路，開始在瓶中摸索，竟然發現無路可走！其中有隻螞蟻大發議論，覺得所謂「蟻生」是沒有意義的，是荒謬的、矛盾的，無論如何難免一死，不如喝飽了再死吧！於是他們把嘴張大拚命吞，最後跟前一批螞蟻一樣脹死在奶瓶裏。只有一隻小螞蟻，他不肯苟合第一批螞蟻的醉生夢死，也不像第二批螞蟻那樣絕望，他仍抱著希望不斷的尋找。這時牛奶上結了一小塊乳酪，雖然很小，卻也足夠支撐這隻小螞蟻的軀體了。

不能超脫出來，整天過著醉生夢死生活的人，就像故事中第一批螞蟻；不但不能超脫出來，還要影響別人也不要有超脫念頭的人，就像故事中第二批螞蟻；能超脫出來，找到自己一條路的人，就像故事中最後那一隻螞蟻。

依照存在主義的說法，無論那一類型的人，都有一個相同的命定，就是從一個不可知的地方被拋棄而來到這個世界。這命定不可能是人生的意義所在，被拋棄的那種迷離感，意味著我們要自己照顧自己，賦給人生一個意義。存在主義的出現，就是要喚醒人類的自覺，自覺到人的本質是自己創造的，自覺到人生的意義是以自由跟命運搏鬥，自覺到所有的價值和尊嚴都是自己建立的，自覺到自己在這世界上跟別人一起存在的責任。雖然存在主義已經過時了，但是它所標榜的學說，依然讓人心有戚戚焉。我想只要對人生還抱有一絲希望的人，都會認眞思考這個問題。而我個人的體會是我們要思考這個問題，必須放在整個時代環境中來思考，不然就沒有一個著力點。換句話說，我們想過一個有意義的人生，要先對我們所處的時代環境有所瞭解，才有可能。

通常我們所謂有意義的人生，就是指能不斷追求價值（或幸福）的人生。而價值有低層次的價值（如健康、財富），也有高層次的價值（如創造、發明）。低層次的價值是人最基本的需求，沒有什麼好談的，而且只追求低層次的價值，無法推動人類文明的發展。要推動人類文明的發展，還得追求高層次的價值才行。問題是我們根據什麼來判斷它是高層次的價值？這就進入了本題目的核心。我們不妨先從當今的社會看起。

當今的社會，在學術上有一個名稱，就是「後現代社會」，它是「現代社會」的延續，也是「現代社會」的反動。「現代社會」指的是西方十九世紀到二十世紀初期的「工業社會」，當時由於生產工具快速的發展，農村人口大量的流入城市，造成整個社會結構的大改變。第二次世界大戰以後，發明了電腦，再度改變了過去的社會結構，而進入資訊時代，也就是「後現代社會」。我們臺灣大概要到一九六〇年以後，才進入「後現代社會」。「後現代社會」最大的特徵，就是累積了大量的知識，迫使參與其中的人不斷翻新他的思想。如果說「現代社會」中的人有比較固定的一套思想，到了「後現代社會」，人的思想就得不斷的解構。思想解構了，人類所賴以生活的語言權威也失落了。我們知道人類是生活在一個權威充斥的世界裏，有所謂倫理道德的權威、宗教的權威、法制的權威、領袖的權威等等，不論那一種權威，都必須藉助語言才能發揮它的作用，因此，我們又可以把這些權威總歸為語言權威。在「後現代社會」中，再也沒有一套可以放諸四海而皆準的語言權威讓人來行使，這一方面是知識的發達，使語言不停在自我瓦解，一方面也是語言本身的工具性增強，使人不再被語言面的意義所迷惑，而把非語言面的意義當作眞正的意義，並且對語言的邏輯性也相當的在意。比如說：當人以領袖的姿態（身分）命令或要求別人去做事時，非語言面的意義，就是他要藉別人的力量來鞏固自己的領袖地位，遂行自己的權力慾望。在戰場上有所謂「一將功成萬骨枯」，在其他地方也有所謂「一人成名萬人哭」，都是在這種情況下造成的。以前大家懾於領袖的權威，不敢不服從，現在大家就會先質問：你要我這樣做的目的何在？如果你沒有一番合理的說詞，就沒有人會爲你賣命。而事實上，當領袖的人不可能會有一番合理到能完全令人信服的理由，說來說去都是爲了鞏固他自己的地位，遂行他的慾望。因此，領袖的權威也就缺乏穩定性了。

至於倫理道德的權威、宗教的權威、法制的權威又是怎麼瓦解的？它的瓦解，就在於它所使用的語言沒有邏輯上的必然關聯，無法博得人的信賴。比如說：幾年前的某一次選美大會，有一句宣傳詞：美，就是心中有愛。這句話的反面，就是不美，就是心中沒有愛。它的用意本來是好的，希望把美和愛連在一起。問題就在美和愛並沒有必然的關聯，不然那些沒有當選的人，個個不都成了沒有愛心的人（因爲她們都沒有當選，沒有當選就是不美，不美就是沒有愛心）？還有那些當選的人，如果沒有履行合約，作了有虧良心的事，又要怎麼解釋？以前大家相信美和愛是有關聯的，現在這種說法也不管用了（至於選美會還要藉它來宣傳，只有顯其詞窮，看不出有什麼「新鮮」的意義）。又如：宗教家教人信仰上帝，因爲上帝是慈愛的。但是大家會問上帝既然是慈愛的，爲什麼祂還要製造那麼多不幸事件（「刺鳥」這部影片，有一幕是這樣的：一場森林大火奪走了瑪吉的父親和哥哥，雷夫神父安慰瑪吉說：你要相信上帝，上帝是仁慈的，因爲祂降下了雨露。瑪吉憤恨的說：那祂先奪走了父親和哥哥，又要怎麼說？雷夫神父這時只能黯然不語）？那麼上帝的威信也沒了。又如：刑法上規定人不可以用語言文字或圖畫等媒介罵人，不然就會構成誹謗罪，要判處一－二年有期徒刑或拘役或易科罰金。先不管誹謗罪跟徒刑之間有沒有必要的關聯，光就誹謗罪來說，誹謗罪又要怎麼認定？它根本沒有一個標準，最後都是由法官來做強制性的判決。照這種方式，我們可以把一部六法全書的所有法條分析得完全失去效力。這樣法律也站不住腳了。

今天社會所以會這麼亂，根本的原因就是大家在互揪「語言的辮子」（這也使得從事中小學教育的人備感困難，一方面學生可以透過許多管道獲得他們所須要的資訊，不一定要從老師這裏獲得；一方面老師所講的話很難沒有問題，學生表面上不敢反對，暗地裏已經不再信以爲眞。同時，社會上的人也不斷在向他們質疑：你們都是這樣教學生的嗎？今天的社會已經進步到沒有絕對的是非、沒有絕對的眞理的地步，你們還在教學生作答是非、選擇、塡空。當然，教書的人也會反駁：誰叫聯考要考這些，如果聯考不考這些，我們也不必這樣教。但是這只是推諉責任，問題還是存在）。有人另外給這個社會一個名稱，叫作「多元化的社會」。「多元化的社會」的另一個涵義，就是「誰也不服誰的社會」，因爲語言權威已經不管用了。但是人又不能一天沒有語言權威，不然就會變成「無政府狀態」（比如說：一所學校，從校長、主任等行政人員到教師、學生所構成的行政體系，就具有權威性，任何到學校來的人，就必須參與整個體系的運作，不然我們不敢想像會是怎樣一個下場）。因此，重建語言權威也就相當的迫切。去年初波斯灣戰爭，就是一個爲了重建語言權威最好的例子。

就美國來說，戰爭還沒開打前，美國前總統尼克森發表一篇文章，題目是〈仗一定要打，但是要有理由〉，他說美國這次出兵中東，不是爲了經濟利益，也不是爲了幫助科威特實施民主（科威特王室比誰都專制），而是爲了維持世世代代人類的和平；戰爭開打後，美國現任總統布希也不斷透過傳播媒體正告世人，這次出兵中東，是爲了解放科威特，維護世界的正義，都說得冠冕堂皇。但是大家都知道這些話是說給三歲小孩聽的，因爲這只是一個藉口而已，美國眞正的目的是要重建他的領導權。我們知道美國從第一次世界大戰後，一躍而成爲世界的霸權，但從第二次世界大戰結束後，共產集團的擴大，威脅到了美國的霸權地位，他所能控制的地區相對的縮小，再加上曾經受他影響的西歐，成立了經濟共同體，而亞洲日本和四小龍（韓國、臺灣、香港、新加坡）也都力爭上游，企圖擺脫美國的控制，同時他本國不斷升高的預算赤字，也使他無力他顧，只有眼睜睜看著自己的影響力逐漸的衰退。可是他又不甘心失去舊有的威勢（尤其是在後冷戰時代，以蘇聯爲首的共產集團紛紛瓦解，不再從事「革命輸出」的今日），於是逮住這個機會，大大的發了一次虎威。如果他不逮住這個機會，恐怕再也沒有機會了（因爲全世界只剩下中東有利可圖，而且又在他的掌握中，再不發威而讓伊拉克壯大起來，他只有去管一些貧窮落後的非洲人）。

就伊拉克來說，他也想擺脫美國的影響，而成爲另一個霸權。他爲什麼敢這麼做？當年美國所扶持的伊朗巴勒維政權，被何梅尼推翻了。何梅尼上臺以後，不再聽美國的使喚，美國就慫恿伊拉克攻打伊朗，這一打就打了八年。兩伊戰爭結束後，伊拉克眼看美國的傀儡科威特、沙烏地阿拉伯（尤其是科威特）又在美國的操縱下，任意調高油價，一氣之下，揮軍進入科威特。他想除了沙烏地阿拉伯以及以色列（以色列是美英等國安排在中東對抗阿拉伯國家的一個矛頭），其他阿拉伯國家都會站在他這一邊，沒有想到那些國家還是屈服於美國的威勢，在美國的威脅利誘下都靠了過去，使他陷於孤立的局面。但是伊拉克這次並沒有主動採取大規模的攻擊行動，只零星的用飛彈攻擊以色列、沙烏地阿拉伯這兩個聽命於美國的國家，這可能是知道大勢已去，爲了保存一點實力，不作無謂的犧牲。雖然他沒有達到當初的目的，卻喚醒了阿拉伯國家再度認清美國這一「新帝國主義」的本質（聽話就饒你，不聽話就打你），而且也給美國出了一個難題，就是你再不退出中東，將來還會有更多類似的行動。

我想一定有很多人暗中爲海珊叫好，因爲他們都吃過美國的虧，只是不敢反抗而已（而海珊敢）。如果美國還是不改一貫的作風，仍然要強迫推銷他那一套思想觀念和生活方式（就是民主政治或政黨政治），想重新樹立他的領導權，恐怕會困難重重。因爲並不是每個國家都適合實施民主政治，像一些經濟落後，人民生活窮困，社會動盪不安的國家，就不適合實施民主政治，美國一定要強迫人家照他的方式去做，只有越搞越糟。

語言權威是一定要再建立的，建立了語言權威，整個社會才能有秩序的運作（像這次全世界的輿論，包括我們政府所發表的言論在內，幾乎都倒向美國這一邊，不這樣做，就會被孤立，要生存恐怕就很困難）。只是建立語言權威的方式，不能再像以前只由少數人（就整個國際社會來說，就是少數國家）包辦，而是要經由大家不斷的討論、溝通、建立共識，然後才能行使。這樣的語言權威，就是合理的語言權威，也才能安定人心，重整社會的秩序。因此，建立一個合理的語言權威，也就成爲當今人人應該參與的具有高層次價值的「事業」所在，而它也將考驗著人類是否有再向前邁進一步的能力。

（新紀元第八期，一九九二年一月）

語言「性暴力」

人創造了語言，語言構成了一個有別於物質能量和精神意識的世界，而人就活在這個世界裏。本來人因為能從事語言創造，才覺得生命有意義，但是人所創造的語言，會反過來控制人的行為，使人不得不改變對語言的看法，而連帶懷疑到存在的價值。這還不要緊，最難堪的是語言對人的控制會隨機增強，當它增強到「傷害」人的程度，無異於暴力。如果這種暴力加在異性身上，就是「性暴力」了。到這種地步，語言所發揮的負面功能，可說是無以復加，而人對語言的態度，也會由喜愛轉為憎恨。現在就要談語言「性暴力」所造成的傷害，並藉對語言「性暴力」成因的探討，以及防範對策的提出，促使語言世界早日得到調整，不再有任何害人的「陷阱」存在。

一般所說的「性暴力」，不一定是男性對女性施加的暴力，也可以是女性對男性施加的暴力。這裏把它限定在男性對女性施加的暴力，是因為女性對男性施加暴力的情況並不常見，而且傷害性也小，沒有必要特別提出討論。而比較語言「性暴力」和非語言「性暴力」，前者對人的傷害往往比後者對人的傷害大，古人所說「一字之貶，嚴於斧鉞」、「以言傷人，深於矛戟」、「（語言）殺人不見血」等，確實不是無的放矢。這個道理也不難明白，非語言「性暴力」不具有持久性（連續施暴），也不會造成「集體傷害」，而語言「性暴力」卻會持續施暴，同時也會擴大爲集體施暴，所造成的傷害實在難以估計。現在就來看看語言「性暴力」，到底怎樣對女性構成傷害。

最常見的是用粗語「辱罵」女性，使女性當場「顏面受損」，甚至感到「椎心之痛」。現在還保留著以「女」構形而詞意「不好」的一些單字，如姤、佞、妨、奴、妖、奸、姪、娼、嫖、姘、婊、姦、嫌、嫉、娸、嫚、婾、婪、嬾、媸等，對女性來說，也是莫大的侮辱，無不想要「去之而後快」。只是這些字眼已經「標記化」，女性還得繼續受辱下去。

跟用造「不好」的字侮辱女性方式相似的是「歸罪」。如商紂寵愛妲己而亡國、周幽王寵愛褒姒而見殺於犬戎、唐明皇寵愛楊貴妃而引發安祿山之亂、吳三桂爲了陳圓圓而開山海關降清等，使某些「潔身自愛」的男性，有了堂皇的理由大罵「女人是禍水」。殊不知這種「沙豬」思想（大沙文主義），已使女性蒙受不白之冤，而有「跳進黃河也洗不清」的感覺。

比「辱罵」、「歸罪」方式稍顯緩和，但也對女性構成相當大傷害的是「規範行爲」。《大戴禮記・本命》篇說：「婦人，伏於人也。是故無專制之義，有三從之道……無所敢自遂也。教令不出閨門，事在饋食之間而正矣。」班昭《女誡・夫婦》篇說：「夫有再娶之義，婦無二適之文。」宋若華《女論語・訓男女》章說：「女處閨門，少令出戶，喚來便來，喚去便去。」這無疑在迫使女性成爲「順民」，任由男性驅遣。而剝奪女性自由，再也沒有比這種方式更稱便了。

「規範行爲」使女性蒙受行動不能自主的損失，這已經夠嚴重了。還有比這更嚴重的，就是「設定禁區」，不讓女性有表現的機會。《書·牧誓》說：「古人有言曰：『牝雞無晨。牝雞之晨，惟家之索。』」古人以「牝雞無晨」爲藉口，限定女性不得「主政」（即使不得已「主政」，也只能「垂簾聽政」），只是不甘「雄伏」的心理作祟，毫無「內在理路」可言。至於還有很多「禁區」不讓女性接近，也是同一個「道理」。這樣女性就永世不得翻身了。

以上這幾種語言「性暴力」，如果形成習慣（風氣），或明列於法律，就會構成「集體傷害」。有時我們會發現某些女性使用粗話辱罵女性，以及依男性對女性的要求來要求女性（甚至比男性的要求還要嚴苛）；而對女性子女或下屬也常刻意加以壓抑，這就是「集體傷害」的一個例證。還有我們的法律或「公私」規定，明訂（或隱含）女性不得接觸（從事）某些事項，不論女性有沒有能力從事這些工作，這種限制對女性極爲不公，這也是一種「集體傷害」。

不論所有女性是不是已經感受或意識到語言「性暴力」對她們的傷害，都不能否認語言「性暴力」仍然依上列各種形態，繼續「或明或暗」在「威脅」著每一個女性。只要人還有良知（理性）存在，應該都會不忍心看到這個「事實」。爲了人類社會的「長治久安」，我們已經作了許多防範非語言「性暴力」的措施，現在應該是窮盡餘力再把語言「性暴力」加以清除的時候了。

要清除語言「性暴力」，恐怕得先瞭解語言「性暴力」形成的原因才行（這樣才能「對症下藥」，提出可靠的對策）。現在不知道「率先」使用語言傷害女性的是誰，也無法確定他使用語言傷害女性是有意還是無意，但是可以猜想得到這是他處理衝突的方式之一。也就是說，當他跟女性有了情感或利益上的衝突，不是用「辱罵」、「歸罪」、「規範行為」、「設定禁區」等手段來發洩他的情緒，就是用「辱罵」、「歸罪」、「規範行為」、「設定禁區」等手段來保障他不受損失。為什麼他會這麼做？這可能跟女性生理的「薄弱」和心理的「怯懦」有關，也可能跟女性缺乏足夠「對抗性語言」有關。總之，男性所以會採取這種方式來解決衝突，是因為他在部分先天條件上就優於女性，可以輕易的「吃定」女性，同時採取這種方式也最容易見效（至少比協商的方式「有效」）。

遺憾的是，有些女性不但沒有「危機意識」，還當了對方的「幫兇」，像上面所引班昭、宋若華說的話（假定那些話不是偽托），就是十足的男性口吻。我們還可以引兩段類似的言論：「凡為女子，先學立身。立身之法，惟務清貞。清則身潔，貞則身榮。行莫回頭，語莫掀脣，坐莫動膝，立莫搖裙，喜莫大笑，怒莫高聲。內外各處，男女異群。莫窺外壁，莫出外庭。出必掩面，窺必藏形。男非眷屬，莫與通名，女非善淑，莫與相親。立身端正，方可為人。」（《女論語．立身》章）「將夫比天，其義匪輕……夫若發怒，不可生嗔，退身相讓，忍氣吞聲。」（同上〈事夫〉章）這完全是站在男性立場所說的話，眞讓人懷疑她是被男性「收買」，或是「性變態」，不然怎會有這種令女性「噁心」而讓男性「暗爽」的論調？類似的「女性心理」，還相當程度的存在當今一般女性身上，實在不可思議。

從種種跡象顯示，語言「性暴力」的出現，主要是為了達到役使女性的目的。女性如果不「反抗」，正好符合男性的意願；如果「反抗」，也沒有什麼妨礙，這時男性不會感到有任何「損失」，而且還可以趁機加重對女性的壓制。只是從長遠的眼光來看，這種「男人和女人的戰爭」十分無謂，不但失去了許多本來可以得到的樂趣，也失去了許多携手共創「美好明天」的機會。因此，消除（化解）語言「性暴力」，已經勢在必行。尤其在這個多元化的社會裏，男性想要保有他的「威權」，就得付出被「十面圍剿」的代價，不放棄它恐怕不行了。

由於語言「性暴力」的發生，男女雙方都有「責任」（女方「柔弱可欺」，男方「役使心理作祟」），現在要化解它，也得靠雙方共同努力，才能奏效。就男性來說，必須隨時警惕自己，不能再傷害女性的自尊或妨礙女性的自由。就女性來說，必須培養足夠的能力和膽量，遇到語言「性暴力」，能立刻加以解除，不至危及自身。此外，我們還得立法（經男女雙方共同協商產生）規範語言的「尺度」，對使用語言「性暴力」者，給予嚴厲的懲罰，以保障女性不受傷害。如果我們能解決這個問題，所累積的經驗，將有助於我們去解決其他的語言問題。說實在的，由語言所引起的衝突，已經困擾我們夠久了。

（新紀元第九期，一九九二年四月）

語言的透明性

詩、散文、小說、戲曲，被公認爲現代文學的四個類別。這是文學在發展過程中的歧異現象，不是它們的本質有所不同。千古以來，文學在藝術的殿堂內佔著一席之地，其價值即建立在「美」的本質上。人能由這種美而生出感情，表示文學也具有其他藝術品的影響力，有人就直接稱它爲「語言藝術」。詩、散文、小說、戲曲既是使用相同的「語言」，爲何還要區別它們？關於這個問題，得從語言本身去探究，不能只停留於「形式」的層面而已。

一般沒有經過組織和修飾的語言，只是「日常的語言」，而經過組織和修飾的語言，就提昇爲「藝術的語言」。「日常的語言」固可不去論它，但「藝術的語言」其義究是如何？習文者不得不探個明白。古雅典朗吉紐士〈崇高論〉論「語言藝術」、「造形藝術」和「感覺藝術」的區別，談到語言具有「透明性」，詩人、文學家應避免語言過於透明，而減低藝術的價值。這說明文學作品縱被稱爲「語言藝術」，但畢竟無法像繪畫、雕刻等「造形藝術」般具體的存在。因語言具有透明性，容易被人遺忘。郎吉紐士說：「它們（指語言）除了把它們的意義給予我們之外，再也沒有給我們別的東西，這便是語言透明性的由來。由於單字的本身了無價值，以至使得我們根本就不再意識到它們的物理上的存在。我們所意識得到的乃是它們所指示的物體、性質，以及別的意義。我們概念的活動，似乎是從它們上面流過，而不是伴隨它們。」可知語言透過文字符號變成文學作品時，由於受到透明性的拘限，使我們只意識到它們所指示的物體、性質和別的意義，而根本忽略了語言文字本身的存在。

既然語言本身不是具體的東西，那它除了給我們它的意義外，就不再給我們別的東西？這也不盡然。我們中國以前有所謂「詩畫合一」說，外國也有「詩畫類似」說，告訴我們語言也能做到繪畫的境界。蘇軾《東坡詩文集．題王維藍關煙雨圖》說：「味摩詰之詩，詩中有畫；觀摩詰之畫，畫中有詩。」德國萊辛〈羅貢論〉引古希臘西莫尼德士的話說：「詩即有聲之畫，畫即無聲之詩。」從此可知語言不是不可能像繪畫一樣映現在我們的腦海；只要詩人、文學家克服它的透明性，使它產生畫境的效果，就能辦到。

回頭說詩、散文、小說、戲曲有沒有辦法完全排除這層障礙，使我們連同語言的本身和它所指示的意義一起記憶？很顯然的，只有少數的詩能達到這個境界，散文很難做到，小說和戲曲更難做到。因散文、小說、戲曲脫離詩而各自發展後，幾乎喪失了詩的語言（此說參見王夢鷗《文學概論》），既然詩都不易達到繪畫的境界，何況散文、小說和戲曲？於是以語言透明性的程度，作爲區別詩、散文、小說、戲曲，應是可行的。法國范樂希《詩學講義》說：「散文是散步的話，詩便是舞蹈。」仿此，我們也可以把小說比喻爲「疾走」，把戲曲比喻爲「跑步」。也就是說詩的語言透明性小，散文、小說、戲曲的語言透明性依次越大。尤其是戲曲，跟日常語言最爲接近，實在談不上有何畫境。

柯林烏德《藝術哲學大綱》說：「文字是文學的媒介，但文字用來寫成文學作品時，它的質性是最堅硬的。」文字是記錄語言的符號，詩人、文學家在駕馭它時，不像畫家使用質料，立即能呈現具體的畫面，而是必須千錘百鍊地選字布局，方能顯出繪畫的效果。柯林烏德說文字的質性最堅硬，不是沒道理的。語言固然有透明性，但只要肯精心去創造，仍可減到最低限度。韋勒克等《文學論》說：「語言作爲文學的素材，正如同石或銅之於雕刻，油彩之於繪畫，或者音調之於音樂。然而我們必須瞭解語言並不是像石頭一樣的沒有生命，它自己本身便是人所創造的。」詩人、文學家應該自豪，他們所創造的語言具有活躍的生命，遠比石頭、油彩、音符這些東西高一等。不過，石頭、油彩卻能用來造成具體的藝術品，使人長留它的影像於腦海，這是詩人、文學家必須趕上的地方。詩人、文學家不但要使語言能給人它所指示的意義，還得使語言本身具有藝術（不透明）的價值，一起爲人所記憶。

（國語日報「國語文教育專欄」，一九八七年十二月十七日）

修辭如何可能

就廣義來說，選擇辭彙構成語句，以表達思想感情或跟人溝通，都可以稱作修辭。大家可能會認爲這是人的本能，沒有什麼問題存在。但是事實又如何？不只我們常感覺挖空心思仍不足以達意，而跟人溝通不良；我們也常感覺已經達意仍引起他人誤會，甚至暴發衝突。難道這不是問題嗎？顯然修辭不如我們所想像的容易，這裏面有些癥結必須澄清。

首先，語言是一種抽象的符號，無法表達事物豐富的狀態，以及人內在深刻的情意（後者我們都聽過《莊子．天道》篇所載輪扁喻斤的故事，所謂「得之於手而應於心，口不能言，有數存焉」，就是指這種情況；前者只要運用辭彙來指稱事物，就會略去該事物內部正在進行的變化），這是語言本身的第一層限制。其次，語言被用來指稱事物，跟現實世界有了形式上的對應，可以作爲我們理解現實世界的基礎，但是大部分的語言並沒有特定對象可以指涉，只有一群意符相互牽連，以至毫無指意（意指）可言如（表性質的「堅決」，只能跟「堅定」、「堅毅」、「剛強牢固」等辭彙（意符）相互指涉，實際上並沒有「堅決」這種性質存在。又如表事態的「無政府狀態」，只能跟「沒有法律制度」、「完全自由平等」、「散漫紛亂」等辭彙相互指涉，實際上並沒有「無政府狀態」這種事態存在），而使語言失去它的指涉功能（原爲人所假定），這是語言本身的第二層限制。由於語言有這兩種先天的限制，必然造成表達思想感情上的不完全，以及跟人溝通上的重重阻隔。

向來有所謂「言不盡意」的說法，就是在談語言的第一層限制。不論是直敘心中的思想感情，還是假借外在事物隱喻深層的情意，都不能表達「完整」（且以「痛」和「恨」兩種感覺爲例，每當人發生「痛」和「恨」這兩種感覺時，必有程度上的差別，但是只能用「痛」和「恨」兩字來概括，實際的「痛感」和「恨意」都無法傳達）。如果要藉語言來跟人溝通，這種不明其「確指」，就會形成一種障礙。而當代解構主義所說的「語言只是一連串意符的延異」，就是在談語言的第二層限制。凡是先前大家所認定的語言（意符）都有固定的指涉（意指），或使用語言的人都能確立他的意圖，這也是天大的誤會。因此，當我們想藉語言來傳遞信息，而又不能看清這種「延異性」，難免會出現相互「對立」或「抗爭」的局面。今天大家所看見或親身體驗的「爭吵」和「衝突」，有那幾次不是緣於彼此缺乏這種語言上的認知？爲了減少（消弭）彼此的對立衝突，重新檢討修辭的策略，應該是唯一可行的途徑。

正如上面所說的，語言有不能盡意和缺少指涉等限制，而這種限制就是語言使用者的「致命傷」。此外，如果語言使用者有意無意規避「語法」的約束，或使用高度抽象的語辭而造成「語意」的更難捉摸，或不知明喻暗示「語用」情境而失去可資進一步理解的憑藉，也會增添溝通的困難（任何表達思想感情的行爲，基本上都預設了可與溝通的對象。因此，除了當面的直接溝通，其他的表達也都有「

隔空」或「隔代」間接溝通的企圖。而可以想見後面這種溝通方式，將更加困難，因爲它沒有表情姿態可以助其「達意」）。所以，在無法突破語言本身兩層限制的情況下，只有求不錯亂可供理解基礎的常用語法，不選擇過於含混或歧義的語辭，不模糊或省略應有的發言情境，使每一次修辭都具有「相互主觀性」（基於彼此相近或相似的經驗而來），勉強達成溝通交流的目的。這一「相互主觀性」，也就是修辭所以可能的依據。

至於文學上的修辭（狹義的修辭），爲了「反熟悉化」而增強美感效果，常有逸出語法規則（如倒裝）、脫略隱藏語意（如比喻、象徵）和僞傳假造情境等現象，那只是「要求」更高層次的「相互主觀性」，並沒有違背修辭的原則。

（中央日報「中學國語文」，一九九三年二月十一日）

比興修辭法的心理基礎

素來作文有賦比興三種表達方式。賦是直敍，比是譬喻，興相當象徵。前一種表達方式，純粹爲了傳情達意，比較沒有什麼好討論。後二種表達方式，除了爲傳情達意，還有別的考慮，曾經引發不少的議論。只是那些議論多屬泛泛，很難給人增加有關修辭方面的知識。現在我們想知道其中原委，也許要換個角度來思考，才有可能。

一般人在看待比興時，多把焦點放在作者和讀者的關係上。王符《潛夫論・釋難》篇說：「夫譬喻（比）也者，生於直告之不明，故假物之然否以彰之。」鄭玄《周禮・太師》注說：「比，見今之失，不敢斥言之，取類以言之。」王符、鄭玄二人論比，雖然各有所重，但是就比所欲達到促人了悟（或諒解）的功效一點來說，二人的旨意是一致的。劉勰《文心雕龍・比興》篇說：「興者，起也……起情者，依微以擬議。」鄭玄《周禮・太師》注說：「興，見今之美，嫌於媚諛，故取善事以喻勸之。」劉勰解興爲起情（起人感情），鄭玄解興爲嫌於媚諛，都不離作者爲影響讀者這一層面。此外，也有純從章法或篇法需求來討論。如陳騤《文則》說：「《易》之有象，以盡其意。《詩》之有比，以達其情。文之作也，可無喻乎？」朱熹《詩集傳》說：「興者，先言他物以引起所詠之辭也。」不過，再論及為何章法或篇法有比興的要求，還是要歸結到對讀者的作用上，所以二說可以合併。

把比興的運用，視為主要是為顧及讀者的領悟和反應，這已經變成一種「通說」。李東陽《麓堂詩話》說：「所謂比與興者，皆託物寓情而為之者也。蓋正言直述，則易於窮盡而難以感發；惟有所寓託，形容摹寫，反復諷詠，以俟人之自得，言有盡而意無窮，則神爽飛動手舞足蹈而不自覺。」李東陽這段話可以作為代表，後人所論都沒有越出他的範圍。然而，「實情」確是這樣嗎？我們藉一個故事來看。《說苑．善說》篇說：「（梁惠王）謂惠子曰：『願先生言事則直言耳，毋譬也。』惠子曰：『今有人於此而不知彈者，曰：彈之狀何若？應之曰：彈之狀如彈，則諭乎？』王曰：『未諭也。』『於是更應曰：彈之狀如弓而以竹為弦。則知乎？』王曰：『可知矣。』惠子曰：『夫說者以其所知諭所不知，而使人知之也。』」「以其所知諭所不知，而使人知之」，這是惠施的「想當然耳」，不見得每一次譬喻都能使人了悟（梁惠王起初勸惠施直言，正是擔心他使用譬喻後，意旨難明），那還要看說者使用譬喻的技巧如何，以及聽者知解的能力如何，才能決定。比是這種情況，興就更不用說了。我們還記得元好問在《論詩絕句》中為李商隱詩抱屈的話：「望帝春心託杜鵑，佳人錦瑟怨華年。詩家總愛西崑好，獨恨無人作鄭箋。」李商隱詩興體甚多，又特別難懂，說者紛紜，以至留給世人「無人作鄭箋」的憾恨。這不也證明了興這種表達方式，不一定能使「味之者無極，聞之者動心」嗎（恐怕大多時候讀者都得苦於索解）？因此，過去有關比興的說法是該修正了。

從比興的現象觀察，比是「借彼喻此」，而「彼」無所取義，如《論語．子罕》篇說：「歲寒，然後知松柏之後凋也。」這借「歲寒松柏後凋」喻「亂世君子守正」，義在「亂世君子守正」。興是「借彼喻此」，而「彼」仍有所取義，如《詩・關雎》篇說：「關關雎鳩，在河之洲。窈窕淑女，君子好逑。」這借「雎鳩和鳴」喻「君子得其匹配」，「雎鳩和鳴」一義仍在。不論比或興，比起賦（直敍）來，都要多一層轉折。而我們沒有堅強的理由說比興所多的這層轉折，是緣於顧慮讀者的理解和感受。那到底是什麼原因使人要用比興來表達？這個問題得從語言（文字）的侷限說起。

語言屬於抽象的符號，難以表達具體的情意（或事物），這就是它的侷限所在。《易繫辭傳》說：「書不盡言，言不盡意。」陸機〈文賦〉說：「恒患意不稱物，文不逮意。」劉勰《文心雕龍・神思》篇說：「夫神思方運，萬塗競萌，規矩虛位，刻鏤無形。登山則情滿於山，觀海則意溢於海，我才之多少，將與風雨而並驅矣。方其搦翰，氣倍辭前，暨乎篇成，半折心始。何則？意翻空而易奇，言徵實而難巧也。」面對這種困境，作者不是像劉勰所說「至於思表纖旨，文外曲致，言所不追，筆固知止」（同上）那樣自動擱筆，就是像《易繫辭傳》所說「聖人立象以盡意，設卦以盡情僞，繫辭焉以盡其言」那樣勉為設言（盡字有概略的意思）。而比興的運用，就是基於後者而藉以「解決」（或突破）言不盡意的難題。因此，當直敍繁說仍不能盡意時，使用比興就能「掩飾」困窘，並且可以繼續保有想要盡意的「企圖」（好比作《易》的人，明知言不盡意，仍要設卦立象繫辭來概括情意）。

不管使用比興技巧的人，是否意識到使用比興只是為了「克服」言不盡意的侷限，我們都難以否認「克服」言不盡意的侷限，才是比興存在的主要因素。至於比興運用的成功，使讀者有「含不盡之意，見於言外」或「不著一字，盡得風流」的感受，這已經跟比興本身無關，而是涉及作者的高明了（反過來說，拙手使用比興，就很難給人相同的感受）。明白比興修辭法的這點心理基礎，我們對於作者和讀者就要有不同的考慮。在作者方面，必須知道比興不是「萬靈丹」，不能使用過濫，以免失去傳達情意的基本功能。鍾嶸《詩品．序》說：「若專用比興，患在意深；意深則詞躓。若但用賦體，患在意浮；意浮則文散，嬉成流移，文無止泊，有蕪漫之累也。」「患在意深」，這只是一端，還有「不知所云」一端，也得避免。在讀者方面，必須知道比興所能傳達的情意，也只是一小部分，不必強作解人，應該多去注意作者所隱藏或未說的那些部分，同時對於作者使用比興技巧的高明與否，也不妨勤加考察，取以為借鏡。

（中央日報「中學國語文」，一九九三年八月十九日）

詮釋學與語文教學

通常語文教學在進行語言作品的討論時，不是分析作品的美感成分，就是詮釋作品的意義。前者屬於美學的範圍，後者屬於詮釋學的範圍。二者本來不可偏廢，但在並非所有作品都含有美感成分的前提下，詮釋就成了討論作品不可缺少的一項工作。這項工作，在以往都被簡化成只對作品主題或作者動機的闡釋，而不知還有更深層的意義可說。現在透過西方的詮釋理論，我們可以重新勾勒出一幅比較完善的詮釋「藍圖」。

這幅詮釋「藍圖」的第一筆，應該是作品爲何需要詮釋？因爲作品被創作後，只是一個架構（大家習慣稱它爲「文本」），並不圓滿具足，必須等到讀者閱讀後賦予意義，才是完整如實的「作品」。如《論語．子罕》篇說：「子在川上曰：『逝者如斯夫，不舍晝夜。』」此章所說的「逝者」所指爲何，以及孔子此話究竟是自家抒感或是藉以悟人，都必須由讀者決定，全章才可被瞭解，也才能列入「作品」之林。

其次，作品的意義到底指什麼？要如何去發掘（賦予）？根據西方詮釋學（包括方法詮釋學、哲學詮釋學、批判詮釋學）所說，作品的意義所指有三：一是作品語言的涵義（語言由於結構的決定而有的內在關係，可包含作品的「主題」及作者的「主張」）和指涉（語言所指的在外的存在事項）；二是作品語言所隱含的世界觀或人類的存在處境；三是作品語言所未自覺的個人慾望和信念或社會的價値觀和社會關係。第一層意義要經由「解釋」，第二層意義要經由「理解」，第三層意義要經由「批判」，合而展現一個「完滿」的詮釋方案。

最後，詮釋活動要怎麼進行？從哲學詮釋學所提供的「訊息」來看，詮釋活動勢必在「先行架構」或「先期理解」中進行（也就是讀者必須根據他已知的知識範疇和對存有的體驗以及生命的體會，來決定他爲作品所作的詮釋），而形成一種「詮釋循環」。

當今有人從現象學、辯證法、實存分析、日常語言分析、新派詮釋學理路等現代西方哲學中較爲重要的特殊方法論的一般化過濾，以及跟我國傳統以來的考據之學和義理之學，甚至大乘佛學涉及方法論的種種教理之學的融會貫通，所發明的「創造詮釋學」（著重在前面所述第一層意義的闡發和添補），也不免要落入這種「詮釋循環」中。不過，這種「詮釋循環」是合理的（沒有人能避免），所發掘的意義，永遠只具有「主觀性」。雖然如此，一個自我要求很高的讀者，他會努力尋求個人意識範疇和作品中所「楬櫫」的意識範疇的融合，使他的詮釋具有「相互主觀性」（能獲得大多數人的贊同）。

這樣說來，詮釋活動所發掘到的意義，就不敢保證確是作品所有（也許只是讀者個人的「構設」）；並且讀者也不可能「找出」作品「全部」的意義。正因爲不敢保證所發掘的意義確是作品所有，所以容許相對或不同的詮釋。也因爲不可能「找出」作品「全部」的意義，所以詮釋可以無止盡的進行下去。

如果我們的語文教學不建立在這個基礎上，眞不知道要怎樣進行對作品的詮釋，以及使這種詮釋成爲可能。這不只是教師自己要深切把握，也得設法讓學生明白。有關語文的教學和學習，才不致淪爲一場「混仗」！

（中央日報「中學國語文」，一九九二年十一月十九日）

詞義演變中的自然調節

——以大人、公子、君子、小人為例

一般語言學或語意學書，在談到詞語的意義時，大多能舉出詞語意義的不定性，以及確立這種不定性的各種可能狀況。其中以「更替」、「引申」、「假借」等三條規律來說明詞語意義變遷的現象，是我們最常見的。但很少有人會進一步去探討這種變遷如何可能，並且對於變遷本身所具有的意義也有一番瞭解。現在經由本文的討論，既有的缺憾或許可以得到少許的彌補。

本文打算藉大人、公子、君子、小人四個互有牽連的詞語意義變遷，來辨析上面所提出的課題。這裏個人先要運用一點推理能力，儘可能把以上四個詞語意義演變的情況鋪展出來：

所謂「大人」，本來跟古人所稱「帝」、「王」、「天子」、「大君」的意義一樣，是指人間最高的統治者。《書・堯典》說：「二十有八載，帝（堯）乃殂落。」又〈西伯戡黎〉說：「西伯既戡黎，祖伊恐，奔告于王（紂）。曰：『天子！天既訖我殷命，格人元龜，罔敢知吉。』」《易・革》九五說：「大人虎變。」又〈師〉上六說：「大君有命，開國承家，小人勿用。」

這裏所舉的「帝」、「王」、「天子」、「大君」、「大人」，顯然是異名同實（《易緯乾鑿度》有一段解釋可以印證：「易有君人五號也：帝者，天稱也；王者，美行也；天子者，爵號也；大君者，與上行異也；大人者，聖明德備也。變文以著名，題德以別操」）。

在西周的文獻中，「大人」為「天子」的別稱，很是常見，到東周孔子時，還保有這一意義。《論語．季氏》篇說：「君子有三畏：畏天命，畏大人，畏聖人之言。小人不知天命而不畏也，狎大人，侮聖人之言。」

這一「大人」，跟《逸周書．小開》所載「德枳維大人，大人枳維公，公枳維卿，卿枳維大夫，大夫枳維士」中的「大人」相同，都是「天子」的異號。

春秋以後，封建制度崩潰，「天子」形同虛設，原先兼有德行爵位的「大人」，逐漸只剩德行一義。後人稱官場中的人為「大人」，稱自家親長為「大人」，甚至稱有別於孩童的成年人為「大人」，就是從德行一義而來，只是無法再跟早期的「大人」相提並論了。

「公子」一詞，原指公侯之子。

古代三公稱公，諸侯也稱公。

呂尚為周文王、武王師，封於齊，爾後齊君也稱公；周公為太保，封於魯，遣子伯禽就國，而魯侯也稱公（《論語．微子》篇載「周公謂魯公曰」就是）；呂尚、周公都位列三公，他們子孫也稱公，是理所當然。

但稱公的似乎不只這些，《詩．簡兮》說：「公庭萬舞。」（此公指衛君）又〈駟驖〉說：「公之媚子，從公于狩。」（此公指秦君）可知諸侯也稱公。

當時，王稱「天子」，意思是受天帝之命來統治人世，如同天帝之子。而王之子，就稱「王子」（《書．微子》中一見）。

至於公侯之子，稱爲「公子」，就不必多加解釋。《詩．麟之趾》說：「振振公子。」又〈七月〉說：「殆及公子同歸。」又〈大東〉說：「佻佻公子。」都是指這個意義。

戰國時，齊國孟嘗君、魏國信陵君、趙國平原君、楚國春申君，號稱四大公子，可說還保存「公子」原來的意義。「公子」本是指有爵位的人，後人不論有沒有爵位，都可以稱「公子」，這已經有了轉變。至於有錢有勢的「公子」，不務正業，被人貼上「公子哥兒」不雅的名號，那就變得更加「離譜」。

跟「公子」的意義相當的，還有「君子」一詞。

只是「君子」在古代的形象比較不確定，以至後人多不明瞭它的出處。古代的諸侯，又稱君，如《書．大誥》說：「爾庶邦君。」《詩．雨無正》說：「邦君諸侯。」又《論語．季氏》篇說：「邦君之妻，君稱之曰夫人。」都是。所以國君之子，就稱爲「君子」。

《詩．載馳》說：「大夫君子，無我有尤。」又〈雲漢〉說：「大夫君子，昭假無贏。」古代國君之子（嗣君除外），都可以爲大夫，所以這裏以大夫君子連稱。

然而，《詩》、《書》中所載的「君子」甚多，不盡可以「國君之子」來解釋，如《詩・車鄰》說：「未見君子，寺人之令。」（此君子好像指秦君）《書・酒誥》說：「庶士，有正，越庶伯君子，其爾典聽朕（成王）教。」（此君子好像指跟伯同等級的）疑古代王稱「大君」，而他所封諸侯中子嗣部分，也稱「君子」；爾後不是他子嗣的也冒稱「君子」，所以有這樣稱號紊亂的現象。

以前「君子」得以爲大夫，所以「君子」就是爵位的通稱。以後爵位旁落，士人躋升爲大夫，也稱「君子」。《論語・陽貨》篇載子游說：「昔者偃也聞諸夫子曰：『君子學道則愛人，小人學道則易使也。』」子游（時爲武城宰）以「君子」自比，顯然這一「君子」不是指國君之子。

但後人爲什麼專稱有道德的人爲「君子」？這大概跟古代的「君子」從小得以受教有關。古人以木簡書寫，板冊昂貴繁重，民間不容易購買庋藏，只有官家能大量擁有，而「君子」近便閱讀，於是多變成知書達禮的人。雖然經過環境變遷，爵位不保，但德行常在。後世稱人爲「君子」，就是沿襲德行一義。

至於「小人」一詞，是相對「大人」而說。「大人」爲人間的統治者，「小人」就是受統治者。受統治者，或稱「小人」，或稱「庶人」，或稱「衆氓」，或稱「黎民」，或稱「黔首」，而以稱「小人」爲最常見。《易・大有》九三說：「公用亨于天子，小人弗克。」又〈解〉六五說：「君子維有解，吉；有孚于小人。」《書・盤庚》說：「無或敢伏小人之攸箴。」又〈康誥〉說：「小人難保，往盡乃心，無康好逸豫，乃其乂民。」又〈無逸〉說：「君子所其無無逸。先知稼穡之艱難，乃逸；則知小人之依。」以上這些較可確信爲西周的文獻中，還保留了「小人」的舊義。

「小人」就是德少的人。因爲「小人」沒有什麼機會讀書，自然德少，無法跟「大人」、「君子」等相比。

以後社會體制改變，而「小人」不再盡是文盲，布衣卿相的所在多有，但「小人」原詞還在，於是一變而爲無德者的專稱。後人好罵別人爲「小人」，是嫌對方品德低劣，但他想不到在古代自己可能也在「小人」之列。

以上各種推測，看來都很順理成章，其實那是憑個人的能耐詮釋得來的，跟實際的情況未必相應。但它卻透顯了一個常被人忽略的訊息：那就是詞語意義的演變動向，不由人爲變數的干預，而是語言和社會所形成的大機制中，自然調節而成的。

如果個人的說法可信，那並不代表個人的高明，眞正了不起的是整個機制的自然調節功能。畢竟到目前爲止，我們只能感覺詞語意義的變動，而無法想像有誰能參與詞語意義的改造（且能成功）。

從這點來看，某些人強爲區分詞語的原義和衍生義，只是徒勞無功。因爲即使可以釐清詞語的原義和衍生義（類似個人上面的作法），也無從強迫大家捨棄衍生義而趨就原義，更何況很多詞語連原義和衍生義都難以分辨呢！

還有些人習慣從詞語的多義中截取一義或限取一義，也是行不通的。因爲詞語在什麼時候流行那個意義，權不在使用者個人的意願，而在語言和社會的大機制的運作。

明白這個道理後，我們就知道任何壟斷詞語意義的行爲，都是非理性的（無視於擺在眼前的自然調節機能）；而我們自己也應該從這裏學得包容的雅量，不再跟人斤斤計較誰濫用了詞語，一切就讓那個大機制來作最後的「裁量」吧！

（中央日報「國語文」，一九九四年十一月三日）

從《詩經》到《論語》止述詞序演變的規律

漢語的基本句型爲起詞後接述詞再接止詞，然間有變化，止詞反居述詞之前。於是有兩派相反的論調：一派以爲漢語原屬起述止詞句型，一派以爲漢語原屬起止述詞句型，至今仍相持不下。然此溯源本身，已極無謂；而爭論孰是孰非，更是枉然。不如從現有古籍中的句例，分析其演變的規律，且以此爲基礎，進一步窺探詞序產生演化的原因，或有助於學者瞭解漢語的眞相，而平息一場似無止盡的論爭。

現在以《詩經》（簡稱《詩》）、《論語》爲研究對象，有三個原因：㈠《詩經》、《論語》爲今所存古書中問題較少的兩本書，可信度高；㈡孔子屢勸人讀詩（《詩經》），且曾整理過該書，其《論語》句法有酷似《詩經》的，可見其一脈相承；㈢《詩經》、《論語》所保存止述詞序的句型頗多，又有相承關係，可作爲斷代研究的依據，以後所出書，凡句例有出於二書之外的，可視爲衍變。

《詩經》、《論語》止述詞序的句例有二：

㈠疑問代詞作止詞，止詞前置，如：

「誰其尸之？」（《詩．采蘋》）

「云誰之思？」（同上〈簡兮〉）
「何以畀之？」（同上〈干旄〉）
「子行三軍，則誰與？」（《論語・述而》篇）
「吾何執？」（同上〈子罕〉篇）
「吾誰欺？」（同上）
㈡否定句中，代詞作止詞，止詞前置。這有兩種情況：①此否定句爲簡句，如：
「不我遐棄。」（《詩・汝墳》）
「不我與。」（同上〈江有汜〉）
「寧不我顧。」（同上〈日月〉）
「不我信兮。」（同上〈擊鼓〉）
「豈不爾思。」（同上〈竹竿〉）
「無我惡兮。」（同上〈遵大路〉）
「莫予云覯。」（同上〈抑〉）
「則莫我敢承。」（同上〈閟宮〉）
「不吾知也。」（《論語・先進》篇）
「莫我知也夫。」（同上〈憲問〉篇）

「莫己知也。」（同上）

「歲不我與。」（同上〈陽貨〉篇）

②此否定句為繁句，且有語中助詞「之」字；這但存《論語》中，如：

「不患人之不己知。」（《論語・學而》篇）

「不病人之不己知也。」（同上〈衛靈公〉篇）

「不患（人之）莫己知。」（同上〈里仁〉篇）

《論語》中還有很多「之」字似代詞而實為語中助詞，如：「未之有也。」（〈學而〉篇）「義之與比。」（〈里仁〉篇）「我未之見也。」（同上）「吾斯之未能信。」（〈公冶長〉篇）「未之能行。」（同上）「則吾未之有得。」（〈述而〉篇）「未之思也。」（〈子罕〉篇）「苟子之不欲，雖賞之不竊。」（〈顏淵〉篇）「如其善而莫之違（此句上文尚有「唯其言而莫予違也」句，其中「予」字當略讀）。」（〈子路〉篇）「自經於溝瀆而莫之知也。」（〈憲問〉篇）「末之難矣。」（同上）「未之學也。」（〈衛靈公〉篇）以上都不關止述詞序的問題，所以置而不論。

近代語言學者論及止述詞序的變化時，始終留有罅隙，都是未能釐清此中分際的緣故。如許世瑛《中國文法講話》僅述及否定句中止詞為代詞前置（頁七七），而無法解釋《論語・學而》篇中「無友不如己者」及《詩・黍離》中「不知我者」這種例外的情形。其實《論語》「無友不如己者」，不符前述任何一種情況，所以不演變；《詩經》「不知我者」當連下文「謂我何求」為一繁句，由於句首少「人之」二字，所以不在演變之列。又如譚全基《古代漢語基礎》知道有「之」字爲止詞置述詞前的標誌（頁一六九—一七〇），而不知道有繁簡句之別，以及某些「之」字是語中助詞，不可爲例。只有本文拈出這兩條較能解釋《詩經》、《論語》止述詞序的問題。

依前條例看來，疑問代詞作止詞前置的情形，《詩經》、《論語》一致，不見有什麼改變。然否定句代詞作止詞前置的情形，在《詩經》中只限於否定句爲簡句時，而《論語》中則多出否定句爲繁句且夾有「之」語助詞一種，實堪玩味。個人以爲《詩經》中的否定簡句，是爲了湊韻腳，才將詞序顛倒，這幾乎沒有例外（《詩・褰裳》「子不我思」是一例外，但恐受其他句子影響，而改變詞序，不是先其他句子而存在）。到了《論語》，雖無合韻的問題，但以孔子之好頌詩，而《論語》又多爲孔子的語錄，寧無存古調的可能？換句話說，孔子要說「不知吾」「莫知我」「莫知己」時，難道不會受《詩經》影響，而說成「不吾知」、「莫我知」、「莫己知」？這雖不能起孔子於地下而問之，但依常理推測，當有可能。至於否定繁句中夾「之」語助詞，應是孔子所獨創。雖爲獨創，其中演變的痕跡，還是很明顯。也就是由否定簡句分化而來，絕不是無中生有。至於疑問代詞，大概也是受否定簡句影響而產生變化。

如果這裡的分析沒錯，那漢語的基本句型原爲起述止詞序，因爲行文需要（如詩歌之押韻）而稍作改變。如高名凱《國語語法》中所舉「我東曰歸，我心西悲」、「己所不欲，勿施於人」、「夏禮吾能言之，杞不足徵也；殷禮吾能言之，宋不足徵也」、「老者安之，少者懷之」諸例（頁九一—九二），不以苛刻的眼光看它，也可以當它是詞序的衍變，並不能令漢語原來的詞序發生動搖。《詩經》、《論語》以後，所見詞序有相同的，可以視爲一元所出；所見詞序有略異的，可以視爲分化。大概別無他法能解釋止述詞序演變的現象了。

（國語日報「國語文教育專欄」，一九九二年一月三十日）

論國語詞尾的詞性功能

現代中國語言學家，多把國語詞彙的成分分爲詞根和詞綴。「詞根」是雙音詞或多音詞中代表根本的詞彙意義的語素。「詞綴」又稱作「附加成分」，是本身不能獨立而必須依附詞根才能存在的語素。詞綴又可分爲詞首、詞尾與詞嵌三種。「詞首」又稱作「前加成分」，經常出現於詞根的前頭，如阿姨、老師、第一中的「阿」、「老」、「第」。「詞尾」又稱作「後加成分」，經常出現於詞根的後頭，如孩子、信兒、石頭中的「子」、「兒」、「頭」。「詞嵌」又稱作「中加成分」，經常出現於詞根的當中，如看得出、糊裡糊塗中的「得」「裡」。也有人把可以用來表示特定詞類的詞綴（如詞首「老」、「第」，詞尾「子」、「兒」），或可能產生跟詞根原來的詞類不同詞類的詞綴（如詞尾「化」、「度」、「員」）稱爲「構詞成分」；而把附加於特定的詞類而不改變詞根原來詞類的詞綴（如詞尾「們」、「了」、「著」）稱爲「構形成分」。爲了討論方便，本文把範圍限定在「構詞成分」的詞尾部分，看看它對國語的詞性具有什麼功用。

「構詞成分」詞尾，有改變詞性或語意的作用，例如「信兒」，已不是指「書信」，而是指「消息」。「你有他的信兒沒有？」意思就是「你有他的消息沒有？」雖然它的語意改變了，但是它的詞性依然不變。這種情況合當另文探討，此處只討論有改變詞性功能的詞尾。

首先談名詞性詞尾。名詞性詞尾，約略有下列幾種情形：

1.形容詞＋子→名詞

如：矮子、呆子、瘋子、胖子、小子、老子等。

以上「矮」、「呆」、「瘋」、「胖」、「小」、「老」都是形容詞，後加詞尾「子」，就變成名詞。

2.形容詞＋兒→名詞

如：空兒、彎兒、活兒、錯兒、闊兒、扁兒等。

以上「空」、「彎」、「活」、「錯」、「闊」、「扁」都是形容詞，後加詞尾「兒」，就變成名詞。

3.動詞＋子→名詞

如：夾子、刷子、梳子、鏟子等。

以上「夾」、「刷」、「梳」、「鏟」都是動詞，後加詞尾「子」，就變成名詞。

4.動詞＋頭→名詞

如：念頭、鋤頭、來頭、搞頭、看頭、想頭等。

以上「念」、「鋤」、「來」、「搞」、「看」、「想」都是動詞，後加詞尾「頭」，就變成名詞。

5.動詞＋者↓名詞

如：作者、讀者、記者、使者等。

以上「作」、「讀」、「記」、「使」都是動詞，後加詞尾「者」，就變成名詞。

6.動詞＋員↓名詞

如：教員、學員、飛行員、指導員等。

以上「教」、「學」、「飛行」、「指導」都是動詞，後加詞尾「員」，就變成名詞。

此外，還有「形容詞＋頭↓名詞」（如：苦頭、甜頭等）、「形容詞＋性↓名詞」（如黏性、酸性等）、「形容詞＋度↓名詞」（如溫度、高度、文明度等）、「動詞＋性↓名詞」（如可塑性、警覺性等）、「動詞＋家↓名詞」（如作家、評論家等）。這些名詞性詞尾，大致上都相當穩定。雖然「者」、「員」、「家」等詞尾有時可以互換，如「作者」改爲「作家」，「評論家」改爲「評論者」，「指導員」改爲「指導者」，本身詞性並沒改變，但是意義已經改變，如果要顧及意義，這些就必須加以區分。

其次談動詞性詞尾。動詞性詞尾，約有下列兩種情形：

1.形容詞＋化↓動詞

如：美化、綠化、惡化、白熱化、標準化等。

以上「美」、「綠」、「惡」、「白熱」、「標準」都是形容詞，後加詞尾「化」，就變成動詞。

2.名詞＋化→動詞

如：工業化、機械化、現代化、國際化等。

以上「工業」、「機械」、「現代」、「國際」都是名詞，後加詞尾「化」，就變成動詞。動詞性詞尾，是受歐化語言影響，原來國語中沒有這種情形，古漢語更不必說了（古漢語也沒有名詞性詞尾）。

在國語中具有詞性功能的詞尾，大致上只有這兩種。動詞性詞尾純受歐化語言影響，只能在「形容詞＋化→動詞」和「名詞＋化→動詞」這兩類中發展，似乎很難跨越發展。名詞性詞尾，就沒有這樣的限制，只要詞尾能使詞根（限於形容詞和動詞）改變詞性，都可無限衍生，像跟「者」、「員」、「家」內涵相近的還有「手」（如打手、打擊手、投手、捕手等）、「人」（如製作人、保證人等）、「師」（如教師、醫師等）等。此外，如「巴」（如結巴）、「族」（如上班族）、「派」（如激進派）、「界」（如廣告界）、「主義」（如享樂主義）等，也都是新興的名詞性詞尾。這兩種詞尾的出現，對於豐富國語詞彙，實有莫大的功勞。

（國語日報「國語文教育專欄」，一九九二年一月九日）

甲骨文綜論

甲骨文的名稱

甲骨文是今天所見我國最早的文字，以其或刻或寫於龜甲、牛骨之上而得名。殷人善占卜，凡事有所決疑，率皆訴諸貞卜。卜前，取龜之腹甲或背甲，先行刮治，然後從內面施以鑽鑿，其孔或橢圓或正圓不定，但皆未穿透表皮；卜時，加火灼燒，正面未經鑿透之表皮，即破裂成兆紋，視之有直有橫，爲「卜」之狀，貞人就此兆紋而占斷吉凶，其用牛骨占卜者彷此；卜畢，則將所問之事，書於卜兆之側，朱書、墨書均有，書後始刻，也有刻後又加塗飾硃墨者。

甲骨發現於河南安陽殷墟，此地所產河龜有限，且軀體嫌小，殷人所獲取龜甲，大多來自淮河、長江流域，或遠自海外。因龜來源不易，故兼用牛肩胛骨占卜，合稱爲甲骨。此外，也有刻字於鹿、兕或人頭骨上，但爲數極少。後人以其專記貞卜之事，故稱「貞卜文字」；或稱「卜辭」；或以文字出土處爲名，稱「殷墟書契」、「殷墟文字」；其他異名如「龜文」、「契文」等；「甲骨文」則爲最後的定名。

甲骨文的發現

今河南省安陽縣小屯村，爲殷代的故墟，自盤庚遷殷以至帝辛（紂）亡國（紀元前一三八四年—一一一一年），皆以此爲都邑，故謂之殷墟（或作殷虛），亦即甲骨出土之地。董作賓據小屯村人傳述，記甲骨出土的經歷說：「光緒二十五年以前，小屯村北的農田中，就常有甲骨出現，村中有名李成者，檢拾之，以爲藥材，售於藥店，分龜板、龍骨兩種。破碎者碾爲細粉，名刀尖藥，每年春會，赴四鄉售賣，爲治療創傷之用。李成即村中專營此業者，前後經數十年之久。龜板、龍骨，大批售於藥店，每斤制錢六文。上有字跡者多被刮去。」（《甲骨年表》）羅振常也說：「其極大胛骨，近代無此獸類，土人因目之爲龍骨。攜以示藥舖，藥物中固有龍骨，今世無龍，每以古骨充之。且古骨研末，又愈刀創，故藥舖購之，一斤纔得數錢。鄉人農暇隨地發掘，所得甚夥，檢大者售之，購者或不取刻文，則以鏟削之而售。其小塊及字多不易去者，悉以塡枯井。」（《洹洛遊古遊記》）至光緒二十五年（一八九九年），山東省福山縣人王懿榮，爲北京國子監祭酒，因患瘧疾，自北京菜市口達仁堂購藥，檢視「龍骨」上帶有刻辭，雖未識之，但已斷定爲古文字而無疑。於是託山東濰縣古董商人范維卿探得龍骨產地，並出高價收購。不及週年，已購得一千二百餘片。其甲骨價値之說不一，或說單片白銀二兩（見加拿大明義士《甲骨研究講義》）；或說按字計價，一字四兩白銀（見王國維《二三十年中中國新發明之學問》）。但據陳夢家《殷墟卜辭綜述》所載，王襄與其書說光緒二十四、五年間，甲骨買價爲一字一兩白銀；又說王懿榮所購甲骨，共酬銀三千，其說或近事實。

甲骨的發現，別有一說。王懿榮之子漢章，所著〈古董錄〉一文說光緒己亥（一八九九年）、庚子（一九〇〇年）間，濰縣陳姓古董商人，在安陽小商屯（即小屯）田間遇牛骨與龜板，陳估檢一有文字者，攜至北京見王懿榮，經王氏考訂之後，始知爲殷代卜骨，於是以高價收買。此說正確與否，無從查證。然王懿榮死時，漢章方滿十歲，其說當得之於傳聞。

至於甲骨文之受重視，王氏首發其端，時人皆不疑有他，但間亦有說辭。《殷墟卜辭綜述》引王襄《題易櫓園殷契拓冊》說光緒戊戌（一八九八年）冬，濰縣古董商人范壽軒至王襄住處，談及安陽牛骨、龜甲之事，其時孟定生也在場，聞范氏之言，即疑其爲古代簡書，因託范氏前去收購。翌年秋際，范氏攜來部分甲骨，售予王、孟二人。爾後王襄與陳夢家書稱其與孟定生所不買者，范氏盡轉賣於王懿榮。

是知其時收購甲骨刻辭者，共有三家，王氏不當獨蒙其名。

甲骨文的藏傳

光緒二十六年，義和團起事，引發八國聯軍進入北京。京城失守，光緒皇帝出奔，王懿榮以國子監祭酒兼團練大臣，投井殉職。王家所藏甲骨，多爲劉鶚所購，餘一贈天津新書學院，一後爲唐蘭所得編爲《天壤閣甲骨文存》。同時王襄、孟定生也蒐購得五六千片，襄後又得四千餘片，擇印爲《簠室殷契徵文》十二卷。劉鶚自光緒二十七年始，大肆蒐購，除得王氏所藏千餘片，又羅致四千餘片，合計五千餘片，時有羅振玉之助，因擇千餘片搨印爲《鐵雲藏龜》，於光緒二十九年出版，爲甲骨文首部著作。劉鶚謝世後，所藏甲骨散落四方，有歸羅振玉者，後印爲《鐵雲藏龜之餘》；有歸英籍猶太人哈同夫人者，復印爲《戩壽堂所藏殷虛文字》；有歸商承祚者，後編入《殷契佚存》；有歸吳振玉者，復由李旦編爲《鐵雲藏龜拾零》；有歸中央大學者，後由李孝定摹印爲《中央大學史學系所藏甲骨文字》，胡厚宣編入《甲骨六錄》；有歸沈維鈞與陳中凡，均由董作賓編入《甲骨文外編》，陳氏所藏，胡厚宣也編入《甲骨六錄》；也有歸王伯沆與束世澂者，束氏所藏，後又轉售於國立安徽大學（參見潘重規《中國文字學》第三章《中國字體的演變》）。繼劉氏後，收藏甲骨者寖多，如端方、沈曾植、盛昱、羅振玉、劉體智、加拿大人懷履光與明義士、英人方法斂與庫壽齡、日人林泰輔等，皆有藏存。尤以羅振玉、劉體智及明義士所藏特多。羅氏收藏一萬七千餘片，於民國二年，擇二千二百餘片，予以精搨，然後在日本以珂羅版影印成書，名爲《殷虛書契前編》，視前劉氏石印本《鐵雲藏龜》爲多而明晰。其後《殷虛書契續編》、《殷虛書契後編》又賡續出版。諸書問世，於研究甲骨文者甚有裨益，不啻爲甲骨學導夫先路。劉體智所藏二萬八千餘片，後全歸中共文化部。明義士所藏約八千餘片，後有五千片贈予加拿大多倫多大學博物館。另二千餘片存南京博物院，另一千餘片存山東省文物保管委員會（參見屈萬里〈甲骨文的發現、傳播及其對學術的貢獻〉，收於《屈萬里先生文存》第二冊）。

以上各家所藏甲骨，多屬殘片。至民國十七年，由公家中央研究院歷史語言研究所在小屯發掘，時傅斯年任所長，遣考古組主任李濟率員主持發掘事宜。自十七年至二十六年止。先後發掘十五次，除獲甚多陶器、玉器、石器、銅器、人骨、獸骨等標片外，共掘出二萬四千多片有字甲骨（參見吳璵《甲骨學導論》第一章〈發現與發掘〉）。其中有完整的龜板、牛骨二百餘片，爾後以碎片拼成全片或近於全片者，也有三百餘片。對日抗戰以後發現的甲骨，有胡厚宣於三十五年編印爲《戰後平津新獲甲骨集》、於三十八年編印爲《戰後京滬新獲甲骨集》、於四十年編印爲《寧滬新獲甲骨集》三卷及《戰後南北所見甲骨錄》等。今總計出土甲骨，約有十萬片以上。存於國內者，中央研究院歷史語言研究所藏有二萬五千五百餘片；國內歷史博物館藏有三千六百餘片；國立中央圖書館藏有七百餘片；臺灣大學考古人類學系及其他私家，也藏有少數甲骨。存於國外者，以加拿大多倫多大學博物院所藏八千片爲最；其次，日本京都大學人文科學研究院，及三井源右衛門所藏各有三千餘片；此外，美國卡的塞博物院與普林斯頓大學等處，英國倫敦博物院與蘇格蘭博物院，及私人金璋，法國巴黎各機關，德國柏林民俗博物館，瑞士巴塞爾人種誌博物館，及日本十數名收藏家，皆有數十片至數百片之收藏。其餘約五萬餘片，現藏大陸（參見屈萬里〈甲骨文的發現、傳播及其對學術的貢獻〉）。所有甲骨的分布，概如上述，但以中研院所藏甲骨最富研究價值，因其有五六百片完好或近於完好的龜板、牛骨之故。

至於甲骨文的傳布，王懿榮所藏千餘片未及拓印，即已殉難，後多歸劉鶚，併其蒐羅所得合五千餘片，經羅振玉之助，擇出一千零五十八片，拓印爲《鐵雲藏龜》。至民國二年，羅振玉在日本以珂羅版影印其《殷虛書契前編》八卷（民國二十年重印），共收拓片二千二百二十九，此距劉書之出版，已有十年。次年，羅氏復印出《殷虛書契菁華》，共收六十八片較大之龜甲與牛骨。民國五年，羅氏再出版《殷虛書契後編》二卷，共收拓片一千一百零四片。民國二十年，羅氏又印行《殷虛書契續編》六卷，所收甲骨有二千零一十六片。總計羅氏共拓印甲骨五千三百餘片。於甲骨文之傳布，羅氏實一大功臣。自羅氏《殷虛書契前編》、《菁華》及《後編》出版以後，拓印甲骨文，或摹寫付印甲骨文之書紛出，其著錄甲骨拓印本或摹印本在千片以上者，即有下列十數種之多：

《龜甲骨獸文字》二卷（共收二〇二三片）日本林泰輔編　民國六年出版（拓印本）

《殷虛卜辭》（共收二三六九片）加拿大明義士編　民國六年出版（摹印本）

《殷虛佚存》（共收一〇〇〇片）商承祚編　民國二十二年出版（拓印本）

《庫方二氏藏甲骨卜辭》（共收一六七八片）英國方法斂編　民國二十四年出版（摹印本）

《殷契粹編》（共收一五九五片）郭沫若編　民國二十六年日本文求堂出版（拓印本）

《殷契遺珠》（共收一四五九片）金祖同編　民國二十八年出版（拓印本）

《殷虛文字甲編》（共收三九三八片）民國三十七年中央研究院歷史語言研究所出版（拓印本）

《殷虛文字乙編》（共收九一〇三片）民國三十七、三十八、四十二年中央研究院歷史語言研究所出版（拓印本）

《戰後寧滬新獲甲骨集》（共收一一四三片）胡厚宣編　民國四十年出版（摹印本）
《戰後南北所見甲骨錄》（共收三二六七片）胡厚宣編　民國四十年出版（摹印本）
《戰後京津新獲甲骨集》（共收五六四二片）胡厚宣編　民國四十三年出版（拓印本）
《甲骨續存》（共收三七七三片）胡厚宣編　民國四十四年出版（其中九九八片爲摹印本，餘爲拓印本）
《京都大學人文科學研究所藏甲骨文字》（共收三三四六片）日本貝塚茂樹編　日本昭和三十四年（西元一九五九）出版（拓印本）。

綜上共計著錄四萬片；另不及千片之拓印本與摹印本，大概不出萬片；合計已印出甲骨文字，約五萬片左右（以上參見屈萬里〈甲骨文的發現、傳播及其對學術的貢獻〉）。然各書多有重覆者，故已印行之不同甲骨，實未及此數。此外，尚未印行之甲骨文字，多屬小片，無甚可觀，只有加拿大多倫多大學博物院所藏八千片較有價值，惜其未嘗發表，世人難睹其眞。

甲骨文的研究

自甲骨出土以還，契刻於甲骨的文字較爲流布，研究者日衆，一變而成顯學，直使遜清以來以《說文解字》爲研究對象者黯然失色。考其源流，王懿榮最先發現甲骨文字，然其功僅止於收藏，若論研究則肇端於劉鶚，其《鐵雲藏龜》爲第一部著錄甲骨文字的專書。據劉氏自序所說，自祖乙、祖辛、祖丁等以天干爲名，實爲殷人之碻據，乃斷定甲骨卜辭爲殷代文字。但其所識四十餘字（見《鐵雲藏龜·自序》），實只有三十四字無誤，其中含干支字十九，及數字二，皆爲易識之字。翌年（光緒三十年），孫詒讓據《鐵雲藏龜》著《契文舉例》一書，已識一百八十餘字，雖稱能於時，究屬有限。只是孫氏將契文分列爲日月、貞卜、卜事、鬼神、卜人、官氏、方國、典禮、文字、雜例等十項細目，開以後研究甲骨文字的宏規。羅振玉繼孫氏之後，從事考釋甲骨文字，於宣統二年（西元一九一〇）印行《殷商貞卜文字考》一書，因嫌其簡漏，屢經修改，至民國四年，易名爲《殷虛書契考釋》，由王國維手寫複印。至民國十六年，復增訂再版，書名更作《增訂殷虛書契考釋》。在王國維手寫本中，羅氏共識字四百八十五，而增訂本已增至五百七十字（羅氏所識乃含孫詒讓已識之字而言），其中雖不無謬誤之處，但於識字一端而言，羅氏自當居首功。民國六年，王國維爲英人哈同夫人所搨印《戩壽堂所藏殷虛文字》作考釋，由字兼及成句，也頗精審。其後，考釋甲骨文字者漸夥，所識之字也漸增多，大抵在已發現甲骨文中，相異字約四千六百字，而已識之字略在一千七百字左右（詳見李孝定編《甲骨文字集釋》及上海中華書局編《甲骨文編》）。

甲骨文字既被判明爲殷代文字，且經學者多方考釋，能識之字已居十之三四，自足引發學術的研究。故有王國維引甲骨文資料以考證史事，而有重大創獲者，如民國六年，其〈殷卜辭中所見先公先王考〉及〈續考〉二文出，於我國古史有頗多發現。前人以爲史書所載殷代史事怪誕不經者，經其證實確有其事，而前人不覺可疑之史實，反有可摘之錯誤。自王氏之後，研究史學者，歷經窮索考證，於我國古史已有甚多修正與研究，證其說之可從，而王氏之功終不可沒。除王氏據甲骨文糾彈史實外，尚有甲骨文斷代問題的探究。今所見甲骨文乃盤庚遷殷至商紂亡國，共二百七十餘年中之產物，倘未經斷代分屬，貿然用其考證殷代史事，洵難避倒置混淆之虞。此事亦權輿於王氏，其據某片甲骨有「父甲、父庚、父辛」刻辭，斷以爲武丁時遺物（詳見《觀堂集林》卷九〈殷卜辭中所見先公先王考〉）。至民國十七年，加拿大傳教士明義士著《殷代卜辭後編》，於序文中言欲自甲骨刻辭中稱謂與字體形狀等，以鑑別甲骨文之時代，惜未見其續文。迄民國二十一年，董作賓始著《甲骨文斷代研究例》，用世系、稱謂、貞人、坑位、方國、人物、事類、文法、字形、書體等十標準，將甲骨卜辭斷期爲五，即第一期：盤庚至武丁；第二期：祖庚、祖甲；第三期：廩辛、康丁；第四期：武乙、文武丁；第五期：帝乙、帝辛。自此散亂的甲骨文資料方有歸宿，於學術之貢獻，不可謂不大。數十年來，研究甲骨文的學者，關於斷代問題，雖時有爭論，然董氏所立之宏規，諒無人能超乎其前。其餘關於殷代之祭祀、曆法、地理、交通、農業、漁獵、戰爭、婚姻、宗法等問題，皆不乏潛心研究的學者。至今中外有關甲骨文論文不下千篇，著成專書也在百種以上，可謂學界一大盛事。除上所舉著作外，尚有董作賓《殷曆譜》，郭沫若《甲骨文字研究》與《卜辭通纂考釋》，與前羅、王二氏，有甲骨學四堂之稱。唐蘭《天壤閣甲骨文存・自序》說：「卜辭研究自雪堂（羅氏號雪堂）導夫先路；觀堂（王氏號觀堂）繼以考史；彥堂（董氏號彥堂）區其時代；鼎堂（郭氏號鼎堂）發其辭例。」此爲平允之論。又如唐蘭《古文字學導論》、《天壤閣甲骨文字考釋》、《殷虛文字記》，胡厚宣《甲骨學商史論叢》，陳夢家《殷虛卜辭綜述》，屈萬里《殷虛文字甲編考釋》，魯實先《殷曆譜糾譑》、《殷契新詮之一—六》，日人白川靜《甲骨金文學論叢》，及日人島邦男《殷虛卜辭研究》等，皆屬不可多得之力作。

甲骨文的價值

研究甲骨文的風氣，自清末迄今，相繼不衰。其始之於識字，繼之於考釋，終之於糾古書之謬誤與補古書之不足。非但爲研究文字學的最古資料，益且爲研究殷代歷史的直接材料，其價值不言可喻。茲從考史、經學、文字學諸途分述之。

《史記·殷本紀》所載殷王之稱號與世次，歷來學者皆深信不疑，但自甲骨文出土以後，經王國維等人研究，始抉其誤。如世次，上甲以下四代，《殷本紀》之次爲上甲、報丁、報乙、報丙，然依甲骨文，應作上甲、報乙、報丙、報丁。雍己在《殷本紀》中列於太戊之前，以爲太戊之兄，依甲骨文，雍己在太戊之後，實爲太戊之弟。《殷本紀》又說祖乙是河亶甲之子，據甲骨文，祖乙是仲丁之子。又如名號，如甲骨文所示，《殷本紀》中之沃甲，應作羌甲；《殷本紀》中之庚丁，應作康丁；《殷本紀》中之太丁，應作文武丁（詳見《觀堂集林》卷九〈殷卜辭中所見先公先王考〉、〈續考〉）。

我國古史多據傳說記述，訛誤之處，當不能免，而甲骨文乃殷代遺物，其文獻自無作僞之必要，故可據以糾謬史書。至於甲骨文所示史料，有史書所未載者也很多。據《孟子·滕文公》篇說武王伐紂，滅國五十；又《逸周書·世俘》記武王伐紂時說：「憝國九十有九，服國六百五十有二。」然史書皆未言其國若何，啓人疑竇，今據甲骨文所載，有土方、尸方、盂方、馬方、井方、羌方等三十餘國（詳見《殷虛卜辭綜述》）。是知殷時方國甚多，而孟子等人所言爲可信。又殷代帝王用彡、翌、祭、壹、劦五種祀典，祭祀其先祖，依其先公先王之日干名號，排定日程，以年爲期，輪流祭之（詳見董作賓《甲骨學五十年》）。此乃歷代學者聞所未聞之典制，往昔孔子慨嘆文獻不足徵，今就祀典而言，殷禮已足徵。又殷禮有以人爲犧牲之祭（詳見《殷虛卜辭綜述》），也是古史中所未記載者。此外，如祭祀、田獵、農事、生育等，刻辭中言之頗詳，也未見於後代載籍，實可補正史之不足。

至於經書有傳訛誤解者，如《書・無逸》載殷王中宗，自漢來說者皆道中宗爲太戊，然據甲骨文，始知中宗爲祖乙（見〈殷卜辭中所見先公先王續考〉）。又戰國秦漢間人所說古代禮俗燎祭，皆道爲祭天而設，實凡祭天、祭祖、祭山川等，無施不可；且古祭品有太牢、少牢之別，前人蓋云太牢包括牛、羊、豕三牲，少牢則僅有羊、豕而無牛，實供二牛稱太牢，供二羊稱太（即少牢），舊說全非（詳見《殷虛卜辭綜述》）。此皆自甲骨文得驗證者，而爲前人所誤解處。

至於甲骨文可糾前字書之誤者，也可得而說。如十，《說文解字》說：「十，數之具也。一爲東西，丨爲南北，則四方中央備矣。」然甲骨文十僅作丨，爲十數之識別而已。又如行，《說文解字》說：「行，人之步趨也。从彳亍。」在甲骨文中行作╬，象四達之衢。又如衣，《說文解字》說：「衣，依也，上曰衣，下曰常。象覆二人之形。」甲骨文衣作𧘇，象襟衽左右掩覆之形（詳見羅振玉《殷虛書契考釋》）。似此尤多，皆可據爲糾許氏之臆說。

結語

遜清末世，地不愛寶，古文物不斷出土，所含珍貴之史料，足以證史籍之謬誤。亦可為補苴罅漏之資，三千年前遺物，一躍而登學術殿堂之上。然此遺物有限，欲持有限之見，以擬萬端之變，恐引人譏誚（如章太炎之流，即全然不信甲骨文，而極力黜之）。故知甲骨文價值雖高，卻不可視其用為無往而不利。羅振玉《殷虛書契考釋・自序》說：「孔子學二代之禮，而曰杞宋不足徵。殷商文獻之無徵，二千年前則已然矣。吾儕生三千年後，乃欲根據遺物補苴往籍，譬若觀海，茫無津涯。予從事稍久，乃知茲事，實有三難：史公最錄商事，本諸《詩》《書》，旁攬《系本》。顯考父所校，僅存五篇；《書》序所錄，亡者逾半；《系本》一書，今又久佚；欲稽前古，津逮莫由，其難一也。卜辭文至簡質，篇恒十餘言，短者半之；又字多假借，誼益難知，其難二也。古文因物賦形，繁簡任意，一字異文，每至數十，書寫之法，時有凌獵，或數語之中，倒寫者一二，兩字之名，合書者七八，體例未明，易生炫惑，其難三也。」七十餘年來，研究甲骨學之成績，早已超邁羅氏，然羅氏之言難，未盡破解，學者於此仍當審慎。甲骨之學，無非考索文字以為之階，由《說文解字》以溯金文，由金文以窺書契，窮其蕃變，究其指歸；再據可識之文，循以考求典制，稽證舊聞。若有高明之士，探賾索隱，張皇幽眇，甲骨學或更昌明於世，則是衆望之所歸。

（淡江週刊「淡江風」，一九八九年五月一日）

泛論《說文解字》

讀書，要先識字；尤其讀古書，非得研究文字不可。前人嘗說「讀經必自考文始」、「小學明而後經學明」，實爲至理名言。固然歷代所稱的「小學」，涵蓋文字、聲韻、訓詁之學，但三者本爲一體，如此畫分，因其有表裏精粗之故。初學的人，先從文字著手，聲韻、訓詁繼其後，假以時日，於小學則彬彬矣。欲研究文字，須以《說文解字》爲依據。它不僅集漢以前文字學的大成，還開漢以後文字學的先河；它在文字學史上的地位，猶如《詩經》在文學史上的地位，千古不易。

有清以來，古文字器物不斷出土，學者動輒據此譏彈《說文解字》，固爲過非淺；然如清儒王鳴盛將《說文解字》尊爲天下第一書，亦爲識者所不取。胡樸安著《中國文字學史》，認爲《說文解字》的價值有八：「一、分部之創舉也；二、明字例之條也；三、字形之畫一也；四、古音之參考也；五、古義之總滙也；六、能溯文字之原也；七、能爲語言學之輔助也；八、能爲古社會之探討也。」此說較平實。個人以爲《說文解字》最大的貢獻，在於彙集了古代的原始文字和完成了六書的理論。原始文字賴《說文解字》整理保存，使後人得窺中國文字的源流；六書理論賴《說文解字》建立敷演，使後人得知中國文字的奧秘，並能直探其來龍去脈。讀書既以識字爲手段，識字又須詳考《說文解字》，基於此有必要一談本書，望初學者能不棄。

《說文解字》一書，東漢許愼所作。《後漢書·儒林傳》說：「許愼，字叔重，汝南召陵人。性淳篤，少博學經籍，馬融常推敬之，時人爲之語曰：五經無雙許叔重。爲郡功曹，舉孝廉，再遷除洨長，卒於家。初愼以五經傳說臧否不同，於是譔爲《五經異義》，又作《說文解字》十四篇，皆傳於世。」許愼子沖上獻表說：「臣父故大尉南閤祭酒愼，本從逵受古學，蓋聖人不妄作，皆有依據。今五經之道，昭炳光明，而文字者，其本所由生，自周禮漢律，皆當學六書貫通其意。恐巧說衺辭，使學者疑，愼博問通人，考之於逵，作《說文解字》。」從以上兩段記載，可知許愼深明經學以及許愼作《說文解字》的旨趣。然此書並非向壁虛造，乃前承倉頡以下十四篇（見《說文解字·自敘》），兼采六藝中之文字、鐘鼎彝器中之文字，及博采通人之說法。可見許愼的了不起處，在於能集古書所載和漢代通人說解的大成，以成一家之言。

《說文解字》凡十四篇，後有敘文。段玉裁注說：「《後漢書·儒林傳》作《說文解字》十四篇，捨敘而言也。許沖及隋志、唐志皆云十五卷，合敘而言也。」共分五百四十部首，爲文九千三百五十三，重文一千一百六十三，解說十三萬三千四百四十一字。其分部的條例，見於許書自敘：「其建首也，立一爲耑，方以類聚，物以群分，同條牽屬，共理相貫，襍而不越，據形系聯，引而申之，以究萬原。畢終於亥，知化窮冥。」方以類聚，是說每部中文字排列的先後，或以類相次第，或以義相次第。物以群分，是說各部的順序，乃以形相次。同條牽屬，共理相貫二句，承方以類聚而言；既然各部中的字以義相近的爲次，則各部各自的條理就相連貫了。襍而不越，據形系聯二句，承物以群分而言；各部既以形相近的爲次，就不考慮各部文字是否有義相近的情形（如人、儿古爲一字，而人在二百八十七部，儿在三百十一部）。引而申之，以究萬物二句，是說引申各部中的字形，可以窮究天地間的萬事萬物。畢終於亥，知化窮冥二句，是說從一到亥，天地間的事物都賅盡了。其釋字的條例，敍篆文，合以古文和籀文。自敍說：「今敍篆，合以古籀。」然也有例外，即敍古文，合以篆文。段玉裁說：「許書以先小篆後古文爲正例，以先古文後小篆爲變例。」（卜部𠧪字下注）如首篇釋上字，就是變例。其說解的條例，先釋義，次釋形，後釋音；此外尚有引經及重文。此特就許書的說解方式，略作說明於後。

字書的可貴處，在於保存了文字的本義。許慎作《說文解字》，除部分文字不合初義，後人頗有爭議，要皆能注出其原義來。如：气，雲气也；力，筋也；八，別也；公，平分也；誓，約束也等皆是。另外倘義在形中，則不多加解釋。如玨，二玉相合爲一玨；沝，二水也；𩺰，二魚也等皆是於形得義。但釋義也有不當者，如聲訓（以音相同或相近的字解釋本字）：水，準也；山，宣也；馬，怒也、武也等。山，水，馬各如其形；準，宣，怒、武皆爲引申義。又如誤以引申義爲本義：冊，符命也；釆，辨別也等。冊，即像簡冊之形；釆，即像獸指爪分別之形。符命，辨別皆是引申義，已非本義。又如誤以假借義爲本義：漢時盛行陰陽五行說，故許慎也不免以其說來附會字義，像天干地支之名，據今人考釋，皆有其本義（見李孝定《甲骨文集釋》），許慎卻以陰陽五行說釋之，殊不知其爲假借義。《說文解字》既爲字書，當釋本義即可，否則自亂其體例，使人疑惑。

許愼解釋字形，根據篆文而來。篆文除有些訛變不辨，大都同於初文，許愼說解甚其得旨。如：八，象分別相背之形；自，象鼻形；幺，象子初生之形等皆無誤。此外若字形簡單，則不加解釋。如：爪，象形；目，象形；皿，象形等皆是。若於義得形，也不加解釋。如：丩，相糾繚也；ム，姦衺也；廿，二十并也等皆形在義中，不需詞費。然許愼所見，不盡是初文，所據以釋形的篆文有訛變，遂生誤解。如：止，象艸木出有阯；行，从彳亍；我，从戈手等皆是。止，乃象腳形，足即從此構字；行在甲骨文都畫成十字路口形，且從行構字的字，多跟道路有關，當爲道路，不作人之步趨（行部所屬的字有步行義的，乃取其引申義）；我，古文作𢦐（見《說文解字》），正是，故不从戈手，應从勿戈聲（我是訛變字，當作自稱解是引申義，本義應爲國族的自稱）。恐時代嬗遞，古文字淹沒不彰，許愼不得見而出臆說。

至於釋音，《說文解字》中有讀如某、讀與某同等術語（讀如某和讀與某同，名異實同）。段玉裁說：「凡言讀若者，皆擬其音也。」（示部⿱畾示字下注）今謂直音法。如：屮，讀若徹；趽，讀與彭同等皆是。許愼並不每字都擬其音，故難斷其是非。

許愼作《說文解字》，爲求其信而有證，便多引經，《易》、《書》、《詩》、《禮》、《春秋》、《論語》、《孝經》等經書，都有引例。考之《說文解字》，其引經的用意，不外乎證其字形的構造、證其本義、證其引申義、證其假借義，以及保存文獻資料等。如：乏，《春秋傳》曰：反正爲乏；即證其字形。又如：祏，宗廟主也，《周禮》有郊宗石室；即證其本義（从示石會意之旨）。又如：蹻，舉足小高也，《詩》曰：小子蹻蹻；即證其引申義（蹻蹻，段注：驕皃。爲舉足小高之引申義）。又如：迋，往也，《春秋傳》曰：子無我迋；即證其假借義（迋，爲誑的假借，《說文解字》引此以明本有其字而依聲託事的用字假借）。又如：鄏，郟鄏，河南縣直城門官陌地也，《春秋傳》曰：成王定鼎于郟鄏；即保存其文獻（郟鄏，在今河南洛陽市西）。許愼引經文，或有助於後人明字的來歷。然要在於證其形構本義，倘雜其引申義及假借義，難免增人疑端，而詆其不是。

《說文解字》雖以篆文爲主，但同一字有許多異體者，則列爲重文。重文中以古籀爲多，細分則有二十二類：古文、籀文、奇字（即古文奇字）、或體、俗字、篆文、今文（即漢隸）、夏書、虞書、禮經、魯郊禮、春秋傳、司馬法（即司馬穰苴兵法）、墨翟書、秦刻石、漢令、司馬相如說、揚雄說、杜林說、譚長說、樂浪挈令（樂浪是漢郡名，挈令指廷尉絜令，與行於漢廷的漢令有別）、秘書（指緯書，跟許愼師賈逵稱賈秘書相異）等。多數的重文，可據以改正篆文的錯誤，如：周，篆文从用口，古文从古文及，可知篆文有訛變；也可據以考證篆文的省改，如三，古文从弋，弋即古人用以刻數計事的小木樁，篆文省作三；也可據以考求古音，如：迹，从辵亦聲，籀文則从辵朿聲，故可依速來求迹的古音。然許愼所列重文也有不當者，如：犕，許愼以爲牭（四歲牛）的籀文，其實應爲篆文二歲牛。不知是許愼自誤，還是後人傳抄訛誤，莫辨其詳。

此外，凡言凡某之屬皆从某，此某就是部首。前五項，許愼多有引據經文，或採通人之說；而於常用字或字形簡單者，則付闕如。其自敍中所謂「博采通人，至於小大，信而有證」，只能當其作書的原則，不必全是如此。

許愼固然深明經學，但著《說文解字》時仍不免有文字難以窮究之感，其於自敍中所說「於所不知，蓋闕如也」，正隱約透露此中意思。段玉裁注說：「許書全書中，多箸闕字，有形音義全闕者；有三者中闕其二，闕其一者。」據今人研究，尚有闕其部與闕其字者。大概如許愼自己所言，確爲不知而著闕；或因遺漏而有闕字的現象（如《說文解字》中有稀、豨、絺、油、迪、胄等字，而不見其所从聲符希、由），或因誤解而致分部不當。再者輾轉傳抄，後人妄增誤漏，遂使全書難復原貌，倍添研究者的困惑。《說文解字》除有其闕外，尚有其誤，大抵前面提到的釋義、釋形之誤，較顯而易見，至於今人所拈出的分部、體例、妄羼之誤等，則是歷來爭論不休的焦點所在。然私忖以此求備之心責許愼，是否公允？文字學自許愼始，尙屬初創，能有此成就，已難能可貴，妄然輕詆，又豈能掩其光芒？倘以今人之力，欲著一部完備的字書，恐也難以爲功。許書之不易，正如顧炎武《日知錄》所說：「自隸書以來，其能發明六書之指，使三代之文尙存於今日，而得以識古人制作之本者，許叔重《說文》之功爲大。」因此，「今之學者能取其大而棄其小，擇其是而違其非，乃可謂善學《說文》者歟！」而對於初學者來說，能熟讀《說文解字》，兼采近人之說，文字之大體自可爛然於心；至於運用新材料，補苴罅漏，張皇幽眇，則屬日後之功，能積學益進，則不難有成。

（淡江週刊「淡江風」，一九八五年四月八日）

倉頡造字說蠡測

近代治文字學者，或於上庠教授文字學者，在談到中國文字的肇始時，都認爲文字不是造於一人一時一地，而對於歷來被傳爲造字初祖的倉頡，也都不予採信。然倉頡作書之說，古書上多有記載，諒不是憑空而起。個人常思此問題，又參研衆書，略有一得，獻曝於此，以就教於方家。

許愼《說文解字．自敍》說：「黃帝之史倉頡，見鳥獸蹏迒之迹，知分理之可相別異也，初造書契。」許愼爲東漢人，此說乃採擷前人之遺論。但考證古書，除「黃帝史官倉頡」一條，曾見於《世本》、《史記》等書外，「初造書契」一條，並無來歷。《荀子．解蔽》篇說：「好書者衆矣，而倉頡獨傳者，壹也。」《呂氏春秋．君守》篇說：「奚仲作車，倉頡作書。」《韓非子．五蠹》篇說：「古者倉頡之作書也，自環者謂之厶（私），背厶謂之公。」《世本．作篇》說：「沮誦，倉頡作書。」李斯《倉頡篇》說：「倉頡作書，以教後詣。」《淮南子．修務訓》說：「昔者倉頡作書，而天雨粟，鬼夜哭。」以上諸書爲戰國末及漢初人之著作，都在許愼前，俱不見「初造書契」之說，想必是許氏自家之言；而後人不察，亦附和其說（如衛恒《四體書勢》所說「昔在黃帝，有沮誦，倉頡者，始作書契」）。今人傳文字始造於倉頡，大致亦緣於此。

《說文解字．自敍》又說：「倉頡之初作書，蓋依類象形，故謂之文；其後形聲相益，即謂之字。」依此可知，許愼所謂書契，即指「文字」而言。姑不論此說有何根據，僅由「書契」二字的意義看來，並不只有文字本身一解。《說文解字》三下聿部說：「書，箸也。」自敍說：「箸於竹帛謂之書。書者，如也。」段玉裁注：「謂如其事物之狀也。聿部曰書者，箸也，謂昭明其事。此云如也，謂每一字皆如其物狀。」《說文解字》四下㓞部說：「契，刻也。」《釋名》說：「契，刻也。刻識其數也。」《墨子．公孟》篇說：「是數人之齒而以爲富。」俞樾《諸子平議》說：「齒者，契之齒也。古者刻竹木以記數，其刻處如齒，故謂之齒。《易林》所謂『符左契右，相與合齒』是也。《列子．說符》篇：『宋人有遊於道，得人遺契者，歸而藏之，密數其齒，曰：『吾富可待矣。』此正數人之齒以爲富者。」王肅〈釋書序之書契〉說：「書之於木，刻其側爲契，各持其一，後以相考合。」從以上所引資料，可見「書契」已具有官書或約狀之形式，不只聊備「文字」一格而已。倘「書契」果眞由倉頡所獨創，則其上記事的文字，應該已行於當世，不是等到倉頡始造。此爲許氏難以自圓其說之處。況其所謂「書契」，前人只言「書」，又恐有臆造之嫌。

既然如此，那麼倉頡作書當作何解釋？歷來學者都把「書」解爲「文字」，似乎過於狹隘。從廣義說，書爲文字之堆砌，作此解亦無不可。但從狹義看來，文字創於先，而後始有書；書有特定之內容，文字只是記其內容的媒介物，應屬於附庸的地位。因此，古人記倉頡作書，而不記倉頡造字，必有其緣由。很可能上古時代，倉頡曾作書傳世，亡佚後便口耳相傳其名，故有諸子累相載於篇次，藉以增色。

然何以諸子及許愼等人，皆主倉頡作書說（尚有主庖犧、朱襄、沮誦、梵、佉盧等作書說，但都無確證甚於倉頡，世人論之甚詳，此略）？朱自清《經典常談・說文解字第一》說：「『倉頡造字說』也不是憑空起來的。秦以前是文字發生與演化的時代，字體因世、因國而有不同，官書雖是系統相承，民間書卻極爲龐雜。到了戰國末期，政治方面，學術方面，都感到統一的需要了，鼓吹的也有人了；文字統一的需要，自然也在一般意識之中。這時候擡出一個造字的聖人，實在是統一文字的預備功夫，好教人知道『一個』聖人造的字當然是該一致的。」朱氏依常理來推論「倉頡造字」說之起源，參考則可，如作爲研究用，尙嫌證據不足。今考《史記・補三皇本紀》引《韓詩》說：「自古封泰山禪梁父者，萬有餘家，仲尼觀之，不能盡識。」又《說文解字・自敍》說：「倉頡之初作書……以迄五帝三王之世，改易殊體，封于泰山者七十有二代，靡有同焉。」段玉裁注：「傳於世者，概謂之倉頡古文，不皆倉頡所作也。」可證春秋時文字之龐雜紊亂，並非獨傳倉頡一支之古文（應說倉頡著書所用之文字），而時人卻推崇倉頡，欲盡廓清之功，原因何在？大概倉頡傳爲黃帝史官，正統所宗，因此世人倍尊其書。《荀子・解蔽》篇所說：「好書者衆矣，而倉頡獨傳者，壹也。」（楊倞注：「古亦有好書者，不如倉頡一於其道，異術不能亂之，故獨傳也。」）李斯所說「倉頡作書，以教後詣」等，皆深含頌揚讚佩之意，可見一斑。倘若倉頡不司記事之職，以教後詣，其人其書豈能相傳不衰？所以倉頡所作的書（內容可能類如記事），其中文字，爲中國文字的主要源流，此說應可成立。

另外說明兩點：一、倉頡的時代：孔穎達《尙書正義》說：「蒼頡，說者不同。《世本》云：『蒼頡作書』；司馬遷、班固、韋誕、宋衷、傅玄皆云：『蒼頡，黃帝之史官也』；崔瑗、蔡邕、曹植、索靖皆直云：『古文王也』；徐整云：『在神農、黃帝之間』；譙周云：『在炎帝之世』；衛氏云：『當在庖犧、蒼帝之世』；愼到云：『在庖犧之前』；張揖云：『蒼頡爲帝王，生於禪通之紀』，其年代莫能有定。」有關倉頡之時代，雖說法不一，但以史書所說「黃帝之史官」較爲可信，亦即倉頡大約爲黃帝時代人。二、倉頡其人：《淮南子・修務訓》說：「昔者蒼頡作書，而天雨粟，鬼夜哭。」高誘注：「蒼頡始視鳥迹之文，造書契，則詐僞萌生。詐僞萌生，則去本趨末，棄耕作之業，而務錐刀之利，天知其將餓，故爲雨粟。鬼恐爲書文所劾，故夜哭也。鬼或作兔。兔恐見取豪作筆，害及其軀，故夜哭。」王充《論衡・骨相》篇說：「蒼頡四目。」又〈譏日〉篇說：「蒼頡以丙日死。」又〈感類〉篇說：「蒼頡起鳥迹。」倉頡去古已遠，典籍沒有記其生平，今所能看見的，莫不是怪異的傳說，實在不能盡信。

（中華日報「文教與出版」，一九八三年五月三十日）

輯三

人生哲學的層遞藝術

修辭學上有一種依序層層遞進的修辭方法，稱爲「層遞」。面對使用這種方法寫成的作品，不僅有視覺上的美感，更有心靈上的快感。《詩・關雎》「窈窕淑女，君子好逑；窈窕淑女，寤寐求之；窈窕淑女，琴瑟友之；窈窕淑女，鍾鼓樂之」，是好層遞。宋玉〈登徒子好色賦〉「天下之佳人，莫若楚國；楚國之麗者，莫若臣里；臣里之美者，莫若臣東家之子」，也是好層遞。《莊子・知北遊》篇「道在螻蟻；在稊稗；在瓦甓；在屎弱」，也是好層遞。初視即爲其文詞的漸次呈現所吸引，再視更爲其句意的緊密結合所激動。是知詩詞文章所以感人，「層遞」實扮演了一個重要的角色。

古代的文人詩家，不只吟詠著文愛用層遞的技巧，還有探討人生哲學也愛用層遞來表示。《左傳》襄公二十四年載叔豹說：「豹聞之太上有立德，其次有立功，其次有立言，雖久不廢，此之謂不朽。」這以倒退的層遞來說明人生努力的三個方向；最上是立德，其次是立功，其次是立言。只是人生有限，三者多難兼顧，於是有人專攻立言，有人專攻立功，有人專攻立德。由於立德最能夠化民成俗，所以《禮記・大學》教人：「大學之道，在明明德，在親民，在止於至善。」又說：「古之欲明明德於天下者，先治其國；欲治其國者，先齊其家；欲齊其家者，先修其身；欲修其身者，先正其心；欲正其心者，先誠其意；欲誠其意者，先致其知；致知在格物。物格而後知至；知至而後意誠；意誠而後心正；心正而後身修；身修而後家齊；家齊而後國治；國治而後天下平。」這以反復的層遞來論述立德的歷程，極爲清楚明白。

人生有了目標，接著是去追求的問題。在追求時，尋覓門徑和投注精神，最爲切要。《禮記‧中庸》說：「博學之，審問之，愼思之，明辨之，篤行之。」（博學、審問、愼思、明辨、篤行，看似排比的語調，實則由博學而審問，由審問而愼思，由愼思而明辨，由明辨而篤行，爲漸次增進）這以前進的層遞來指示人求道的門徑，精當而無遺漏。以居諸方首要工夫的博學來說，論者不知凡幾，現以宋儒爲例，朱子《近思錄‧致知》節序說：「然致知莫大於讀書……始於〈大學〉，使知爲學之規模次序；而後繼之以《論》、《孟》、《詩》、《書》，義理充足於中，則可探大本一原之妙；故繼之以〈中庸〉，達乎本原，則可以窮神知化；故繼之以《易》，理之明，義之精，而達乎造化之蘊，則可以識聖人之大用；故繼之以《春秋》，明乎春秋之用，則可以推以觀史，而辨其是非得失之致矣。」縱然今人百般崇尚科技文明，仍不得不承認朱子所說這套讀書法，才是安身立命和兼化天下的正確途徑。朱子的表達方式，也有層遞的趣味。至於求道過程，當以一生精力投注其中，也不必繁說。等待眞積力久，自然有得。再以讀書爲例，張潮《幽夢影》說：「少年讀書，如隙中窺月；中年讀書，如庭中望月；老年讀書，如臺上玩月。皆以閱歷之淺深，爲所得之淺深耳。」張氏以窺月、望月、玩月比喻讀書三種境界，層遞展現，妙趣横生，其不盡明理而理自明，實足以印證前說。

然而，人生旅程，並非想像中一帆風順，有時必須忍受孤寂落寞，有時必須嘗遍挫折苦痛，似乎只能默默獨受，而難以向外人道。蔣捷〈虞美人〉詞說：「少年聽雨歌樓上，紅燭昏羅帳。壯年聽雨客舟中，江闊雲低，斷雁叫西風。而今聽雨僧廬下，鬢已星星也。悲歡離合總無情，一任階前點滴到天明。」這是一種感慨，其義多寄寓在層遞的語句中。王國維《人間詞話》說：「古今之成大事業大學問者，必經過三種之境界：『昨夜西風凋碧樹，獨上高樓，望盡天涯路。』此第一境也；『衣帶漸寬終不悔，爲伊消得人憔悴。』此第二境也；『衆裏尋他千百度，回頭驀見，那人正在燈火闌珊處。』此第三境也。」這也是一種感慨，其文句意義層層遞進，無不說到我們心坎中來。類似這種透過層遞法來表達人生哲學，比起平鋪直敘，或長篇說理，更耐人尋味，也更容易獲得共鳴。

（中央日報「中學國語文」，一九九二年八月十三日）

談終極關懷

什麼是終極關懷

終極關懷，是指一個歷史性的生活團體的成員，由於對人生和世界的究竟意義的關切，而將自己的生命所投向的最後根基。它可以構成一個立體的存在體系，也就是由終極關懷而引出構成此終極關懷的「眞實」和所要追求的「目標」，以及爲獲致「目標」而有的「承諾」（自我擔負）。如果把終極關懷當作一個「對象性的存在」，那從終極眞實到終極目標到終極承諾就是一個「實踐性的存在」。而個人所以統以「終極關懷」一詞指稱該對象性和實踐性的存在，是爲了終極關懷本身難可自存，而要有終極眞實「保證」它的成立，有終極目標「指引」它的出路，以及有終極承諾「推動」它的進程，彼此構成一個關係緊密的存在體。

這個存在體，會影響到該歷史性的生活團體的成員對自己和世界的認知及其行爲模式，甚至文學、藝術的表現系統，以及開發或管理自然和人群的全套辦法，可說至爲重要。除非我們已經遁入「虛無」，不再理會生命的歸趨，不然都得面對這個存在體而認眞的思索一番。雖然如此，這個存在體從被「發現」以來，卻還沒有形成一個固定（有普遍性）的形態，而仍然有相當的可以「模塑」的空間。因此，這裏個人準備透過對既有各生活團體的終極關懷的爬梳，看看人類是否需要「調配」一種新的（確實可行的）終極關懷，以爲未來自處和處世的依據。底下就從耶教、佛教、道家（附道教）、儒家等流行教派採樣，考察它們關懷的對象和實踐過程，並檢討其得失，然後推測人類該有的終極關懷。

終極關懷的對象

耶教所關懷的是人的「原罪」。這是承自古希伯萊的宗教思想：上帝以祂的形象造人，人的天性中都有基本的一點靈明；但這點靈明卻因人對上帝的叛離而隱沒，從此黑暗勢力在人間申展，造成人性和人世的墮落（這由亞當、夏娃偷食禁果首開其端）。

佛教所關懷的是人的「痛苦」。這是佛教開創者釋迦從人類實存日日體驗到的無窮盡的身心逼惱（不快不悅的感受），而誓化衆生令其永遠脫離生死苦海的悲願（基於宗教慈悲心的誓願承諾）所由起。這不論是小乘佛教所偏重的「個人苦」，還是大乘佛教所偏重的「社會苦」，都展現了一致的關懷旨趣。

道家所關懷的是人的「困窘」（不自在）。這是道家的先知老、莊等人透視人間世誘引個己的分別心和名利欲而遺留的夢魘後所考慮要除去的。這跟佛教的關懷對象類似，但著重點略有不同（詳後）。至於依附道家而別爲發展的道教，在道家關懷的基礎上又加了一項「命限」，也足以令人「側目」。

儒家所關懷的是倫常的「敗壞」（社會不安定）。這是儒家的先知孔、孟等人考察人間世私心和私利橫行所造成而需要舒緩的惡跡。這跟道家的關懷對象可以構成一種對比，而跟耶教的關懷對象也可以互照出本質的差異，成爲令人最該吸取的經驗。

雖然這裏無法（不便）舉證說明各教派所關懷的對象，也無法分辨各教派所關懷對象間的實際差距，但有了以上點目，就比較好進一步陳述和推論。

終極關懷的實踐過程

從耶教所拈出的「原罪」觀念來看，人都有與生俱來的一種墮落趨勢和罪惡潛能，構成它的終極眞實；但人都是上帝所造，都有靈魂，所以又都有其不可侵犯的尊嚴。憑著後面這一點，人經由懺悔、禱告就可以獲得救贖，死後進入天堂，永隨上帝左右（人可以得救，但有限度，永遠不能變得像上帝那樣完美無缺）。因此，進入天堂就是耶教徒的終極目標，而懺悔、禱告尋求救贖就成了耶教徒應有的終極承諾。

佛教所說的「痛苦」，具有相當的「實在性」（跟它相對的「快樂」，就不具有「實在性」。因爲快樂只是痛苦的暫時停止或遺忘而已），遍及人身心的所有經驗（佛教對於苦的分類甚繁，最常見的有生老病死苦、愛別離苦、怨憎會苦、求不得苦、五陰盛苦等）。而造成此一痛苦的終極眞實，主要是「二惑」（見惑和思惑，由無明業力引起）「十二因緣」（生死輪迴）。最後必然以滅一切痛苦、出離輪迴生死海、達到涅槃自在境界爲終極目標。而身爲佛教徒所要有的終極承諾，就是由「八正道」

（正見、正思惟、正語、正業、正命、正精進、正念、正定）進入涅槃而得解脫。

至於道家所認定的「困窘」，基本上跟佛教所認定的「痛苦」無異，只是構成此一「困窘」的終極眞實，多集中在較爲明顯可見的「分別心」（別彼此、別是非、別生死）和「名利欲」上，略有區別。而道家信徒所要追求的終極目標，就是沒了分別心和名利欲的逍遙境界（純任自然）。爲了達到逍遙境界，道家信徒必須以「心齋」（虛而待物）、「坐忘」（離形去知）等涵養爲他的終極承諾。這在道教，又加了「方術」（如服食、燒煉、導引、內丹、符籙、禁劾、祈禳等），以保全人的神氣，而到達神仙的境界（長生不老）。這比道家的作法，似乎又更「進」了一層。

以上各教派所關懷的都在一己的罪愆、苦痛的救贖和解脫上，只有儒家獨在倫常方面著力。它以人倫的不和諧而導至社會的不安定爲關懷對象，並且認定私心和私利是構成此一倫常敗壞的終極眞實。如何扭轉，就在確立仁行仁政這一終極目標，而以推己及人（己欲立而立人，己欲達而達人）爲終極承諾。這跟耶教顯然有絕大的差別：一個重視自覺自反，一個重視他力救贖。不僅如此，前者最終是要求得人倫的和諧（社會的安定），而後者最終卻是要求得人神的安寧。而這也跟道家（甚至佛教）構成一事的兩極：前者排除私心私利是爲了生出公心公利，後者排除分別心名利欲是爲了自我得以逍遙（即使是佛教去除所有執著，苦滅後不再有所作爲，也難以同儒家相比擬）。

話雖是這樣說，耶教、佛教、道家也不是不關心倫常的問題。它們以原罪意識來警告人不可判離上帝的旨意，以苦業意識來消滅人心的惡魔孽障，以委心任運來帶領衆人齊往逍遙境界，也都是爲了看到人間一片淨土，到處一片祥和。只是它們的考慮多了一個轉折，不像儒家那樣直就自己和他人的關係切入，一舉揪出倫常敗壞的原因及其對策。而這可能是最爲切合人類的經驗，值得世人大力來習取。

終極關懷與人類前途

個人所以認定儒家的關懷是一種比較有價值的經驗，這是在考察各教派思想已經產生或可能產生的影響後所作的推斷。現在就一一的加以說明：

依照耶教的說法，人具有雙面性，是一種可上可下的「居間性」動物。但所謂的「可上」，卻有其限度，永遠無法神化；而所謂的「可下」，卻是無限的，且是隨時可能的。由此觀念，必然重視法律制度，一以防範犯罪，二以規範人的權利義務。西方的民主政治，就是從這裏展開（至於西方的自由主義源自人性「可上」的一面，那又另當別論）。至於西方的科學，也跟對上帝的信仰有關。西方人談眞理，原有「本體眞理」和「論理眞理」（另有「倫理眞理」，可歸入「本體眞理」）。前者指「實」和「名」相符（眞理在事物本身），後者指「名」和「實」相符（眞理在觀念本身）。由於事物不會有謬誤，只有人的觀念有謬誤，因此本體眞理勢必過渡到論理眞理，而爲西方所存的唯一（強勢）眞理。西方人爲了讓名和實相符，以獲得論理眞理，必然極力去求得客觀的明顯性（直接的客觀明顯性或間接的客觀明顯性）。於是特重觀察（發明工具儀器以爲資助），以及理論推演（跟前者形成一辯證的關係）。而爲了取得客觀明顯性（最多是間接的客觀明顯性），多半要去追溯事物發生的原因；而事物發生的原因，最後又可推到上帝的「目的因」（兼及「動力因」），這才有事物的「質料因」和「形式因」的成立。這麼一來，就接上古希臘柏拉圖的「理型」（或亞里士多德的「概念」）哲學及中古多瑪斯的神學，而爲西方科學所從出。而西方人也以科學上的發現或科技上的發明，爲可榮耀上帝的體面事。然而，西方人所說的民主（等値的參與），卻很難實現（最多只能做到局部的民主），甚至弄巧成拙而出現「假民主」的現象（如當今的選舉制度就是）。而西方人極度發展科學的結果，造成核彈擴散、能源耗竭、空氣污染、水質污染、環境污染、生態失衡等後遺症，也已經預兆了人類將要萬刧不復。難道這還不夠令人警醒嗎？

同樣關心人性陰暗面而沒有向外推拓建立法制以防止人判離的佛教和道家，所著重人的自清自淨，雖然沒有給人間投下任何的災難變數，但也不免曲爲指引到令人「望而怯步」或「礙難踐行」的地步。原因就在拋開所有的執著和世俗的追逐，並不是常人所能輕易做到；而繁瑣的解脫法門和漫長的尋道過程，也會讓人喪失耐性和信心（雖然有所謂「頓悟」得道的，但一般人都會苦於無處可悟）。畢竟人間永遠是一個「可欲」的場域，不論是道家（老子）所說的「不見可欲，使民心不亂」，還是佛教（禪宗）所說的「見了可欲，而心不亂」，都難以遮盡人心的蠢動。最後大家可能會發現它們不但提不住人心，還揭發更多可以「供」人思欲的情境。因此，人間社會的擾攘和爭奪，已經不是佛道單獨或聯合「出擊」所能平息的了。

如果要平息社會的擾攘和爭奪，似乎只有靠儒家法寶的發用了。儒家提出仁行仁政來指引人向上一路，並不是要剝奪人的私心私利，而是要喚醒人能推己及人（己所欲而施於人；己所不欲而不施於人），轉而出現公心公利。這樣要求人（即使好樂、好貨、好色，也無礙於仁行仁政的施行），總比佛道要求人去除欲望，來得容易（要人不好樂、不好貨、不好色，簡直難如上青天）。再說儒家沒有講究民主，不及耶教吸引人，這也不構成儒家的弊病。因爲儒家原有一套理想社會的設計：「大道之行也，天下爲公。選賢與能，講信修睦。故人不獨親其親，不獨子其子，使老有所終，壯有所用，幼有所長，矜寡孤獨廢疾者皆有所養。男有分，女有歸。貨惡其棄於地也，不必藏於己；力惡其不出於身也，不爲必己。是故謀閉而不興，盜竊亂賊而不作，故外戶而不閉，是謂大同。」（《禮記・禮運》）不論採用那一種制度，只要做到以上所說各項利己利人的措施，都是儒家所贊許的。只是歷來還沒有一個時期實現過這個理想，以至讓某些不明究裏的人，誤以爲儒家已經過時了。其實，儒家正有待開展，它將會是人類免於沈淪的最佳保證。至於儒家沒有提倡科學，不像耶教有可以榮耀上帝的憑藉，但這也不是什麼值得遺憾的事；倒是不提倡科學（指西方式的科學），使人類得以長久的緜延下去。

如果說追求民主和科學，已經是時勢所趨，難可緩步或停止，那更需要強化儒家的思想，使民主不致陷溺於另一種「霸道」的裝飾，使科學不致淪落爲野心家駕馭他人的工具，一切都在仁行仁政大目標的招喚下，正常的運作，有效的發展。還有如果說仁行仁政不是人人所能負荷，必要一條退路安頓偶爾「受挫」的心靈，那佛道所提供的方案，也不失爲可以借鏡的對象。但這都要「服務」於儒家關懷的事項上，才有意義。似乎也只有這麼考慮，我們才能安心的規畫自己的生涯，而人類的未來也才有光明可言。

（新紀元第十四期，一九九三年七月）

放眼人間談鬼神

今日科學昌明，古人常搞錯或想不到的事情，現在大都已有圓滿的解答。但仍有不少問題，還在摸索求證的階段，如最惱人的「鬼神之有無」一事，似乎邈如河漢，毫無頭緒可尋。對於這一不見實體的鬼神，古人竟甘願受其支配達無數年代，誠不可思議。究竟鬼神的眞相如何，我們對待鬼神應有怎樣的態度，確有必要加以探討。

《禮記‧祭法》說：「山林川谷丘陵能出雲爲風雨見怪物，皆曰神。」《說文解字》說：「神，天神引出萬物者也。」以上二書所說的神，爲一天地萬物的主宰，今人所稱「天神」，即沿用此義。然考之上古，周代以前，並無神名，卜辭中只見「帝」、「上」，或「上帝」連稱，而此上帝能降災祥禍福，實與「神」無異（至於商人有以先祖爲帝，則是人神混淆以後的事，不關本題）。逮至西周，始有「天」、「神」諸名。〈大豐段〉說：「天亡尤王（武王）。」《詩‧楚茨》說：「神保是格。」《書‧多方》說：「惟典神天。」意此「天」、「神」大概從「上帝」衍出（金文、《詩》、《書》中尙有「上」、「帝」諸稱），後來又取代「上帝」，而變成主宰之名。秦始皇以後，人君稱帝，天神稱神，雖與古義不合，卻畫清了神、帝的界線。自古以來，人間即以此天神爲祭祀的對象。商代以後，人事日繁，又擴及地祇與人鬼（《周禮・大宗伯》中的大宗伯一職即掌祭祀天神、地祇、人鬼等事）。其品目寖多，以至今人無所不祭。如此盛況，恐怕連上古之人都難以想像。然則神究竟是何物，古人也說不出所以然來。

《大戴記・曾子天圓》說：「陽之精氣曰神。」《易繫辭傳》說：「陰陽不測之謂神。」《老子》王弼注說：「神，無形無方也。」全是一片猜測含糊之詞，毫無實證可援。今人生在離神發生後數千年，更無從描繪其具體的形象（今人有以為某些古書中記載古人所鑄造的神像，與西方人所傳「外星人」的相貌酷似，而猜想「外星人」在數千年前也到過中國，幫助許多人建設家園，然後飄然離去。當時所有受惠者，感其神通廣大，來去無影無蹤，即雕其形象，以為存拜，遂為天神的起源。此說無異「天方夜譚」，只可聊供談助，不能信以為眞）。既然神的形象不可得見，則其存在與否，不免令人懷疑。憑今人已盡「上窮碧落下黃泉」的能事，依然「兩處茫茫皆不見」，將來可能也不會有什麼結果。

神是如此，鬼又如何？《禮記・祭法》說：「人死曰鬼。」《爾雅・釋訓》說：「鬼之言歸也。」所謂鬼，指人死精氣消散骨肉歸於土。今所見卜辭中已有鬼字，與《說文解字》所載鬼字的古文相近。《詩》、《書》、《論語》、《左傳》、《國語》諸書中，更見繁引，且多與神字並稱。古人祭鬼，大多緣於愛親念親，特誌其德業，以示不忘。至於後人以為鬼也會降災祥禍福，轉而「淫祀」、「濫祀」、「妄祀」，則與本意相違背，不足為道。然鬼既是人死精氣消散骨肉歸土之名，則不當有形狀可見。世人凡是聲言見鬼的，多荒誕不實。王充《論衡・論死》篇說：「天地開闢，人皇以來，隨壽而死。若中年夭亡，以億萬數計。今人之數，不若死者多；如人死輒爲鬼，則道路之上，一步一鬼也。人且死見鬼，宜見數百千萬，滿堂盈庭，塡塞巷路，不宜徒見一兩人也。」又說：「夫爲鬼者，人謂死人之精神如審鬼者，死人之精神，則人見之，宜徒見裸袒之形，無爲見衣帶被服也。何則？衣服無精神，人死與形體俱朽，何以得貫穿之乎？」（《世說新語．方正》篇說：「阮宣子論鬼神有無者，或以人死有鬼，宣子獨以爲無。曰：『今見鬼者，云箸生時衣服，若人死有鬼，衣服復有鬼耶！』」可與此段相參）。王充的這一番辯說，頗能袪除世俗的虛妄。鬼本但有名而無形，然世人多信其有形，依王充的看法，那是人思念存想的緣故。《論衡．訂鬼》篇說：「凡天地之間有鬼，非人死精神爲之也，皆人思念存想之所致也。致之何由？由於疾病。人病則憂懼，憂懼見鬼出。凡人不病則不畏懼。故得病寢衽，畏懼鬼至。畏懼則存想，存想則目虛見。」除王充所說外，人的心理狀態異常，文化教養的偏差，也容易相信鬼的存在。其實，鬼與神一樣，都無從驗證，世人寧願信其有，而不願信其無，只有自尋煩惱了。

古今中外，所有的宗教，都不免要牽合鬼神，以廣招徠信徒。於是有宗教的地方，就有許多鬼神的傳說。這些傳說一旦深入人心，即不易拭去。但其結果也正如前面所說的，只有加深人的煩惱，並不能帶給人什麼好處。因爲鬼神傳說，本屬妄誕不經，愈行鑽研，愈感迷惑。凡是有識見的人，絕不會輕易的受其愚弄。黃宗羲《明儒學案．諸儒學案》載曹端的事蹟說：「先生有喪，則命知禮者相之。有欲用浮屠者，先生曰：『浮屠之教，拯其父母出於地獄；是不以親爲君子，而爲積惡有罪之小人也。

其待親不亦刻薄乎！』其人曰：『舉世皆然；否則訕笑隨之。』先生曰：『一鄉溺於流俗，是不讀書的人。子讀儒書，明儒禮，不以違禮為非，而以違俗為非，仍然是不讀書人也。』每有修造，不擇時日。或以太歲土旺為言，先生明其謬妄，時人從而化之。」曹氏諸舉，極有醒世正俗的作用。曩昔子路欲事鬼神，問於孔子，孔子說：「未能事人，焉能事鬼！」又問死事，孔子說：「未知生，焉知死！」（見《論語・先進》篇）孔子所言，當可解除一般人的疑惑：強事鬼神，實無益人生；窮究死事，也不是高明。《論語・雍也》篇又載：「樊遲問知，子曰：『務民之義，敬鬼神而遠之，可謂知矣。』」這實是最通達的說法。「敬鬼神」，是不違俗（承認有鬼神的存在）；「遠鬼神」，是不隨俗（不沈溺於鬼神之中）。而「務民之義」，才是人生正事。我們對待鬼神，不妨持此態度，方不致惑亂終身而不自知。

（中央日報「長河」，一九八八年四月十九日）

神鬼故事中的禁忌意義

儘管早就有人從理論上或實際上否定神鬼的存在（像范縝〈神滅論〉、王充《論衡・論死》篇所宣判的，至今還沒有人能舉出反證），但是神鬼傳說依然層出不窮，絲毫不受前行言論的影響。這些神鬼不但能福善禍淫，還能活人死命，給人間帶來不小的風波。而在神鬼無遠弗屆的「監臨」下，人稍有不慎，就會得咎，似乎是大家最感不安的一件事。現在就透過《太平廣記》一書所收神鬼故事，看看神鬼令人不安到什麼程度。

在這些神鬼故事中，最常見的現象是：人因不信神鬼或進而搗毀神鬼「棲居」的廟宇而遭到報應。如：

△宗岱爲青州刺史，禁淫祀，著〈無鬼論〉甚精，無能屈者，鄰州咸化之……後有一書生，葛巾，修刺詣岱，與之談甚久……書生乃振衣而起曰：「君絕我輩血食，二十餘年。君有青年髯奴，未得相困耳。今奴已叛，牛已死，今日得相制矣。」言絕，遂失書生。明日而岱亡（卷三百十七，〈宗岱〉條）。

△襄陽漢水西村，有廟名土地主，府君極有靈驗。齊永元末，龔雙任馮翊郡守，不信鬼神，遇見此廟，因領人燒之。忽旋風絞火，有二物挺出，變成雙青鳥，入龔雙兩目。兩目應時疼痛，舉

體壯熱，至明便卒（卷二百九十六，〈龔雙〉條）。

以上二人不信神鬼、毀壞廟宇，而遭受神鬼「淩遲」至死，這種「懲罰」不可謂不重。此外，凡是涉及「褻瀆」、「嗤視」、「欺負」神鬼的人，下場也很悽慘。如：

△世有紫姑神，古來相傳是人妾，爲大婦所嫉，每以穢事相次役……平昌孟氏恒不信，躬試往捉，便自躍穿屋，永失所在（卷二百九十二，〈阿紫〉條）。

△漢靈帝光和元年，遼西太守黃翻上書：「海邊有流屍，露冠絳衣，體貌完全。翻感夢云：『我伯夷之弟，孤竹君子也。海水壞吾棺槨，求見掩藏。』民嗤視之，皆無病而死。」（卷二百九十二，〈黃翻〉條）。

△晉孝武帝，殿北窗下見一人，著白帢黃疎單衣，自稱華林園池中神，名曰淋涔君。帝取所佩刀擲之，空過無礙。神忿曰：「當令君知之！」少時而暴崩（卷二百九十四，〈晉孝武帝〉條）。

所謂「永失所在」、「無病而死」、「暴崩」，顯然比前面那些情況還要難堪。而更離奇的是，人說看到神鬼或照見神鬼或竊佔神居或殺神所飼物或……也會受到嚴厲的報復。如：

△王莽時，漢中太守，五更往祭神廟，遺其書刀，遣小吏李高還取之。見刀在廟床上，有一人著大冠絳袍，謂高曰：「勿道我，吾當祐汝。」後仕至郡守，年六十餘，忽道見廟神。言畢，而此刀刺高心下，須臾而死（卷二百九十二，〈李高〉條）。

△古今相傳，夜以火照水底，悉見鬼神。溫嶠平蘇峻之難，及於湓口，乃試照焉。果見官寺赫奕，人

徒甚盛。又見群小兒兩兩爲偶，乘軺車，駕以黃羊，睢盱可惡。溫即夢見神怒曰：「當令君知之！」乃得病也（卷二百九十四，〈溫嶠〉條）。

△宋・蕭惠明爲吳興太守，郡界有卞山，山下有項羽廟，祝承云「羽多居郡廳事」，前後太守不敢上廳。惠明謂綱紀曰：「孔季恭曾爲此郡，未聞有災。」遂命盛受筵榻。未幾，惠明忽見一人長丈餘，張弓挾矢向之，既而不見。因發背旬日殞（卷二百九十五，〈蕭惠明〉條）。

△青溪小姑廟，云是蔣侯第三妹，廟中有大穀扶疏，鳥常產於其上。太元中，謝慶彈殺數頭，即覺體中慄然。至夜，夢一女子，衣裳楚楚，怒云：「此鳥是我養，何故見侵？」經捐謝卒。慶，名奐，靈運父也（卷二百九十五，〈謝奐〉條）。

這些人冒犯神鬼，或出於有意，或出於無意（如謝慶彈殺鳥而不知其爲神所飼物，也可以算在內），一律都逃不過神鬼的「磨難」。由此可見人動輒開罪之一斑；而不安就在這種不知何時會侵瀆神鬼而遭受災禍中產生。

如果我們換個角度來看，上面這些使人致禍的事端，都可以畫歸在禁忌的範圍內。而這種禁忌跟一般祭祀時所要遵守的儀式不同（祭祀多少具有推廣社會道德和馴服民衆等宗教成分，而它藉以達到目的的就是一套繁瑣的儀式），它僅僅是由「個案」發生，「促使」大家引以爲戒而已（不像祭祀儀式自行構成一種普遍性的禁忌）。而從整體上說，人只要不犯這些禁忌，就可以長保平安（無事），甚至（禮敬神鬼）還會獲得意想不到的好處（這在《太平廣記》中所載例甚多，不待條舉）。

然而，爲什麼會有這些禁忌的出現？而人是不是非要遵守這些禁忌不可？對於後者，個人不敢專斷，因爲這也是「見仁見智」的問題。對於前者，個人覺得必要深入去探討，或許能得到一些「理知」的說明（不再讓它蒙著神秘的色彩），而可以袪除大家的「疑惑」。

大致上，我們可以從兩方面來思考：第一，人的壽命固然都有極限，但活長活短卻不一致，而且也難免疾病的困擾。就當人無緣無故染病或猝死而沒有更好的解說時，說他犯了神鬼的禁忌，一切不就渙然冰釋了？因此，神鬼故事中的禁忌，就不只是用來「嚇唬」人，它實在還關聯到人的生死禍福。第二，神鬼之爲物，到目前雖然還是衆說紛紜（其中有一說是人死變成鬼，有道德的才能升躋神明），但就它被傳爲人的神靈（精氣魂魄）所變來說，也是可敬的對象。現在連這可敬的對象都要狎褻侵犯，那還有什麼不可狎褻侵犯的？因此，神鬼故事中這些禁忌，自不無寓著對輕薄兒的懲戒之意。

以上的推測如果可信，那神鬼故事中的禁忌，就具有解釋效果和倫理教化等兩重意義了。而我們這樣看待那些禁忌，自然比某些只斥之爲「迷信」的無神（鬼）論者的論調要深入多了。

（中央日報「長河」，一九九三年九月一日）

《周易》一些外圍問題的省察

引言

《周易》（簡稱《易》）本西周卜筮的遺書，其形式特殊，文辭古奧，命義曲折。後人以爲易道廣大，無所不包。所以有經生推其爲六藝的源頭，有陰陽家託其爲災祥的占驗，有道家末流據其爲賣弄玄虛；此外，凡相術、堪輿、律曆、醫術、奇門遁甲、方外煉火等，都可援易以爲說，而好異者又援以入易。群言如此淆亂，更使易書沈闇不彰。又歷來說易的著作，不下千種，可謂冠絕群經，但前人說易或崇象數、或務義理，門戶之爭已不勝於糾謬，遑論都蔽於易道廣大悉備之說？因此，個人以爲只襲舊說，絕難恢復《周易》的原貌，唯有參研經籍，尋求占筮的法則，然後分析易書的體例，詳究易書的文字，逐次理出頭緒，或可望不失卜筮的原意，而古今所有對易書的誤解，也得以澄清。本文願就《周易》本書的一些外圍問題，先進行省察，期能爲重建《周易》之學奠一根基。

《周易》的名稱

《周易》的名稱，古人多有爭議。鄭玄〈易贊〉說：「《周易》者，无所不備。」孔穎達《周易正義・序》說：「文王所演，故謂之《周易》。猶《周書》、《周禮》題周以別餘代。」（孔說本之《易緯》）鄭玄釋周爲周普，孔穎達釋周爲代名，二說迥異。今考先秦諸子引易都不冠周字，明周爲代稱，而不以義名（至今《左傳》、《國語》、《周禮》諸書多題《周易》），僅爲別餘代，並無他意）。所以孔說視鄭說爲諦審。又易字，鄭玄以爲有簡易、變易、不易三義（鄭說本之《易緯》），周簡子以爲是更代之名（見《周易正義・序》引），近人屈萬里以爲是官名（見屈氏遺著《讀易三種》），如究其原義，屈說近是。近人魯實先解易的本義爲漏刻（見《殷契新詮》），此或與古代掌卜筮者有關，然缺乏佐證，尚有待於來者。

《周易》的起源

殷人用卜而不用筮，今有甲骨卜辭可爲證，而筮法似是周人所專有。《禮記・曲禮》說：「龜爲卜，筴爲筮。卜筮者，先聖王之所以使民信時日、敬鬼神、畏法令也；所以使民決嫌疑、定猶豫也。」此言卜筮的緣由，或差近之。然卜筮究竟如何產生，後人不能無疑。劉向說：「蓍之言耆，龜之言久。龜千歲而靈，蓍百年而神。以其長久，故能辨吉凶也。」（《禮記・曲禮》孔疏引）以龜爲卜，取其靈驗，或有所本（《易・頤》初九：「舍爾靈龜。」《書・大誥》：「寧王遺我大寶龜。」所謂靈龜、寶龜，都指此事）。以蓍爲筮，也取其靈驗，則大有問題。劉向說蓍百年而一本生百莖（見《史記・龜策列傳》集解引），王充說七十歲生一莖（見《論衡・狀留》篇），許愼說生千歲三百莖（見《說文解字》），有關蓍的生期，衆說互乖如此，又安知其有神靈？至於王夫之《周易稗疏》以爲蓍莖陳年不凋，筮者即取其堅韌爲用，也不可信。凡易法古人多言筮言筴（《易》、《詩》、《書》、《周禮》、《儀禮》、《禮記》等書皆然），而不言蓍。所謂筮、筴都以竹爲之（今寺廟所用神籤與江湖術士所用卜籌，即其遺跡），並非草莖之比。今考《易繫辭傳》始言蓍，並詳道揲蓍之法。實筮法至簡，猶今廟會探籌之類（《周禮》言卜法甚詳，而未及筮法，大概因其法至簡，盡人皆曉，所以置而不論）。至於周人易法，究是因襲，或是自創，今已不可考。張心澂以爲蓍筮源於苗族（見《僞書通考》），屈萬里以爲易卦襲自龜卜（見〈易卦源於龜卜考〉），此都缺乏確證，還須異日再考。

《周易》的作者

《周易》的作者，自《繫辭傳》以下，衆說紛紜，莫衷一是。或謂別有畫卦、重卦、繫辭之人（見《周易正義·序》），或謂畫卦、重卦、繫辭同出一人（見皮錫瑞《經學通論》、郭沫若〈周易的構成年代〉等）。畫卦、重卦之說，本屬無稽，而繫辭出於聖王賢達之手，更是穿鑿附會。近代學者有主張《周易》爲卜筮之官所作（見顧頡剛〈周易卦爻辭中的故事〉、余永梁〈易卦爻辭的時代及其作者〉等），應較允當。至於卜筮之官，或稱易（《禮記·祭義》一見），或稱史（《左傳》、《儀禮》多稱史），疑不能明。〈巽〉九二「用史巫紛若」之史字，《周易正義》以爲祝史，如卜筮也稱史，二者當有所區別。

《周易》的年代

《周易》的年代，至今仍無定論。余永梁據易辭中所戴掠婚、畜臣妾、用具等習俗，及「帝乙歸妹」、「亨於岐山」、「康侯用錫馬蕃庶」等史事，而推《周易》作於成王時（見〈易卦爻辭的時代及其作者〉），屈萬里更以器用、習語及〈晉〉卦辭、〈隨〉上六爻辭、〈益〉六四爻辭等，而證《周易》作於武王時（見〈周易卦爻辭成於周武王時考〉）。然余、屈二人所舉例證，並不足以概括全書。考《周易》始見引於《左傳》，倘此書早已成於周初，何必春秋時人才徵引？前作《詩》、《書》者或當先徵引了（如後人所說易理深賾衍奥，宜有此事）。又觀《詩》、《書》多有卜筮之語（如《詩・杕杜》：「卜筮偕止。」《詩・氓》：「爾卜爾筮，體無咎言。」《書・君奭》：「若卜筮，罔不是孚。」），但未見其繇辭的全貌。大概繇辭有所專屬，別爲記載，如《周易》即是。所以卜筮之官爲人決疑，本不限於一時，終西周之世三百餘年，都可爲之。

《周易》的成書

《周易》的成書，也是一大問題。前人所謂「人更三聖，世歷三古」（見《漢書・藝文志》），既不可信；今人所謂成於卜筮之官，也多籠統含糊。李鏡池〈周易筮辭考〉以爲易辭的體制不同，而推《周易》乃編纂而成，可說獨具慧眼；惜其不能證《周易》成書的始末，仍無補於事。據《周禮》

所載，與《周易》並稱者，尚有《連山》、《歸藏》二易；又據《左傳》、《國語》所載筮事，有用《周易》爲占者，也有不用《周易》爲占者；諸書雖未盡可信，要非偶說。大概春秋之世，占易之書，非止《周易》一種，恐《連山》、《歸藏》也並爲時人所取。則《周易》的成書，更有待於明辨。今《周易》所載筮事六十四，其畫記都是六，且無重複。論者以爲《周易》原止此數，恐非是。竊意《周易》成書前，筮事不知凡幾，爾後編者汰其重複而錄之，終成六十四之數。其成書後，遂爲卜史採作範本（如《左傳》、《國語》中所引是）。明於此，則《左傳》僖公十五年卜徒父筮秦伐晉，及成公十六年晉侯筮擊楚軍等，不用《周易》，而別有引據之辭，都可得而說。即其與《周易》重複而被刪者，別入他書（疑即《連山》、《歸藏》之屬），遂爲後人所徵引。此猶《詩》三百篇，在孔子前已成書，而詩本非此數，所以《左傳》、《國語》多載其餘篇。又依《左傳》所載，知春秋之期已有《周易》，則《周易》的成書，大概在西周末世。至於編纂《周易》的人，可能也是卜筮之流。唯以《左傳》、《國語》及先秦諸子諸書所引易辭，都未及其數，疑《周易》原僅著畫記與繇辭；若九六之數，恐是秦漢之際好易者所附加。假使如此，則《周易》乃經數人之手，始成今之定本（近年出土的帛書《周易》，與今本《周易》卦序不同，則今本經過一番整理之說，應非妄發）。

《周易》的體例

向來易旨晦闇，說易者望文生義，鑿空立論，馴致易例叢生，不可究詰（先儒巧設易例，迄有清一代，幾達百條，誠駭人聽聞）。今考《儀禮》多載筮事，其義至明，或可作爲解易的根據。〈士冠禮〉說：「士冠禮，筮于廟門……筮人執筴，抽上韇，兼執之，進受命於主人。宰自右少退贊命。筮人許諾，右還即席坐西面，卦者在左。卒筮、書卦，執以示主人。主人受眂，反之。筮人還東西，旅占卒，進告吉。若不吉，則筮遠日，如初儀。」〈少牢饋食禮〉說：「少牢饋食之禮……筮於廟門之外。主人朝服，西面于門東。史朝服，左執筮，右抽上韇，兼與筮之東面，受命于主人。主人曰：『孝孫某，來日丁亥，用薦歲事于皇祖伯某，以某妃配某氏，尙饗。』史曰：『諾！』西面于門西，抽下韇，左執筮，右兼執韇，以擊筮。遂述命曰：『假爾大筮有常，孝孫某，來日丁亥，用薦歲事于皇祖伯某，以某妃配某氏，尙饗。』乃釋韇，立筮。卦者在左，坐，卦以木。卒筮，乃書卦于木，示主人，乃退占。吉，則史韇筮，史兼執筮與卦，以告于主人，占曰：『從。』……若不吉，則及遠日，又筮日，如初。」觀此可推知筮事之先，主人有命，主筮者抽韇筴（類今廟會之探籌），以書畫記（筴上有畫記，即「⚊」「⚋」二種），其名爲卦。進示主人，然後退與衆筮者共占吉凶。今《周易》都六畫成卦，雖不知所本，但與《儀禮》所載畫之說相合。又《周易》每卦下有卦辭，卦中各爻下有爻辭（卦爻辭，古或稱繇辭）；而其卦辭顯是主筮者就全卦爲占，爻辭則是衆筮者共就各爻爲占（主筮者以外筮者，不定多少，占筮過程也難考知），此與《儀禮》「旅占卒，進告吉」之說相契。是知《周易》爲卜筮（此卜筮爲複詞偏義，實宜稱占筮）之遺書，全然可信，無需假前人塗附枝蔓之言以爲說。

《周易》的文義

周代占筮，如何斷定吉凶，其法不傳。此猶龜卜視龜的兆坼，其判斷吉凶的準則，今已不可考。然龜的兆坼、筮的畫記有限，而卜筮者的占辭無窮，豈不顯出卜筮者有通神的本領？所以王充以爲蓍不神、龜不靈（見《論衡・卜筮》篇），是爲卓識。又後人驗之行事，卜筮者多有占誤（可見卜筮者之神靈也不可靠），於是毀卜訾筮（見《韓非子・飾邪》篇），並見於世了。今《周易》本文既是占筮之辭，其吉凶悔吝的判定，自無法則可尋，恐筮者自由心證的爲多。所以解釋文義，不可再拘牽於前人象數、義理之說，應就其本文予以疏釋。茲舉〈師〉卦爲說：「䷆：師，貞，丈人吉，无咎。初六：師出以律，否臧凶。九二：在師，中吉，无咎；王三錫命。六三：師或輿尸，凶。六四：師左次，无咎。六五：田有禽，利執言，无咎；長子帥師，弟子輿尸，貞凶。上六：大君有命，開國承家，小人勿用。」主筮者受命於主人（即文中所稱丈人），問行師之事。主筮者得此卦，就全卦爲占說：「丈人出師，守正，則吉而无咎。」其次衆筮者或就初六爻說：「出師必須嚴守法度，不嚴守法度，則有凶險。」或就九二爻說：「行師當中，吉而无咎；且王將再三賜命，以嘉其有功。」或就六三爻說：「行師當中，可能遭遇挫敗，載屍而歸，有凶險。」或就六四爻說：「行師時，左次水澤以避險，則无咎。」或就六五爻說：「有敵間來犯（田有禽以喻敵間），宜執而訊問，則无咎；且派長子帥師，可以獲勝，派庶子帥師，則恐撓敗載屍而歸，不明此利害關係，謹知守正，必有凶險。」或就上六爻說：「

大君（即王）有命令，開創國家事業（古代諸侯稱國，卿大夫稱家），不宜擾民（小人即指在野者，即今之百姓）」。其他各卦的繇辭，都可仿此解得其義。

結語

三代以下，尙鬼之風，靡有絕息。凡王公大人將有作爲舉事，必徵於鬼神，必驗於卜筮，此《周易》所以能與《詩》、《書》並行於世的緣故。觀《周易》所占，都在人事，不是後人所謂爲「窮理盡性以至於命」而作。因其幸存於秦火之後，經生獨攬爲瑰寶。然從秦漢以來，《周易》竄升爲經（孟子盛道《詩》、《書》而不舉《易》，荀子尊經而未及《易》，大概戰國之世，學者未以經視《易》），不無乖違聖人之義（孔子不語怪、力、亂、神，也未嘗贊《易》，今《論語．述而》篇所說「五十以學易」的易字，應從魯論讀爲亦，連下讀）。倘仍有蔽於十翼之說（十翼爲研易之始，若專就十翼以立說，另當別論），而爲之曲護者，恐將終身迷惑而不解。至於猶抱象數、義理等解方者，乃拾十翼的唾餘，則更不足論了。

（淡江週刊「淡江風」，一九八九年五月十五日）

孔子論學

《論語》一書，記孔子論學處甚多。古今學者，於此發微考原，爲數亦夥。只是少有統而條貫，詳明意旨，進而梳理綱要，以裨益後學之作。個人以爲孔子所以偉大，在能洞觀世事的衆理，人心的得失，而開啓一條光明的大道，引領衆人邁向前去。故宋人有「天不生仲尼，萬古如長夜」的感嘆！今觀《論語》全書，亦覺孔子的成聖，皆由學而來。依孔子的看法，一切與人有關的事，莫不是學的對象。因此，《論語》首標學而章，以概孔子思想的眞諦，並以啓發後人向學。今不揣譾陋，試爲勾勒孔子論學的全豹，以爲學者助。

為何而學

孔子說：「生而知之者，上也。學而知之者，次也。困而學之，又其次也。困而不學，民斯爲下矣！」（〈季氏〉篇）人生來資質不同，雖有此幾等，但生而知之的人概未見到。如孔子之至聖，猶不敢自居生知者，而謂「我非生而知之者，好古敏以求之者也」（〈述而〉篇），我輩多困蹇，不學，又何以知人生的道理？孔子的好古敏求，即在啓示後人須以「古之賢聖」爲師，勤勉學習，方能進入賢聖的領域。

學的目的

孔子論學的目的，可以「志於道，據於德，依於仁，游於藝」（〈述而〉篇）四句括之。依仁游藝，即下學的功夫；志道據德，即上達的功夫。而下學，可謂爲上達的礎石。考諸《論語》，「道」即學的終極目標；而「道」的最高境界則在「聖」：

子貢曰：「如有博施於民，而能濟衆，何如？可謂仁乎？」子曰：「何事於仁？必也聖乎！堯舜其猶病諸？夫仁者，己欲立而立人，己欲達而達人。能近取譬，可謂仁之方也已！」（〈雍也〉篇）

是知仁者之上，尚有聖者。聖者雖不易至，但須勉學以求。孔子說：「若聖與仁，則吾豈敢？抑爲之不厭，誨人不倦，則可謂云爾已矣！」（〈述而〉篇）子貢說：「學不厭，知也。教不倦，仁也。仁且智，夫子既聖矣！」（《孟子·公孫丑》篇引）倘能如孔子一般學之不厭，則爲聖人又有何難？

學的科目

孔子論學，不限於習典籍之文，凡切身之事，皆當學。故學的科目，可從兩方面來說：

㈠從書籍學：孔子說：「行有餘力，則以學文。」（〈學而〉篇）又說：「君子博學於文。」（〈雍也〉篇）朱熹集注，劉寶楠正義，皆謂文爲詩書六藝。索證《史記》與《論語》本書，二家注大略可信。《史記‧孔子世家》說：「孔子以詩書禮樂教，弟子蓋三千焉，身通六藝者七十有二人。」孔子說：「小子何莫學夫詩？詩可以興，可以觀，可以群，可以怨；邇之事父，遠之事君；多識於鳥獸草木之名。」（〈陽貨〉篇）又〈季氏〉篇：「不學禮，無以立。」亦有引《書》言的，如《為政》篇：「《書》云：『孝乎惟孝，友于兄弟』。」亦有言及樂的，如〈泰伯〉篇：「興於詩，立於禮，成於樂。」蓋孔子所謂學於文者，類如上所述。於今看來，六藝之文（樂已佚）已成經典，為人人必讀的書，且千百世之後，亦不會更易。

㈡從生活學：〈子罕〉篇載：「太宰問於子貢曰：『夫子聖者與？何其多能也！』子貢曰：『固天縱之將聖，又多能也。』子聞之曰：『太宰知我乎？吾少也賤，故多能鄙事。君子多乎哉？不多也』。」多能鄙事，故知孔子所學，巨細靡遺；巨如先聖的遺文，細如生活中的芝麻小事，無不全備於身。如此知識與經驗合而為一，不僅成博學之名，且能實踐力行。與自閉於象牙塔中的人，相去不可以道里計。

學的精神

孔子學習的精神，足以效法的有二：

㈠好學：孔子說：「吾，十有五而志於學。」（〈為政〉篇）知不足而學，乃學真正的開端。然為學的支柱，莫過於「好」字。孔子說：「十室之邑，必有忠信如丘者焉，不如丘之好學也。」（〈

公冶長〉篇）又說：「我非生而知之者，好古敏以求之者也。」（〈述而〉篇）可見孔子好學之一斑。

㈡樂學：好學，是爲求知。樂學，則爲學而有得，心中悅樂，而引發更高的求知慾望。孔子說：「知之者，不如好之者。好之者，不如樂之者。」（〈雍也〉篇）又說：「飯疏食飲水，曲肱而枕之，樂亦在其中矣！不義而富且貴，於我如浮雲。」（〈述而〉篇）亦讚美顏淵說：「賢哉回也！一簞食，一瓢飲，在陋巷，人不堪其憂，回也不改其樂。賢哉回也！」（〈雍也〉篇）人能達到這種境界，夫復何求？

學的態度

考求《論語》，孔子論學中所示學的態度約有三：

㈠勤快：學無止境，勤快的人能有收穫。孔子說：「譬如爲山，未成一簣，止，吾止也。譬如平地，雖覆一簣，進，吾往也。」（〈子罕〉篇）又說：「我非生而知之者，好古敏以求之者也。」（〈述而〉篇）敏捷以求，勇往直前，所學方能見效。不然，失去時機，或中途而廢，只能當下里巴人。

㈡謹愼：學能謹愼小心，則不易見失。孔子說：「學如不及，猶恐失之。」（〈泰伯〉篇）朱熹集注說：「言人之爲學，既如有所不及矣，而其心猶竦然，惟恐其或失之，警學者當如是也。」

㈢謙虛：達巷黨人感嘆孔子博學而無所成名（見〈子罕〉篇），孔子答以執御；太宰懷疑孔子聖而多能（同上），孔子答以少賤多能鄙事；而自己謙虛的說：「吾有知乎哉？無知也。有鄙夫問於我，空空如也，我叩其兩端而竭焉。」（同上）謙沖如此，誰能加議？

學的方法

《論語》中，孔子言及學的方法最多，歸納其說有四：

㈠博學：孔子說：「君子博學於文，約之以禮，亦可以弗畔矣夫！」（〈雍也〉篇）蓋孔子以博學爲尙，其自身即是例證：達巷黨人稱其博學；太宰稱其多能；孔子亦嘗言多學而識之語（見〈衛靈公〉篇）；足見孔子是博學的人。吾人該當如是。

㈡審問：孔子於其所不知，則問於他人。〈鄉黨〉篇所載：「子入太廟，每事問。」又書傳言其問禮於老聃，問官於郯子等是其證。而孔文子謚文，孔子謂其敏而好學，不恥下問，故謂之文（見〈公冶長〉篇），亦讚其不恥下問。因此，審愼向人求教，乃爲學的要術。

㈢愼思：孔子主學思並重，而思貴在一以貫之。孔子說：「吾嘗終日不食，終夜不寢，以思，無益，不如學也。」（〈衛靈公〉篇）又說：「學而不思則罔；思而不學則殆」（〈爲政〉篇）又說：「賜也，女以予爲多學而識之者與？」「非也！予一以貫之。」（〈衛靈公〉篇）一以貫之，即融會貫通。故孔子能知《詩》三百思無邪；能從殷夏之禮，以推於百世之禮；及覆門弟子相異之發問。愼思，實爲學有成的關鍵。不知融會貫通的人，學的再多又有何用？

㈣明辨：學亦當知所擇選，不可以邪亂正。孔子說：「攻乎異端，斯害也已！」（〈爲政〉篇）

不合善道，謂之異端。不能明辨，恐為異端所害，所學前功盡棄。

學的實踐

孔子論學的終極，要在實踐。亦可說實踐為孔子思想的中心；若無實踐，孔子的學問則如懸乎蒼冥之中，虛無縹緲；即因有實踐，其學問方能落實於人世，而為萬人所景仰。但觀孔子言學的實踐，亦有層次的差別：

㈠學於藝的實踐：若顏回然。孔子許顏回好學，乃因其不遷怒，不貳過（見〈雍也〉篇）。又觀伯魚學詩以言，學禮以立（見〈陽貨〉篇）。蓋學於藝當於待人接物處實踐，此為行道的基礎。

㈡學於仁的實踐：孔子不輕易以仁許人。於衆弟子中，獨稱顏回三月不違仁（見〈雍也〉篇）；於他人中，只稱管仲攘夷有功，人不能如其仁（見〈憲問〉篇）。似乎仁很難以為人所備。其實，能行孝弟，即仁的表現。有子說：「孝弟也者，其為仁之本與！」（〈學而〉篇）能以禮樂施於政治，亦即仁的發揚。子游說：「昔者，偃也聞諸夫子曰：『君之學道（指禮樂）則愛人，小人學道則易使也』。」（〈陽貨〉篇），故知學仁的實踐乃在於「親親而仁民，仁民而愛物」（孟子語），非遠而不可至。

㈢學於道的實踐：朱熹集注說：「德，則行道而有得於心者也。得之於心而守之不失，則終始惟一，而有日新之功矣。」蓋言道有淺深，要不離仁與聖，果能如朱子所說，行道有得而勿失，終始如一，且有日新之功，即是學於德的實踐。

㈣學於道的實踐：此道，即聖道。孔子謂能博施濟衆者，是爲聖人（見〈雍也〉篇）；子貢謂孔子知且仁，亦聖者矣（見前）；二者的境界皆不易至。如孔子的偉大，猶不敢以聖人自居，可見想實踐聖道，有難如登天。但孔子以聖道相期後人，即望其積日進之功，造福群倫，只計實踐的有無，而不較實踐的多寡。

結論

孔子論學給後人很多的啓示，影響讀書人更是深鉅。我們能守而弗失，便是善繼聖人之志；倘能行而有得，日漸增益，離聖人的境域，可謂不遠了。孔子勸人學，即以立志爲先，所謂「志於道」者是。《論語・公冶長》篇載：「顏淵、季路侍。子曰：『盍各言爾志？』子路曰：『願車馬衣裘，與朋友共，敝之而無憾。』顏淵曰：『願無伐善，無施勞。』子路曰：『願聞子之志。』子曰：『老者安之，朋友信之，少者懷之。』」程子說：「夫子安仁，顏淵不違仁，子路求仁。」（朱注引）孔子爲聖人所化，顏淵依仁而行，子路不失求仁之心，三者皆是後人模範。能少的人，取其次，學子路、顏淵；能多的人，學孔子。人人苟能己立立人，己達達人，則可至仁者之境；能親親而仁民，仁民而愛物，則可至聖人之境。學臻於此，可謂至極了。

（青年戰士報「中西文化」，一九八四年八月十六日）

《論語》仁字的意義及其相關問題

《論語》一書，提到「仁」字，不慮百餘處，爲該書所載各德目字彙之冠。這在今天所見該書前後的文獻中，都沒有這麼多的數量。於是約略可以斷定孔子是以「仁」立學的第一人。有人甚至逕稱孔子之學爲「仁學」。然而，從孔子以後，不論敍述或闡發這一「仁學」的，似乎都未能照顧到「全面」；而近人試圖就「仁」字這個概念，予以釐清，但或流於支離，或陷於碎亂，也不能饜足人心。這就激起個人想對它再作一番審視的念頭。

孔子提倡「仁學」，論者普遍認爲其淵源有自，不是憑空而起，這大致沒有疑問；而且在文化史上，孔子的「仁學」是開出「生命的學問」的關鍵，也不容否定。但就《論語》所著「仁」字來說，只有兩個問題需要解決：一是「仁」字取義的根據；一是人生命中何以有「仁」的理由。前者是爲探討孔子以「仁」立說的來源，以見其並非無中生有；後者是爲找出人所以有「仁」的形上依據，以見其特有的意義和價值。

在《論語》以前，已有「仁」字。如《詩・叔于田》：「洵美且仁。」又〈盧令〉：「其人美且仁。」《書・金縢》：「予仁若考。」這些「仁」字，似乎都作「愛」解。而就人所以爲人的特性來說，「仁愛」這一德行，算是最爲高貴。換句話說，「仁愛」就是人成其爲人的最後依據。孔子的「仁學」，應該就是在這一層意義的基礎上論說的（當然，這是前人在一番自覺自反後，所體會出來的，不一定到孔子時才有這樣的說法）。

孔子不只承繼「仁」爲人的特徵這種傳統思想，還把這種傳統思想強化，變成人完成自我人格、實踐人生理想的唯一根據。在這裏他爲使該思想被人信服，便提出「天命」的觀念。他自述「五十而知天命」（《論語·爲政》篇），又說「畏天命」（同上〈季氏〉篇）、「不知命，無以爲君子」（同上〈堯曰〉篇），都是在強調這種「天」命「仁」於人（不得不知、不畏）的觀念。雖然這種說法不無疑問，但在人的智慮有所不及的情況下，只能一切歸之於「天」（人格天）；而以「天」作爲形上依據後，人也無從加以反駁（提不出「天命」不存在的有力依據）。由於「天」命「仁」於人時，只隱藏在生命中，必須經由不斷地自覺、踐履，才能完成這一使命，所以孔子常在省思、力行方面，致其眷眷，希冀「下學而上達」（同上〈憲問〉篇），以成就一個道德的生命。孔子認爲這是人生大道所在，而極盡苦口婆心的教人如何走上這條大道。孔子的「仁學」，就是從這裏著眼，以顯示人生所以可貴、人間所以美滿的「因果關係」（「天」命「仁」於人，人行「仁」以上契於「天」，這就是最美好的事）。

有以上兩點認識，就比較方便說《論語》中「仁」字的涵義。《論語》中的「仁」字，總說其義爲「愛」，分說其義有三：一指「愛人之心」；一指「愛人之行爲」；一兼指「愛人之心」和「愛人之行爲」。現在分別討論：

一、就「愛人之心」說仁：首先就「愛」字稍作說明。「愛」在這裏是一個共名，凡對人坦誠、恭敬有禮、濟弱扶傾……都是「愛」。而「愛人」，就是對人坦誠、恭敬，能濟助人……所謂「巧言令色，鮮矣仁」（同上〈學而〉篇），在說「巧言令色」者對人不夠眞誠，不就是少有「愛人之心」？而顏回「其心三月不違仁」（同上〈雍也〉篇），正指他能長久不違棄「愛人之心」。然這一「愛人之心」雖是人天生已具，但不經由自覺自反，就不可能呈現。孔子說「唯上知與下愚，不移。」（同上〈陽貨〉篇）「上知（智）」必有「愛人之心」的自覺，不待曉喻而然；「下愚」自暴自棄，既無「愛人之心」的自覺，也無從教誨使他改變而有這一自覺。這種自覺自反，也是「智」的作用；沒有「智」的作用，就沒有「愛人之心」的呈現。因此，透過「智」的作用，而有「愛人之心」的自覺自反，可說是孔子「仁學」的第一要義。

二、就「愛人之行爲」說仁：「愛人之心」表現於外，就是「愛人之行爲」。由於「愛人」的範圍至廣（見前），所以凡在該一範圍內，都能引以爲說。如「孝弟也者，其爲仁之本與」（同上〈學而〉篇），是說「孝弟」爲「愛人（指父兄）之行爲」最基本的。而「仁者先難而後獲」（同上〈雍也〉篇）、「克己復禮爲仁」（同上〈顏淵〉篇）、「出門如見大賓，使民如承大祭；己所不欲，勿施於人；在邦無怨，在家無怨」（同上）、「仁者其言也訒」（同上），所謂「先難而後獲」、「克己復禮」等等，也都是「愛人之行爲」。由此可見，凡有「愛人」之實的行爲，都可入「仁」，而爲

「仁」所統攝。這一「愛人之行爲」，受「愛人之心」恒久的促使，而始終不間斷，便是一個全德的「仁者」。這就涉及「仁」字的第三義。

三、就「愛人之心」和「愛人之行爲」說仁：有「愛人之心」的自覺，或繼而有「愛人之行爲」的出現，都是「仁」。但要全其「仁」名，就必須恒常保有「愛人之心」和「愛人之行爲」，否則便有虧欠，而不得稱爲「仁者」。《論語》中「仁」字，除以上二義外，都是這個意思。因此，令尹子文之「忠」、陳文子之「清」（同上〈公冶長〉篇），雖有某些程度的「愛人」成分，但仍是偏義，不像「仁者」那樣明顯而不斷讓人感受其「愛人之行爲」；而冉雍、子路、冉求、公西華等人，才能雖各有專擅，但不知他們是否有「愛人之心」和「愛人之行爲」，且能維持不變，這些孔子都沒有許之以「仁」。「愛人之行爲」推到極至，就是「博施濟衆」，孔子特稱爲「聖」（同上〈雍也〉篇）。「仁」和「聖」，都是恒久的「愛人」，凡在世之人，誰也不敢保證能做到這個地步，所以孔子說「若聖與仁，則吾豈敢」（同上〈述而〉篇），這不只是謙稱而已。至於孔子讚許「殷有三仁（微子、箕子、比干）（同上〈微子〉篇），這當含有幾分敬重之意，不必視爲純「就事論事」。

透過以上的分析，不難看出孔子「仁學」的一套思路。即使有人說孔子言「仁」都是隨機指點，沒有明確的旨意，但無法否認有這一內在的理路。只是孔子不以「建構」這一套理論爲已足，還要將這一套理論付諸實踐，才算完滿。從全書中，我們隨處可以看到孔子爲這一點所作的指引：所謂「誰能出不由戶，何莫由斯道（仁道）也」（同上〈雍也〉篇）、「君子謀道不謀食」、「君子憂道不憂貧」（並同上〈衛靈公〉篇）、「朝聞道，夕死可矣」（同上〈里仁〉篇），無不是在宣告這一訊息，期望所有人都來「共襄盛舉」。而孔子指引人實踐「仁道」的助力，恰在一個「學」字。只有勤學，才會知道怎樣去「愛人」，所謂「博學而篤志，切問而近思，仁在其中矣」（同上〈子張〉篇），正是這個道理。而孔子本人也作了很好的示範：「我非生而知之者，好古敏以求之者也」（同上〈述而〉篇）、「十室之邑，必有忠信如丘者焉，不如丘之好學也」（同上〈公冶長〉篇）。因此，學者要有所回應，也必然要藉助書籍的啓迪和生活的歷鍊，時時能自覺自反其「愛人之心」，時時能發出其「愛人之行爲」，或「克己復禮」，或「孝弟忠信」，或「博施濟衆」；必懷抱一如孔子欲使「老吾安之，朋友信之，少者懷之」（同上）的願望，盡力去實踐而後可。

（中央日報「中學國語文」，一九九四年二月十七日）

談孟子的性善說

《孟子》書中所載孟子和告子的人性辯說，開啓了我國學術討論的先聲。從孟子以後，人性的問題，變成學者著書立說的一個重要課題。然其所論有醇有駁，觀點有確有誤，世人無不深感迷惑，此乃不得不辨；又人性問題沒有定論以前，世人行事多荒誕不經，以爲人性本來如此，其自我菲薄太甚，是又不得不辨。

考古代典籍，周人世碩是所見最早論及人性者，他認爲「人性有善有惡。舉人之善性，養而致之則善長；性惡，養而致之則惡長。」（見王充《論衡·本性》篇）孔子不論性的善惡，但說「性相近也，習相遠也。」（見《論語·陽貨》篇）告子說：「生之謂性。」又說：「食色，性也。」又說：「性無善無不善也。」（並見《孟子·告子》篇）《孟子·告子》篇又載公都子說：「或曰：『性可以爲善，可以爲不善。是故文武興則民好善，幽厲興則民好暴。』或曰：『有性善，有性不善。是故以堯爲君有而象；以瞽瞍爲父而有舜；以紂爲兄之子，且以爲君，而有微子啓、王子比干。』」（按：公都子所引後說與世碩說相同，疑是同一人）孟子則反對三者之說，而主張人人之性都有善，他說：「惻隱之心，人皆有之；羞惡之心，人皆有之；恭敬之心，人皆有之；是非之心，人皆有之。惻隱之心，仁也；羞惡之心，義也；恭敬之心，禮也；是非之心，智也。仁義禮智，非由外鑠我也，我固有之也。」（同上）荀子又反對孟子性善說，謂：「人之性惡，其善僞也。今人之性，生而有好利焉，順是故爭奪生而辭讓亡焉；生而有疾惡焉，順是故殘賊生而忠信亡焉；生而有耳目之欲、好聲色焉，順是故淫亂生而禮義文理亡焉。」（見《荀子．性惡》篇）孟荀以後，論人性者，多在調和二人之說。揚雄說：「人之性也善惡混。修其善則爲善人，修其惡則爲惡人。」（見《法言．修身》篇）王充說：「孟軻言人性善者，中人以上者也。孫卿言人性惡者，中人以下者也。揚雄言人性善惡混者，中人也。」（見《論衡．本性》篇）韓愈說：「性之品有上中下三：上焉者，善焉而已矣；中焉者，可導而上下也；下焉者，惡焉而已矣。」（見〈原性〉）宋儒程朱說人性有「理義之性」和「氣質之性」：「理義之性」無有不善，「氣質之性」有善有惡（詳見《二程遺書》、《朱子語類》）。歷來人性論說，大抵如此。

詳察諸儒所論，除孟子性善說爲醇正而有見識外，其餘都「支離破碎」，不足爲據。告子說「生之謂性」，語極含糊；說「食色，性也」，但見人和禽獸共有的通性；說「性無善無不善」，是又不知人性爲何物。孟子說人都有仁義禮智四種善端，乃見及人所具有的特性，此爲禽獸所無。人所以能接受教化，創造文明，都是根源於人有「人性」，而「人性」則無有不善。然而，人也有「食色」的欲望，跟禽獸沒有差別，但孟子僅視其爲「獸性」，而不關「人性」。是知荀子所說人生而有好利、疾惡、好聲色等惡性，都是指人和禽獸共有的通性，並非「人性」本然。如果論及「人性」，則見於惻隱之心、羞惡之心、恭敬之心、是非之心。所以荀子的性惡說，不能成立。而世碩的性有善有惡、揚雄的性善惡混、王充韓愈的性分上中下等說法，更見踳駁。至於宋儒肯定孟子所說的爲本然之性（即理義之性），而以揚雄韓愈等人所說的爲氣質之性（此爲人和禽獸所共有），只是巧立名目，並無甚新義。由此可見，荀子以下，都不如孟子識得人性的眞面目。諸儒雖都從世人的心理反應和行爲表現，而歸納出人性善惡的結論，但孟子特能撥雲霧以見天日，解決了哲學上「道德是否可能」的問題，其餘都糾纏在人和禽獸之間，而不能自拔。

然而，孟子並不以爲人性善，就不需要努力。他說：「惻隱之心，仁之端也。羞惡之心，義之端也。辭讓之心（即恭敬之心），禮之端也。是非之心，智之端也。人之有是四端也，猶其有四體也。有是四端而自謂不能者，自賊者也。謂其君不能者，賊其君者也。凡有四端於我者，知皆擴而充之矣，若火之始然，泉之始達。苟能充之，足以保四海；苟不充之，不足以事父母。」（見《孟子・公孫丑》篇）人人都要擴充仁義禮智四種善端，才足以事父母、保四海。至於如何擴充四種善端，孟子以爲教育是最有效的途徑。凡是受教育愈多者，愈能擴充四種善端；反之，受教育較少者，則較難擴充四種善端。因此，二者在社會上的表現，往往有天壤之別。此即孔子所說「性相近也，習相遠也」的道理。

其次，孟子也不以爲人性善，則無爲惡的可能，因人易受物欲蒙蔽的緣故。他以牛山之木爲喻：「牛山之木嘗美矣。以其郊於大國也，斧斤伐之，可以爲美乎？是其日月之所息，雨露之所潤，非無萌櫱之生焉；牛羊又從而牧之，是以若彼濯濯也。人見其濯濯也，以爲未嘗有材焉，此豈山之性也哉？」（見《孟子・告子》篇）世上所以有聖賢愚不肖的區別，其原因在此。大致上，不受物欲蒙蔽而能擴充四種善端者，即爲聖賢；受物欲蒙蔽而不能擴充四種善端者，即爲愚不肖。人能明此分際，則斷不致自暴自棄，也斷不致輕妄爲惡。又爲政施教者能明此分際，必棄禁錮摧抑而善獎掖扶持，以臻衆民於袵席之上，聽任其自造自得。我想人類未來的希望，應建立在此人性的共識上，求發展才可大可久。

（中央日報「中學國語文」，一九九二年九月二十四日）

釋「無恥之恥」

《孟子・盡心》篇說：「人不可以無恥；無恥之恥，無恥矣。」《說文解字》說：「恥，辱也。」今人恥辱連用，大概取自《說文解字》。孟子所說的恥，應指羞恥；他曾說「無羞惡之心，非人也」，羞惡和羞恥意義沒有差別。後人說羞恥而不說恥辱，是習慣使然，所以有「羞恥之心」，而沒有「恥辱之心」。「人不可以無恥」，說人不可以沒有羞恥之心，就是孔子所說的「行己有恥」（《論語・子路》篇），也就是孟子自己所說的「恥之於人大矣！為機變之巧者，無所用恥焉。不恥不若人，何若人有？」（《孟子・盡心》篇）這不必詳解。只是「無恥之恥」句，各家注疏似有未安，有必要再作詮釋。

「無恥之恥，無恥矣。」趙岐注：「人能恥己之無所恥，是為改行從善之人，終身無復有恥辱之累也。」孫奭疏：「人能無恥而尚有羞恥，是為遷善遠罪之人，終身無復有恥辱累之矣。」焦循正義：「無恥二字，承上無恥，則無恥即謂無所羞恥也，無所羞恥而之於恥，是改無恥為恥。」孫、焦二氏的說法源於趙氏，輾轉至今，似已成定論。然而，細味本文，總覺得三家還沒有說出孟子的精義。趙氏釋「之」猶「適」（變也），未解「無復有恥辱之累」，不免泛泛之論。孟子以「人不可以無恥」為前提，誡人不可以無羞恥之心，所以繼續有「恥之於人大矣」的說法。因為世上多有以機心詐變的巧術陷害人的，如不時時警惕在心，恥與同流，就容易淪入「非人」之域。而趙氏所釋，是先肯定人會做出無恥之事，然後能改過遷善，終身就不再有恥辱之累。這跟上句「人不可以無恥」，在語意上實難聯結無礙。

推測孟子這段話當有深意。「人不可以無恥」，是衆人盡知的，但有一種假有恥之名而做無恥之事的人，卻容易被人忽略。在孟子看來，這種表面像知恥的人，實際是無恥（根本沒有羞恥之心）。因此，解這段話時再添幾字，就更清楚可識：「人不可以無恥；無恥若有恥，亦無恥矣。」也許有人專注在「之」字，而拘泥於古來辭書的舊解。固然「之」字在辭書（如《經籍籑詁》、《經傳釋詞》）中有多義，而沒有「如」（好像）一義，但須知漢字只有詞位，沒有詞性，誰能說得通，就可以成理。何況古人用字，常不遵守法則，得勞人從句意去捉摸揣測，才知本旨。

把這段話解作「人不可以沒有羞恥之心；而行爲不善卻自以爲善，好像知恥的人，實際上也是無恥之徒。」對於「無恥之恥」一句，應該交代得過去。現在舉一例爲這句話作註腳：有位姓高的藝人，向以青年偶像自居，登台演唱時的裝扮舉動，無不驚風駭俗。幾年前，他南下作「秀」，雇保鑣懷槍自衛，爲警方查獲。他在供詞中一再托詞槍是朋友的抵押品，並爲自己跟對方的交往美言。誰知道他的朋友都不是正人君子，而他擁槍爲法所不容，想要替自己脫罪，卻更加彰顯他的罪行。這種行爲，豈不是孟子所說的「無恥之恥」？相信不會有人再認爲他有什麼羞恥之心了。

（中央日報「中學國語文」，一九九二年九月三日）

孔孟教學的異同與啓示

孔子是不世出的聖人，其思想爲儒家所宗，也是中國文化的源頭。孟子繼聖人之後，闡揚其思想有功，被稱爲亞聖，與孔子並爲異代的大儒。然二人所處環境不同，遭遇有別，以及個性的差異，致使其處世的態度與解決問題的方法，略有異趣。茲就教學而言，二人咸認爲教育是維繫國本的重要手段。而在化民成俗的過程中，特別講求教學的方法，以求實效。同時對於自己心血的投入，覺得無比的快樂。但由於時代的變遷，人事的更替，二人所懸的教育目的便有廣狹遠近之分；且其教學的態度也有因時制宜之別。我們固當知其所同，也要知其所異，並綜觀其於今世是否有特殊的啓示。

關於教育的重要性，孔孟兩位大儒都有相同的看法。依《論語》所載，可知孔子於此曾再三致意：

子適衛，冉有僕。子曰：「庶矣哉！」冉有曰：「既庶矣，又何加焉？」曰：「富之。」曰：「既富矣，又何加焉？」曰：「教之。」（〈子路〉篇）

富而無教，則民易近於禽獸，故必立學校，教之以禮義，以成其性。又：

子曰：「善人教民七年，亦可以即戎矣。」（同上）

能教民以孝悌忠信之行、務農講武之法，則民知親其上，死其長，故可以叫他們去打仗（見朱子

注）。又

子曰：「以不教民戰，是謂棄之。」（同上）

驅民以戰，而不教其武術，猶如陷其於溝壑之中。這說明爲政者當以立教爲首務，它是富民強國的根本。孟子也非常重視教育，故屢勸當時的國君要「謹庠序之教，申之以孝悌之義」（〈梁惠王〉篇），又說「人之有道也，飽食煖衣，逸居而無教，則近於禽獸」（〈滕文公〉篇），此乃千古不易的眞理。考諸有史以來，庠序之教未嘗中斷，且代有新設，足見孔孟的卓識。在教學的方法上，孟子提出五種教學法。他說：「君子之所以教者五：有如時雨化之者；有成德者；有達才者；有答問者；有私淑艾者。此五者，君子之所以教也。」（〈盡心〉篇）這與孔子的教學方法，正是不謀而合。

「如時雨化之者」，要在人格之交流感應，潛移默化於無形。《論語．子罕》篇載：「顏淵喟然歎曰：『仰之彌高，鑽之彌堅，瞻之在前，忽焉在後。夫子循循然善誘人，博我以文，約我以禮。欲罷不能，既竭吾才，如有所立，卓爾，雖欲從之，末由也已！』」孔子設教，正如時雨之潤萬物，不言而化，這源於其人格的感召與循循善誘的教學熱誠。有句話可爲證，孔子曾對弟子說：「二三子，以我爲隱乎？吾無隱乎爾！吾無行而不與二三子者，是丘也。」（〈述而〉篇）孔子無行而不與弟子，正如時雨無行而不與萬物，終見化育之功。

「成德達才」者，孔子弟子中有以德行著稱的，如顏淵、閔子騫、冉伯牛、仲弓；有以言語見長的，如宰我、子貢；有以政事爲能的，如冉我、季路；有以文學聞名的，如子游、子夏（見〈先進〉

篇），莫不是孔子因其所長教之使其成德達才。今人所強調的「因材施教」，實肇端於孔子。「答問者」，乃憤悱啓發之類，孔子說：「不憤不啓，不悱不發。舉一隅，不以三隅反，則不復也。」（〈述而〉篇）大概如顏淵、子貢、子夏之徒，都嘗深受其益，故能聞一以知十，讀詩能曉其言外之旨。

至於「私淑艾者」，乃不直接教之，而間接激其向學。孔子說：「予欲無言。」子貢說：「子如不言，則小子何述焉？」孔子答道：「天何言哉？四時行焉，百物生焉，天何言哉？」（見〈陽貨〉篇）從某個角度看，不言之教，何嘗不是極佳的教法？「私淑艾」，正有「不言而教」之意。

此外，孟子示人學習要有方法，所謂「大匠誨人，必以規矩，學者亦必以規矩」（〈告子〉篇），這恰是孔子一向主張「學思並重」、「一以貫之」（融會貫通）等學習方法的明證。學者還得專心一致，循序漸進。孔子說：「飽食終日，無所用心，難矣哉！不有博奕者乎？爲之猶賢乎已！」（〈陽貨〉篇）又說：「志於道，據於德，依於仁，游於藝。」（〈述而〉篇）孟子也說：「學問之道無他，求其放心而已矣！」（〈告子〉篇）又說：「流水之爲物也，不盈科不行；君子之志於道也，不成章不達。」（〈盡心〉篇）最後須以有恆致其功。孔子說：「譬如爲山，未成一簣，止，吾止也。譬如平地，雖覆一簣，進，吾往也。」（〈子罕〉篇）孟子也說：「有爲者，譬若掘井。掘井九仞而不及泉，猶爲棄井也。」（〈盡心〉篇）以上所舉，雖爲犖犖大者，然不難見孔孟一脈相傳之道。

至如孔孟教學的相異處，只有詳略中偏的差別，斷無乖違牴觸的現象。如以教育的目的而言，孔子行「文、行、忠、信」四教，爲達仁聖的境界；孟子認爲仁心爲人所故有，能擴而充之，則能保四體以至於保四海，故其主張設庠序學校，「皆所以明人倫也。人倫明於上，小民親於下。」（見〈滕文公〉篇）這是所處環境不同，立說遂有差別。又以教學的態度而言，孔子是位慈祥的長者，有教無類，所謂「自行束脩以上，吾未嘗無誨焉」（〈述而〉篇）、「默而識之，學而不厭，誨人不倦，何有於我哉」（同上），誠然極其可親；而孟子的情性較烈，甚富辯才，又頗爲謹愼小心，所謂「人之患，在好爲人師」（〈離婁〉篇）、「教亦多術矣。予不屑之教誨也者，是亦教誨之而已矣」（〈告子〉篇），顯然有道貌岸然之概。但以教學的通變而言，似以孟子爲長。孔子多肯定人生正面的價值，故主「里仁爲美」、「我欲仁斯仁至矣」，鮮爲陷於困逆環境的學者發砥礪之聲；孟子則不然，除告學者人有仁義禮智之善端，知擴而充之，則能事父母、保四海，又警學者：「人之有德慧術知者，恆存乎疢疾。獨孤臣孽子，其操心也危，其慮患也深，故達」、「天將降大任於斯人也，必先苦其心志，勞其筋骨，餓其體膚，空乏其身，行拂亂其所爲。所以動心忍性，增益其所不能」，如此激其惕勵奮發，則意志強的，能更求精進；意志弱的，也有信心去排除橫逆，不致抑鬱以終。此外，孟子主張「易子而教」，使父子之間不相夷離，極切合人情，至今仍爲人深信不疑。這是從孔子不對其子鯉特加責善而來，並向前推進一層。由此，可略窺孟子能通變之一斑。

孔孟設教雖有其異同，然絲毫不損其對後世教育的影響。如孔子的有教無類、誨人不倦，爲教師樹立了至高無上的典範；其溫故知新、循循善誘，爲教師提供了切當的教學方法；其當仁不讓於師，更為教師預鋪了上進的階序。又如孟子的勵志教育，為教師開闢了另一條道路，使他們能防範問題的發生；其易子而教，為世人留下了珍貴的啓示。

除此，我以為孔孟尚有三項了不起的貢獻：一為孔子的一貫之學；一為孟子的明人倫之教；一為孔孟的教學之樂。《論語・衛靈公》篇載：「子曰：『賜也，女以予為多學而識之者與？』對曰：『然！非與？』曰：『非也，予一以貫之。』」此處的「一以貫之」與孔子告曾參「吾道一以貫之」當有不同，此作融會貫通解。歷來註家多不達此旨，只在「忠恕」二字上繞圈子。只有顧炎武的說法最為鞭辟入裏，《日知錄》上說：「好古敏求，多見而識，夫子之所自道也。然有進乎是者：六爻之義至賾也，而曰知者觀其象辭則思過半矣；三百之詩至泛也，而曰一言以蔽之曰思無邪；三千三百之儀至多也，而曰禮與其奢也寧儉；十世之事至遠也，而曰殷因於夏禮，周因於殷禮，雖百世可知；百王之治至殊也，而曰道二，仁與不仁而已矣。此所謂予一以貫之者也。其教門人也，必先叩其兩端，而使之以三隅反。故顏子聞一以知十，而子貢切磋之言，子夏禮後之問，則皆善其可與言詩。豈非天下之理，殊塗而同歸，大人之學，舉本以該末乎？彼章句之士，既不足以觀其會通，而高明之君子，又或語德性而遺問學，均失聖人之指矣！」此一貫之學，今人多不用，故學者僅記其零碎的知識而不知會通，且各學科之間有其共通之理，也未達。兩千多年前，孔子已試而不爽的教學方法，倘能發揚光大，豈知革除不了今日教學的弊病？

其次為孟子的明人倫之教，雖為教育當局所重視，小學有生活與倫理教育，中學有公民與道德教育，大學也有倫理學、人際關係等課程；但多在課堂上講授，而忽略其行為的實踐，故常有離親叛道、冒犯長上等乖張的情事發生，誠為可悲可嘆！對於孟子的諤諤之言，我們不能不有所省悟了。

再次孔孟兩位聖哲親身體會的教學之樂，乃從事教職者唯一引以為傲的事。生命的悅樂，便在培養一批批國家的棟樑中，如泉源般的汩汩流出。念茲在茲，不遺餘力，則其樂無匹，更不覺老之將至矣。

（淡江週刊「淡江風」，一九八五年五月二十七日）

「名家」的歷史地位

春秋戰國之世，諸子百家紛然而起，騰言立說，盛極一時，對後世的影響深遠；幾乎我國的傳統思想，都在此時立下一定的規模，後人唯有循跡而行，不能再出其樊籬。在各家之中，名家算是受到非議較多的一家，被認爲「苛察繳繞」、「鉤鈲析亂」而無益於世治。然詳察名家學說的旨意，也是爲了鍼砭世局之亂，並非苟出徒以駭人耳目。又後人論名家但取其形上思辯的旨趣，而略其矯世的本意，也使人難以苟同。所以在此一併論之，以還其應有的歷史地位。

名家的思想源起

名家，在戰國時稱爲「刑名之家」或「辯者」，至西漢司馬談〈論六家要指〉始有「名家」之名，班固《漢書．藝文志》承之，爾後皆沿用此名。依古籍所載有關名家的言論觀之，其大旨蓋欲綜覈名實，而總歸於治道。《公孫龍子．跡府》篇說：「公孫龍，六國時辯士也。疾名實之散亂，因資材之所長，爲守白之論。假物取譬，以守白辯。謂白馬非馬也……欲推是辯，以正名實，而化天下焉。」《史記．平原君虞卿列傳》集解引劉向《別錄》載鄒衍說：「辯者，別殊類使不相害，序異端使不相亂，杼意通指，明其所謂，使人與知焉，不務相迷也。」從這兩段文字，大略可以看出名家思想所由起，及其立論的旨意。至於《漢書・藝文志》所說「名家者流，蓋出於禮官」，牽扯太遠，無從考究，在此不予論列。

名家的代表人物

《莊子・天下》篇說：「惠施多方，其書五車，其道舛駁，其言也不中……以此爲大觀於天下，而曉辯者。天下辯者，相與樂之。」又說：「桓團、公孫龍，辯者之徒，飾人之心，易人之意。能勝人之口，不能服人之心，辯者之囿也。」《荀子・非十二子》篇說：「不法先王，不是禮義，而好治怪說，玩琦辭。甚察而不惠，辯而無用，多事而寡功，不可以爲治綱紀。然而其持之有故，其言之成理，足以欺惑愚衆，是惠施、鄧析也。」據此可知，諸人皆屬名家學派。惠施的言論，多載於莊子書中；鄧析有書傳世（但今本二篇爲僞）；桓團無書；公孫龍今傳六篇（有一部分是後人附益）。所以有言論傳世的名家人物，僅惠施、公孫龍二家而已。

名家的學說要點

惠施以善辯爲名，《莊子・天下》篇載其歷物十事：「至大無外，謂之大一；至小無內，謂之小一。無厚不可積也，其大千里。天與地卑，山與澤平。日方中方睨，物方生方死。大同而與小同異，此之謂小同異；萬物畢同畢異，此之謂大同異。南方無窮而有窮。今日適越而昔來。連環可解也。我知天下之中央，燕之北越之南是也。氾愛萬物，天地一體也。」約略可以看出惠施是以「氾愛萬物，天地一體」的觀點，作爲其立論的根據。此說殆有影響莊子之思想，只是莊子比之惠施更進一層。公孫龍也以博辯聞名，其白馬論、指物論、通變論、堅白論、名實論，相互構成思想的體系；尤以指物論更足代表其學說旨趣：「指也者，天下之所無也。物也者，天下之所有也。」所謂指，不存在於時空中，爲思維對象（如堅、白等），西洋哲學稱爲共相或概念。所謂物，存在於時空中，爲感覺對象（如馬、牛、羊等）。引申開來，物非物指，物與物指均非指，所以有白馬非馬、堅白石離爲二等說法。大體上說來，惠施長於綜合而主張合同異，公孫龍長於分析而主張離堅白，二家互爲異端。而墨辯則欲彌合二家的學說，提出別同異，盈堅白的主張（見《墨子》經和經說等篇）。其實，惠施、公孫龍、墨辯的論說，各有其道理，即荀子所謂「持之有故，言之成理」，很難斷其是非。近代學者以西方的歷史辯證法正反合比之，殊爲不類。此外，《莊子．天下》篇尙載有辯者二十一事（或說二十事），其中雖難免雜有詭辯的成分，然要皆不離惠施和公孫龍二家學說的範圍。

名家的歷史地位

歷來名家所得到的評價，並不一致。如《莊子．天下》篇謂其「以反人爲實，而欲以勝人爲名」、「能勝人之口，不能服人之心」；《荀子．非十二子》篇謂其「好治怪說，玩琦辭」、「多事而寡功，不可以爲治綱紀」，皆有貶無褒。至如漢司馬談〈論六家要指〉說：「名家苛察繳繞，使人不得反其意，專決於名，而失人情。故曰：使人儉而善失眞。若夫控名責實，參伍不失，此不可不察也。」《漢書·藝文志》說：「名家者流，蓋出於禮官。古者名位不同，禮亦異數。孔子曰：『必也正名乎？名不正則言不順，言不順則事不成。』此其所長也。及警者爲之，則苟鉤鈲析亂而已。」則已略改前人評價，除了抉其缺失外，也能正視其長處。自漢以後，名家學說漸從現實社會中消聲匿跡，僅存其文辭，而後人對之亦無多大好感，咸認爲淺陋迂僻，無法饜人之心。到了近代，仍有人但以詭辯視之（見章太炎〈諸子略說〉），而不予認同。現代的學者，多能突破前人的窠臼，而以西方哲學的眼光重新審察名家的學說。他們一致認爲名家學說只有純理論的興趣，代表古代中國人在邏輯問題及思辯形上學問題方面的思想成績。然此說看似新穎，實無當於名家學說的本意。現代學者以爲西方哲學中的宇宙論、人生論，在中國古代都已具有（道家中多有宇宙論，儒家中多有人生論），唯獨缺少知識論，於是找出名家來，說名家的學說旨趣符合知識論的要求，欲把中國的諸子百家思想和西洋哲學相提並論。如此做法本無不可，因名家的種種論說，確有形上思辯的成分，但他們忽略了名家學說發生的背景及其終極的目的。《公孫龍子》中明說公孫龍是「疾名實之散亂」，所以「假物取譬，以守白辯」，冀以「推是辯，以正名實，而化天下焉」，其已表示「白馬論」、「堅白論」諸說，只是假物取譬，其目的在於正名實而化天下。奈何今人不察，而斷斷於邏輯和形上思辯的爭論，不無可怪！因此，比較正確的看法是把名家跟其他各家列於同等的地位，不必凸顯其在理論上的貢獻。雖然名家所正的是一般名實的問題，跟儒家所正的「君君、臣臣、父父、子子」名分的問題略有異趣，但其皆欲化天下的指歸卻是相同的。至於我國的哲學思想不能在知識論方面續有發展，這是我國人向來對於純理論的事物缺乏興趣的緣故，不能怪罪於名家後繼無人。

（中央日報「長河」，一九八八年三月四日）

讀史偶摭

太史公司馬遷繼承父志以著《史記》，冀能「究天人之際，通古今之變，成一家之言」。其間遭李陵之禍，一度幽於縲絏，乃益激勵其發憤著述，以成就此一不朽的史篇，後人稱其書爲「實錄」，譽其人爲「良史」，又因其文雄深雅健，近人更冠以「史家之絕唱，無韻之離騷」的美名。讀其書，不只要在種種人事的演變中去尋繹興衰成敗的定理，更應深入文字的裏層去感受太史公深沈的情思，始能體其精髓而發其奧衍。今特就後者試探其撰述時所流露的悲情與憤積，以爲讀是書者藉之誌思感懷。

權柄弄人

古來擁有權柄者，如不能積德行善，則將多累及無辜。當楚漢相爭之際，季布、丁公俱爲楚將，季布曾數窘劉邦，從不寬假；丁公則於逐窘劉邦彭城西時，賢其爲人，引兵而還。及項羽滅，一爲漢名將，一爲俎上肉。〈季布欒布列傳〉載：「丁公謁見高祖。高祖以丁公徇軍中，曰：『丁公爲項王臣不忠，使項王失天下者，迺丁公也。』遂斬丁公，曰：『使後世爲人臣者無效丁公！』」此眞是「

欲加之罪，何患無辭」，丁公固有不忠處，亦不致陷於死罪，此但見劉邦玩弄權柄之可畏而已。又景帝時，鼂錯建議削諸侯地以尊京師，景帝採之，而引起七國之亂，鼂錯亦因此而身被刑戮。〈袁盎鼂錯列傳〉載：鄧公對景帝說：「夫鼂錯患諸侯彊大不可制，故請削地以尊京師，萬世之利也。計畫始行，卒受大戮，內杜忠臣之口，外爲諸侯報仇，臣竊爲陛下不取也。」景帝既納人善議，又不能確保其後，致使鼂錯成爲代罪羔羊，其以權柄弄人，莫此爲甚。〈吳王濞列傳〉贊：「鼂錯爲國遠慮，禍反及身。袁盎權說，初寵後辱……『毋爲權首，反受其咎』，豈盎、錯邪？」此段文字中言及鼂錯事，可謂太史公悲情之所寄。

豪傑罹厄

楚漢之際，豪傑蠭出，而劉氏之所以能得天下，亦多賴其力。然則「狡兔死，走狗烹；高鳥盡，良弓藏；敵國破，謀臣亡」，以爲歷史的鐵律，致使許多豪傑忠藎之士橫遭危厄。如彭越、欒布、韓信三人，乃破楚軍最有功者，其後雖俱封王，但不久皆被誣陷以反名而幽囚受戮，豈其勇略震主而功蓋天下的緣故？若然，天下英豪宜其黯然神傷，而嚮慕者亦當隨之飮泣。〈准陰侯列傳〉贊：「假令韓信學道謙讓，不伐己功，不矜其能，則庶幾哉！於漢家勳可以比周、召、太公之徒，後世血食矣。不務出此，而天下已集，乃謀畔逆，夷滅宗族，不亦宜乎？」後面數語乃太史公對劉邦、呂后等人最尖銳的詰難。後人讀史至此，多能見其深義。李笠《史記訂補》說：「天下已集，豈可爲逆於其必不可爲叛之時？而夷其宗族，豈有心肝人所宜出哉？讀此數語，韓信心迹，劉季、呂雉手段，昭然若揭矣。」太史公之憤積，由此亦可見一斑。

天道安在

「高山仰止，景行行止。」聖賢之行，人所共仰，雖不能至，然心嚮往之。但很遺憾的是聖賢在世，多不得意。如孔子至聖，懷仁抱義而不見容於世（見〈孔子世家〉）；伯夷、叔齊高義，積德行潔而餓死於首陽山（見〈伯夷列傳〉）；屈原賢臣，忠君憂國而終至於沈淵（見〈屈原賈生列傳〉）。古之聖賢，受屈至此，天道寧論？太史公序〈伯夷列傳〉，曾再三致其意：「或曰：『天道無親，常與善人。』若伯夷、叔齊，可謂善人者非邪？積仁絜行如此而餓死！且七十子之徒，仲尼獨薦顏淵爲好學，然回也屢空，糟糠不厭，而卒蚤夭。天之報施善人，其何如哉？盜跖日殺不辜，肝人之肉，暴戾恣睢，聚黨數千人橫行天下，竟以壽終。是遵何德哉？此其尤大彰明較著者也。若至近世，操行不軌，專犯忌諱，而終身逸樂，富厚累世不絕。或擇地而蹈之，時然後出言，行不由徑，非公正不發憤，而遇禍災者，不可勝數也。余甚惑焉，儻所謂天道，是邪非邪？」千載之下，太史公所發抒的幽憤，猶悠悠迴盪在人心坎。

擇任將相

漢初文、景二代稱治世，國庫充實，民生樂利。然至武帝時，疲耗中土，專事邊兵，遂使倉廩空虛，民多流亡，社稷搖蕩不安。〈匈奴列傳〉贊：「世俗之言匈奴者，患其徼一時之權，而務讇納其說，以便偏指，不參彼己；將率席中國廣大，氣奮，人主因以決策，是以建功不深。堯雖賢，興事業不成，得禹而九州寧。且欲興聖統，唯在擇任將相哉！唯在擇任將相哉！」太史公此言，一以刺武帝不能得賢將相以任事，一以悲生靈何辜而遭此厄運，以至流離失所。

讒佞為孽

人主闇昧，則讒佞生焉。讒佞濫言誣語之傷人，誠深於矛戟。昔費無忌讒伍奢於楚平王，致使父子三人兩死一奔吳（見〈伍子胥列傳〉）；齊人讒荀卿，荀卿乃適楚，遂死於蘭陵（見〈孟子荀卿列傳〉）；李斯毀韓非於秦王，以至韓非冤死於獄中（見〈老子韓非列傳〉）。類此皆可使人心撼動而悲憤不已！太史公序此諸事，當亦有所感慨！因其所處之世，盡是讒佞當道，連自己都不免於受害。武帝天漢二年秋，李陵提步卒五千，深入胡地，連戰十餘日，所殺過當，最後矢盡糧絕而投降匈奴。不時消息傳來，滿朝文武官員或黯默不言，或媒孽李陵之短，太史公私心痛之，便挺身出而為李陵遊說。料卻落得誣上之名，而被下蠶室，處以腐刑（見〈報任少卿書〉）。至此太史公乃眞切體驗到讒佞之可恨而闇君之可畏！班固序〈司馬遷傳〉，於贊中嘗譏其不知明哲保身，以至陷於極刑。班氏之言，實大謬不解！時太史公乃為公理而爭，並非為私利而爭；倘若不為公理而爭，豈欲太史公違其心意而效讒佞之口？太史公所以敢犯顏而諫，正是深患讒佞淆亂是非，盡損人以利己。其志節已極其感人，而其悲憤尤令人同情。

（淡江週刊「淡江風」，一九八八年十二月五日）

劉項成敗論

——讀《史記》感論之一

嬴秦無道，酷法苛律，且大興傜役，聚斂民財，遂失天下。然而，當時盜賊蠭午，並未造成奪秦的氣勢；蓋秦祚尙短，各國英雄豪傑咸隱於市，伺機一夫發難，四方揭竿而起，共逐秦鹿，而區區之盜賊，便不足道。項羽、劉邦二人適逢其會，一成英雄，一獲天下。二氏倖得先後主宰天下，乃時勢所趨，並非如堯舜禹湯眞有王者氣象。但劉氏所以成，項氏所以敗，是否能皆歸於天意，殆未必如此。劉氏有其得天下的本領，項氏也有其失天下的原因；誾誾史公，秉正直書，俱載《史記》之內。多方尋索剖析，蓋可議的有如下數端。

鴻門宴定乾坤

初，劉邦奉懷王之命，扶義而西，破秦軍，入主關中。項羽見妬，揮來大軍，遂演鴻門宴的事件。此宴爲劉、項成敗的關鍵。倘劉邦爲項羽所擒，歷史恐要改寫。然劉邦因張良已先得項伯助，美言於項羽之前，亂其視聽；又對飲中，亞父范增數目項羽，舉所佩玉玦以示，項羽默然不知採取行動，且舞劍時，項伯常以身翼蔽劉邦，使項莊不得近擊；接二連三的良機，項羽皆坐失。待劉邦借故如廁，偕從遁逝後，項羽更不知逐殺，天下庶幾拱手讓予劉邦了。其實，項羽的敗機，已見於宴前，只是益顯於宴後而已。劉邦僥倖不滅，入蜀，定秦，逐楚，其手腕愈勝於項羽，因此取得天下。

從個性數長短

〈項羽本紀〉說：「項籍少時，學書不成，去學劍，又不成。項梁怒之。籍曰：『書足以記名姓而已。劍一人敵，不足學，學萬人敵。』於是項梁乃教籍兵法，籍大喜，略知其意，又不肯竟學。」寥寥數十字，為項羽一生成敗透露了玄機。可見好高鶩遠，不肯竟學師古，是其所短。又於浙江觀秦始皇出遊，說「彼可取而代也」，這種狂妄的個性，也為他種下了禍根。〈高祖本紀〉說：「高祖為人，隆準而龍顏，美須髯，左股有七十二黑子。仁而愛人，喜施，意豁如也。常有大度，不事家人生產作業。及壯，試為吏，為泗水亭長，廷中吏無所不狎侮。好酒及色。」劉邦固為無賴之徒，而於咸陽親睹秦皇帝時所說「大丈夫當如是也」，所顯狎慢的本性，略為人所訾議，但其豁達喜施，仁愛有大度，乃能獨當一面，以御群雄，與狂妄乏學的項羽，形成強烈的對比。史公在此已為二人的成敗，設下了伏筆。

從待人觀象氣

〈淮陰侯列傳〉說：「信再拜賀曰：『……項王見人恭敬慈愛，言語嘔嘔，人有疾病，涕泣分食飲，至使人有功當封爵者，印刓敝，忍不能予，此所謂婦人之仁也。』」〈魏豹彭越列傳〉說：「酈生說豹。豹謝曰：『人生一世間，如白駒過隙耳。今漢王慢而侮人，罵詈諸侯群臣如罵奴耳，非有上下禮節也，吾不忍復見也。』」〈陳丞相世家〉說：「陳平曰：『項王爲人，恭敬愛人，士之廉潔好禮者多歸之。至於行功爵邑，重之，士亦以此不附。今大王（指劉邦）慢而少禮，士廉節者不來。然大王能饒人以爵邑，士之頑鈍嗜利無恥者亦多歸漢。』」〈高祖本紀〉說：「高起、王陵對曰：『陛下慢而侮人，項羽仁而愛人。然陛下使人攻城略地，所降下者因以予之，與天下同利也。項羽妒賢嫉能，有功者害之，賢者疑之，戰勝而不予人功，得地而不予人利，此所以失天下也。』」縱觀二氏之待人，項羽拘吝，劉邦豪放；項羽刻薄寡恩，劉邦侮慢寬大。於亂世中，如項羽者，無有可用之才；如劉邦者，則無不可用之才。因此，項羽統天下之氣象微，而劉邦踐帝阼之氣象顯。

從用人察成敗

處亂世，需用非常之人；孰能用非常之人，孰易致成功，反之則爲人所役。劉邦雖傲慢侮人，然所交多爲智謀之士，又能知人善任，故能成其大。項羽才氣過人，自矜功伐，且善猜忌，及其使人求備，以至謀士多亡散，身邊人才寥落，終於無以與劉邦對抗。如韓信何許人，初投項羽，位止郎中，而數以策干項羽，不爲所用，遂亡楚歸漢，拜爲大將軍，前後遭遇，豈可道里計？又如陳平，善奇策異謀，佐高祖以勝敵而定宗廟；初事魏不容，亡歸楚，歸楚不中，又亡歸漢，始入劉邦麾下。陳平說：「項王不能信人，其所任愛，非諸項即妻之昆弟，雖有奇士不能用，平乃去楚。聞漢王之能用人，故歸大王。」（〈陳丞相世家〉）劉邦在滅楚而取得天下後，定功行賞之餘，也嘗說：「夫運籌策帷帳之中，決勝千里之外，吾不如子房。鎮國家，撫百姓，給餽饟，不絕糧道，吾不如蕭何。連百萬之軍，戰必勝，攻必取，吾不如韓信。此三者，皆人傑也，吾能用之，此吾所以取天下也。」（〈高祖本紀〉）可見劉邦眞能用才略之士，而許多才略之士背楚歸漢後，跟隨劉邦若葵藿傾心以向日，乃歸因於劉邦有大度，能饒人以爵邑。又用人不疑，疑人不用，於此劉邦似高項羽一籌。觀項羽的謀士，僅亞父范增一人爲可用，然卻在急圍滎陽之際，中漢的反間，使范增含恨求去，於返彭城途中疽發背而死，爲項羽頓失一股肱，但其人猶不自知。反觀劉邦用人，始終信賴；如張良然，運籌帷帳之中，決勝千里之外，莫不是他的功勞，劉邦未嘗有疑慮；又如蕭何於漢與楚相守滎陽數年，軍無見糧之秋，自任一方，轉漕關中，給食不乏，劉邦不疑其有私心。諸如此例，大抵可看出劉項成敗的關節所在。

從行賞看功過

項羽滅秦後，即行封建，所封侯王皆爲項羽的親故；與其有郄者，一概不得封；尤以不依約封劉邦爲秦王，乃其徇私之極。是以行封未幾，齊趙先叛，繼而漢王部五諸侯兵伐楚。項羽背秦郡縣制度而行封建，於勢已未當；又諸侯反居其地，不受楚命，紛亂再起，豈項羽一人奮臂所能力擋的？劉邦則不然，誰有戰功則賞以其地，且不計細行小節；又於楚漢對峙時，酈食其勸封六國後，以謀撓楚，張良爲陳八不可而罷，可知其能盱衡時勢，因勢利導，而居於有利的上風，故能致項羽於死命。

從政略看得失

性殘暴的人，不足以屬大事。項羽初起時，與季父梁合謀誅會稽守殷通，已見其好殺的本性。至攻下襄城後，盡坑城中人，實令人髮指。又與黥布、蒲將軍計擊秦卒二十餘萬人而坑於新安城南，幾近瘋狂。待引兵西屠咸陽，殺秦降王子嬰，燒秦宮室，掘始皇墓，收虜其貨寶婦女而東，與狂徒暴民無兩樣，其行徑也不遜於盜賊。項羽失去民心，自此始。而後擊齊，伐彭越，所遇殘滅，民心更加不附。可見項羽徒有匹夫之勇，不知轉用政治手腕以安撫百姓，以至處處樹敵，自尋絕路。項羽攻略之失，蓋有數項。〈高祖本紀〉說：「漢王數項羽曰：『始與項羽俱受命懷王，曰先入定關中者王之，項羽負約，王我於蜀漢，罪一。項羽矯殺卿子冠軍（指宋義）而自尊，罪二。項羽已救趙，當還報，而擅刼諸侯兵入關，罪三。懷王約入秦無暴掠，項羽燒秦宮室，掘始皇帝冢，私收其財物，罪四。又彊殺秦降王子嬰，罪五。詐阬秦子弟新安二十萬，王其將，罪六。項羽皆王諸將善地，而徙逐故主，令臣下爭叛逆，罪七。項羽出逐義帝彭城，自都之，奪韓王地，并王梁楚，多自予，罪八，項羽使人陰弒義帝江南，罪九。夫爲人臣而弒其主，殺已降，爲政不平，主約不信，天下所不容，大逆無道，罪十也。吾以義兵從諸侯誅殘賊，使刑餘罪人擊殺項羽，何苦乃與公挑戰！』」劉邦所數項羽之十罪，固爲其政治號召而發，要皆屬實，乃項羽失民心，而劉邦獲民心的分際。劉邦政略的成功，於入關時與父老約法三章，除秦苛法，秦人唯恐其不爲秦王，已見其端倪。又定三秦後，發義兵東擊楚，借討項羽殺義帝之不義，聯結民心。因此，天下民心歸之者泰半，而與強項所以能分庭抗禮，也是憑仗這一點。

從戰略窺勝負

項羽勇力絕世，也有將才。兩軍數戰，漢軍多居敗勢，劉邦本人數度逃竄如喪家之犬。然楚軍雖強悍，卻有多次戰略失當；如漢還定三秦時，項羽不該相信張良所致齊反之書，而發兵擊齊，因齊內亂甫定，無力南侵，應并力西嚮，以擒漢王，天下可王；又楚漢相距滎陽數年，項羽不聽亞父計，一鼓作氣以取漢，而頻頻東顧韓信、彭越軍，是自失良機。至於劉邦則不然，雖常敗北，但有謀士爲其策畫；後有蕭何勤於補給，又數縱反間，以離項羽君臣之心；最後以張良計，發諸侯兵，會垓下，滅項羽，取得天下，乃理所當然。

從戰術睹高下

〈淮陰侯列傳〉說：「項王喑啞叱咤，千人皆廢，然不能任屬賢將，此特匹夫之勇耳。」項羽仗其過人之才氣，衝鋒陷陣，拔旗斬將，所向披靡。然徒有蠻勇，而不見其謀略。是以僅能立暫時的汗馬功勞，而無法圖長遠的豐功偉業。至其背水一戰之前，欲與劉邦單獨挑戰，一決勝負，爲劉邦多加奚落，誠爲識者所竊笑。其戰術如此，那能進行曠日持久的爭戰？項羽部將龍且，伐齊，因輕敵而被韓信擊殺於濰水之上，也是犯同一弊病。唯劉邦雖常嘗敗績，但鬥志不減，每敗輒收韓信、彭越等兵力復與楚抗衡，且知楚人剽悍，不與其爭鋒，而以迂迴的戰術取勝。項羽困於垓下，聞四面楚歌聲，還不知漢軍虛張聲勢，而與虞姬對泣悲歌，可見已到窮途末路，回天乏術，昔日的光芒煥發，盡消於一旦。

結論

太史公說：「吾聞之周生曰：『舜目蓋重瞳子』，又聞項羽亦重瞳子，羽豈其苗裔邪？何興之暴也！夫秦失其政，陳涉首難，豪傑蠭起，相與並爭，不可勝數。然羽之非有尺寸，乘勢起隴畝之中。三年，遂將五諸侯滅秦，分裂天下，而封王侯，政由羽生，號爲『霸王』，位雖不終，近古以來未嘗有也。及羽背關懷楚，放逐義帝而自立，怨王侯叛己，難矣！自矜功伐，奮其私智而不師古，謂霸王之業，欲以力征經營天下，五年卒亡其國，身死東城，尚不覺寤而不自責，過矣！乃引『天亡我，非用兵之罪也』，豈不謬哉？」（〈項羽本紀〉贊）史公此贊，有褒有貶有惜。項羽的失敗，豈僅功德不如劉邦，其所有行徑多不合正道，實堪悲堪憐！歷來草莽英雄的末路，蓋類如項羽。

（淡江週刊「淡江風」，一九八四年十月二十九日）

漢高祖定天下貴能用人聽諫

——讀《史記》感論之二

漢有天下，並非有何盛德可比先王，依史看來，乃一半為天所授，一半在於謀計用兵。為天所授者，太史公曾再三致意：「良數以太公兵法說沛公，沛公善之，常用其策。良為他人言，皆不省。良曰：『沛公殆天授。』故遂從之。」（〈留侯世家〉）又「信曰：『陛下不能將兵，而善將將，此信之所以為陛下禽也。且陛下所謂天授，非人力也。』」（〈淮陰侯列傳〉）又「高祖擊布時，為流矢所中，行道病。病甚，呂后迎良醫。醫入見，高祖問醫。醫曰：『病可治。』於是高祖嫚罵之曰：『吾以布衣提三尺劍取天下，此非天命乎？命乃在天，雖扁鵲何益！』遂不使治病。」（〈高祖本紀〉）誠然！高祖起微細，主沛為沛公，全是時勢造英雄。其才能不及張（良）、韓（信）、蕭（何）、曹（參），其功德亦不如往聖先賢，而能於數年內滅楚立漢，蓋得力於謀計用兵。然其謀計用兵，多出於群臣，其本人粗鄙狎慢，實無可如何；唯其能知人善任，忍聽諫言，故能定海內，立社稷，全竟其功。今述此文，特重其能用人聽諫。

劉邦平素貪財好色，盡人皆知。「范增說項羽曰：『沛公居山東時，貪於財貨，好美姬。今入關，財物無所取，婦女無所幸，此其志不在小。吾令人望其氣，皆為龍虎，成五采，此天子氣也。急擊勿失。』」（〈項羽本紀〉）前段話是實，後段話乃高估了劉氏。當劉邦率兵破關進入秦宮，見宮室帷帳狗馬重寶婦女以千數，心喜，欲留居，樊噲諫其出舍，不聽。待張良力諫，方止其意念。「良曰：『夫秦為無道，故沛公得至此。夫為天下除殘賊，宜縞素為質。今始入秦，即安其樂，此所謂『助桀為虐』，且『忠言逆耳利於行，毒藥苦口利於病』，願沛公聽樊噲言。』沛公乃還軍霸上。」（〈留侯世家〉）劉邦此病亦見於伐楚中。漢三年春，部五諸侯兵伐楚，時項羽正北討齊，因得以攻入彭城。但並未作進一步想，反收其貨寶美人，日置酒高會。不久，項羽返，從西而東擊，日中，大破漢軍。是時「圍漢軍三帀。於是大風從西北而起，折木發屋，揚沙石，窈冥晝晦，逢迎楚軍。楚軍大亂，壞散，而漢王乃得與數十騎遁去。欲過沛，收家室而西；楚亦使人追之沛，取漢王家；家皆亡，不與漢王相見。漢王道逢得孝惠、魯元，乃載行。楚騎追漢王，漢王急，推墮孝惠、魯元車下，滕公常下收載之。如是者三。曰：『雖急不可以驅，奈何棄之？』於是遂得脫。」（〈項羽本紀〉）前次因貪圖貨寶美人，險些失去民心；此次又為貨寶美人，幾喪掉性命。觀其逃亡時，再而三將其子女推墮車下，既憫其慘狀，又難忍其心狠。然劉邦不失有大志之人，能聽張良諫言，立還軍霸上，與秦父老約法三章，以安定人心。但在彭城，又故態復發，且無人勸止，以致全軍覆沒，僅存數十騎逃竄。

劉邦為人狎侮慢人，亦無人能出其右。當他年壯，為泗水亭長時，對於廷中吏即無所不狎侮。其後與楚爭天下，踐帝位，亦未嘗改其本性。「彭越數反梁地，絕楚糧食，項王患之。為高俎，置太公

（劉邦之父）其上，告漢王曰：『今不急下，吾烹太公。』漢王曰：『吾與項羽俱北面受命懷王，曰『約爲兄弟』，吾翁即若翁，必欲烹而翁，則幸分我一杯羹。』」（〈項羽本紀〉）此話恐只狎侮之輩才敢出口。雖劉邦爲顧大局，不及細行，然其行徑實侮人又辱己，爲有德者所不取。「未央宮成，高祖大朝諸侯群臣，置酒未央前殿。高祖奉玉巵，起爲太上皇壽，曰：『始大人常以臣無賴，不能治產業，不如仲力，今某之業所就孰與仲多？』殿上群臣皆呼萬歲，大笑爲樂。」（〈高祖本紀〉）如此有若兒戲，其言語輕狎直如屠夫惡霸。「昌（周昌）嘗燕時入奏事，高祖方擁戚姬，昌還走，高帝逐得，騎周昌項，問曰：『我何如主也？』昌仰曰：『陛下即桀紂之主也。』於是上笑之。」（〈張丞相列傳〉）此又成何體統？堂堂君主，騎在臣頸，取以爲樂，誠古今未見，唯劉邦素狎之人能當。至於慢人，則更多例可說。不僅對來投靠或遊說之士傲慢無禮，且罵群臣如罵奴才。「沛公至高陽傳舍，使人召酈生。酈生至，入謁，沛公方倨牀使兩女子洗足，而見酈生……沛公罵曰：『豎儒！夫天下同苦秦久矣，故諸侯相率而攻秦，何謂助秦攻諸侯乎？』酈生曰：『必聚徒合義兵誅無道秦，不宜倨見長者。』於是沛公輟洗，起攝衣延酈生上座，謝之。」（〈酈生陸賈列傳〉）「淮南王至，上方倨牀洗，召布（黥布）入見，布大怒，悔來，欲自殺。出就舍，帳御飲食從官如漢王居，布又大喜過望。」（〈黥布列傳〉）「何（蕭何）曰：『王素慢無禮，今拜大將如呼小兒耳，此乃信（韓信）所以去也。王必欲拜之，擇良日，齋戒，設壇場，具禮，乃可耳。』王許之。」（〈淮陰侯列傳〉）可見其傲慢之一斑；至其詈罵諸侯群臣如罵奴，史未詳載，但有如魏豹者，因嚥不下那口氣，終去漢而自守魏地，誓不再見漢王，可知其況。然跟隨劉邦身邊的人，不盡受同等待遇。若張良，劉邦始終以師友之禮對待；又如被劉邦許爲「功人」的蕭何，亦備受尊重；又以陳平爲例，出入爲計，未嘗對他少禮。由此可知劉邦之心機，其對於那些「功狗」及說士，向以侮慢的態度挫其氣燄，而對於有智慧的謀士則禮遇有佳，唯恐不爲肱股之臣。其最可貴的是對於後者言聽計從，對於前者則用其長處，且有功必賞，能饒以爵邑。因此，謀士願投其麾下，而嗜利無恥之人，亦爭來求功，登時人才濟濟，爲項羽處所不及。

從整局而觀，劉邦亦無將兵之才。其嘗承認「連百萬之軍，戰必勝，攻必取，吾不如韓信。」（〈高祖本紀〉）事實如此。其所以能破秦兵，乃得力於張良的謀略；以利啗秦將而擊其降卒；其所以能下陳留，順利入關，乃得力於酈食其的遊說，皆非其本人的戰略勝敵。而後與楚爭天下，在彭城和滎陽，二度大敗於項羽，幾難以脫身。至定天下後，自將兵伐韓王信於代，至平城爲匈奴所圍。在在顯示劉邦確乏將兵之才。雖是如此，劉邦卻有統御的本領，故部下多願爲其效死。「上常從容與信言諸將能不，各有差。上問曰：『如我能將幾何？』信曰：『陛下不過能將十萬。』上曰：『於君何如？』曰：『臣多多而益善耳。』上笑曰：『多多益善，何爲爲我擒？』信曰：『陛下不能將兵，而善將將，此乃信之所以爲陛下擒也……。』」（〈淮陰侯列傳〉）善將兵如韓信，亦貴漢高祖能用他。從韓信受大將軍印，登壇之義，爲漢取天下的張本起，不出幾年，拔魏、趙，定燕、齊，使漢三分天下有其二，未嘗有叛漢之念。甚至在遇害前，猶拒辯士蒯通與楚漢鼎足而三的諫詞。他說：「漢王遇我甚厚，載我以其車，衣我以其衣，食我以其食。吾聞之，乘人之車者載人之患，衣人之衣者懷人之憂，食人之食者死人之事，吾豈可以鄉利倍義乎？」（〈淮陰侯列傳〉）顯見劉邦待人成功，使部屬有所感念而不忍背叛。

劉邦本是無賴之徒，興起後仍不脫粗鄙之氣，尤其厭惡儒者，更顯示其無文。初，其將兵入秦，過高陽，酈食其欲見，一騎士說：「沛公不好儒，諸客冠儒冠來者，沛公輒解其冠，溲溺其中。與人言，常大罵。未可以儒生說也。」（〈酈生陸賈列傳〉）縱亂世中儒生無甚可用，然如此對待儒生，只顯其鄙陋可笑，人未必稱其能。「陸生時時前說稱詩書。高帝罵之曰：『廼公居馬上而得之，安事詩書！』陸生曰：『居馬上得之，寧可以馬上治之乎？且湯武逆取而以順守之，文武並用，長久之術也。昔者吳王夫差、智伯極武而亡；秦任刑法不變，卒滅趙氏。鄉使秦已并天下，行仁義，法先聖，陛下安得而有之？』高帝不懌而有慙色。」（〈酈生陸賈列傳〉）陸賈的一席話，諷刺意味甚濃，可謂切中劉邦的要害。其實，天下安定之後，必須重用儒生，制禮作樂，以導民衆，穩固政權。奈何劉邦只是一名鄙夫，未能深究其中道理。待叔孫通倡議，漢才有制禮進退，君臣之界始分。最後劉邦本人不得不贊同儒生的用意：「吾廼今日知皇帝之貴也。」（〈劉敬叔孫通列傳〉）可見劉邦所以能得天下，須歸功於其能任用跟隨身邊的英雄豪傑；而其所以能安天下，亦須歸功於一群侃侃不屈的儒生的策畫。劉邦對這批人，雖前倨後恭，仍不失有大度的人，故能包容善任，以立其漢家天下。

佐劉邦取得天下的人，多鼓刀屠狗賣繒之徒，只有張良出身最好，爲韓相之子。這些人甘願與他出生入死，無非爲世俗的功名利祿，像魯仲連那種功成不居的人，實在少之又少（張良即似魯仲連，與衆迥異），諒劉氏當深知個中人心，而不吝以爵邑爲要，促使士卒赴湯蹈火，在所不惜。因其能用人聽諫，故有張良爲其運籌；有蕭何爲其鎭國給饟；有韓信爲其打天下；有陳平爲其出奇計；定海內後，又有張蒼爲其定律曆；有劉敬爲其議徙六國之族至關中以備胡，並採和親政策以安邊境；有叔孫通爲其制禮固國等，無一不出自群臣之謀略。漢據有天下誠是不易，而劉邦能聽諍諫，知任人才，終於傳爲美談。

（淡江週刊「淡江風」，一九八五年三月四日）

從漢興三傑談處世態度

——讀《史記》感論之三

楚漢相爭五年，天下終爲劉氏所獲。是年五月，劉邦置酒雒陽南宮，與列侯諸將論得天下的原因。「高祖曰：『列侯諸將無敢隱朕，皆言其情。吾所以有天下者何？項氏之所以失天下者何？』高起、王陵對曰：『陛下慢而侮人，項羽仁而愛人。然陛下使人攻城略地，所降下者因以予人，與天下同利也。項羽妒賢嫉能，有功者害之，賢者疑之，戰勝而不予人功，得地而不予人利，此所以失天下者。』高祖曰：『公知其一，未知其二。夫運籌策帷帳之中，決勝於千里之外，吾不如子房。鎭國家，撫百姓，給餽饟，不絕糧道，吾不如蕭何。連百萬之軍，戰必勝，攻必取，吾不如韓信。此三者，皆人傑也，吾能用之，此吾所以取天下也。項羽有一范增而不能用，此其所以爲我擒也。』」（〈高祖本紀〉）劉邦將滅項羽而取天下的功勞歸於張良、蕭何及韓信三人，此即所謂漢興三傑。依劉邦意，以張良功最高，蕭何次之，韓信又次之。然三人各有專擅，於漢之勳績，實難分軒輊，唯其三人在劉邦心中的地位各有差等而已。何以如此？這得從各人應變的機智與態度來談。

張良雖無知名，無勇功，卻以計略立功。依史所載，張良追隨劉邦期間，爲漢籌畫的大計，約有七項：賂秦將而破嶢關；固要項伯以是脫鴻門；燒絕棧道而激羽攻齊；敗彭城則勸連布越撓楚；將立六國則借箸銷印；勸封韓信以防變生；勸封雍齒以安反側等。類此皆以計顯功，所謂「運籌帷帳中，決勝千里外」，正其寫照。蕭何原為秦刀筆吏，以文無害，後劉邦起沛，何常隨左右，而後一直行丞相事，計其功要有：收秦律令圖書而具知天下阨塞彊弱及戶口民生；薦韓信以為大將軍；鎮撫關中，推計踵兵，饋糧不絕，使百姓愛漢，不樂為楚等。被劉邦譽為是「功人」，的確實至名歸。韓信則以戰功著稱，凡身與七十餘戰，而滅楚興漢之關鍵，乃在取魏、破趙、下燕、定齊、殺龍且及圍垓下諸役中。劉邦稱其「連百萬之軍，戰必勝，攻必取」，顯見其於漢家之功特大。要之三人繫劉氏爭天下之成敗；三人備則成，缺一則敗。

然而，三人為漢取得天下後，不久，韓信即被以叛亂之名而遭禁殺；蕭何亦曾一度落為階下囚；只有張良得以全身。豈其際遇不同的緣故？實在不是。張良本是韓相之後，為報韓仇，故從劉邦以破彊秦，後項羽不依約遣韓王成就國，又殺之彭城，促張良一心效忠劉邦而與楚爭天下。劉邦雖為無賴之徒，但不是凡輩，其有識人之明，亦有容人之雅量。因此，初遇張良，即知其智慧極高，又善謀略，往後對於張良無不言聽計從，且待他如師友。以劉邦之好罵，而始終不曾對張良疾言厲色，或呼來喚去，蓋張良除以智服劉邦外，其不矜伐己功，淡於名位報償，更為劉邦所敬佩。據〈留侯世家〉所載，漢六年正月，封功臣，劉邦要張良擇齊三萬戶為王，張良謙言不敢當三萬戶，願封留（萬戶）為侯。而後常學道引，不與政事。依此看來，張良所以能保富貴及性命，誠全賴不戀名位之一端。他嘗稱說：「

家世相韓，及韓滅，不愛萬金之資，爲韓報讎彊秦，天下振動。今以三寸舌爲帝者師，封萬戶，位列侯，此布衣之極，於良足矣。願棄人間事，欲從赤松子游耳。」（〈留侯世家〉）這是眞正的智者，難怪劉邦在罵遍群臣，及欲殺盡平生所怨恨而後快之餘，獨敬許張良之功行。

至於被劉邦稱功最盛的蕭何，雖位居相國，人臣之極，然不免屢受劉邦所疑，且曾被下廷尉繫治，所受待遇實不如張良。從〈蕭相國世家〉所載數事，可見劉邦之居心，亦可知蕭何不安之一斑。「漢三年，漢王與項羽相距京索之間，上數使使勞苦丞相。鮑生謂丞相曰：『王暴衣露蓋，數使使勞苦君者，有疑君心也。爲君計，莫若遣君子孫昆弟能勝兵者悉詣軍所，上必益信君。』於是何從其計，漢王大說。」（〈蕭相國世家〉）又蕭何爲呂后計擒韓信，益封五千戶，置五百人衛，諸君皆賀，召平獨弔。「召平謂相國曰：『禍自此始矣！上暴露於外而君守於中，非被矢石之事而益君封置衛者，以今者淮陰侯新反於中，疑君心矣。夫置衛衛君，非以寵君也。願君讓封勿受，悉以家私財佐軍，則上心說。』相國從其計，高帝乃大喜。」（同上）又漢十二年秋，黥布反，劉邦自將擊之，數使使問相國何爲。「客有說相國曰：『君滅族不久矣！夫君位爲相國，功第一，可復加哉？然君初入關中，得百姓心，十餘年矣，皆附君，常復孳孳得民和。上所爲數問君者，畏君傾動關中。今君胡不多買田地，賤貰貸以自汙？上心乃安。』於是相國從其計，上乃大說。」（同上）就在此事後，蕭何被械繫，縱未幾得赦，然劉邦之疑慮始終未消，乃懼何功高位大，一旦傾其帝祚，後果那堪設想？表面上，蕭何居在一人之下，萬人之上，實則惶惶不可終日。免強得以壽終，乃靠其尚有應變的機智使然。

再說替劉邦攻城掠地的韓信，始於布衣時，貧無行，常從人寄養，唯志不凡，輾轉投靠於劉邦的麾下，觀其登壇之議，有掀揭天下之心，足見其特具智略，唯更長於兵謀。爾後，將兵拔魏、趙，定燕、齊，使漢三分天下有其二，其於漢家之功勳應可比周、召、太公之徒；但其後世不得血食，其故安在？太史公說他不知學道謙退，而矜己功、伐己能（見〈淮陰侯列傳〉贊），確是卓見。韓信於漢雖忠心耿耿（可從蒯通等說客屢勸他背漢而不許見之），但功高震主，必有危機，且其在定齊後欲自立爲假王，不免爲劉氏所忌。待天下已定，韓信從齊王立降爲楚王，後貶爲淮陰侯，實已盡削其勢力，豈非偶然？又從與劉邦論諸將之能時，所流露的傲氣（見〈淮陰侯列傳〉），眞令人爲其惋惜！以韓信之戰功，無與倫比，卻首遭斬殺，固是劉邦及呂后手段狠辣，但韓信不知謙退全身，亦是造禍之因。千載之下，爲其嘆惋者，豈僅太史公一人？

此三傑的造化各有差別，難強以爲評。在事功上，他們都已各盡所能，無可加議。在處世上，張良足當先知先覺，能察秋毫，明禍之所從出，一一皆予避免；蕭何只可謂後知後覺，須待人曉喻，方知避去禍端；韓信則爲不知不覺，禍已臨頭，猶不自知。觀歷代政治禍層出不窮，豈非皆肇因於居人下位者矜功伐能？能不矜功伐能者究有幾希？是以張良的功成身退爲貴。在他前有范蠡、魯仲連，在他後有曾國藩，俱爲人所稱道。吾人處於今世，雖不受專制制度之苦，但民主的社會中，亦難容矜伐之心。輕者，止於爲人所譏笑；重者，便要遭人排斥。類如韓信，用世之心誠然可貴，但功已成不知退，徒惹殺身之禍，誰不爲浩嘆？又今人有爭功兢能而悒悒不得志的，或不納別人諍言，或不謙虛向學，非但難逮張良，恐去蕭何也甚遠。

（淡江週刊「淡江風」，一九八五年三月二十五日）

古籍現代化的方向

經史子集「現代化」，這當不只是一句口號而已，應該還要有可以據爲具體實踐的模式或方案才是。因此，對於某些論者特能拈出「現代化」課題而卻疏於提供可能的參考模式或方案，自然不免會覺得遺憾而很想作點補苴罅漏的工作。這篇文章就是基於這個前提而寫作的。

這得先辨明一點，就是論者所說的「現代化」是指將古書中的智慧、經驗和知識活用於現代，它跟今人所稱步西方科學和民主後塵的「現代化」迥異其趣。既然這樣，它比較恰當的名稱應該是「現世化」或「當世化」，否則現在已經頻頻出現「反現代化」（反科技文明的戕害生靈和反科層制的桎梏人性）的風聲，這要如何才能避免陷於彼此「牽扯不清」的泥淖？

根據個人所想，經史子集的「現代化」或「當世化」，主要有三個方向：第一是經史子集所載事理在當今的意義（價值）定位。首先我們得找出古今類同的情境，以確定「古可以補今」或「古可以範今」的立足點；其次我們還得分辨古今所處該情境者應世態度或應世策略的短長，以保證古今相互對諍的必要性。如《書・湯誥》載「其爾萬方有罪，在予一人；予一人有罪，無以爾萬方。」（《論語・堯曰》篇引作「朕躬有罪，無以萬方。萬方有罪，罪在朕躬。」）像商湯這樣有「擔當」的君主，比起當今一些政府首長動輒罪責部屬或預先恐嚇（如在用人之前或之後向媒體放話「做不好就換人」之類），相去不啻千里！試問當今行政效率不彰，大家辦事不力，是不是正因爲「離心離德」（人人駭怕得咎丟官）的緣故？那麼商湯的作爲豈不是合適當今人的榜樣？

又如《論語・子張》篇載「孟氏使陽膚爲士師，問於曾子。曾子曰：『上失其道，民散久矣！如得其情，則哀矜而勿喜。』」曠觀古今，這一「哀矜而勿喜」的胸懷，似乎很少在領導階層駐留，有的只是相互標榜擒兇多少、緝毒多少、懲亂多少。殊不知這大多源於領導階層的教養無方和自亂陣腳，以及對「民不畏死，奈何以死懼之」的錯誤評估。眼見法網越發嚴密，而作奸犯科卻日漸增多，我們的領導階層豈能再爲高破案率沾沾自喜而不重拾「哀矜而勿喜」的心情去做點有效的教養的工作？

又如《史記・淮陰侯列傳》載「項王（指項羽）見人恭敬慈愛，言語嘔嘔，人有疾病，涕泣分食飲，至使人有功當封爵者，印刓敝，忍不能予，此所謂婦人之仁也。」又〈陳丞相世家〉載「今大王（指劉邦）慢而少禮，士廉節者不來。然大王能饒人以爵邑，士之頑鈍嗜利無恥者亦多歸漢。」劉邦、項羽二人爭天下，一成一敗，其中因素固然很多，但前者豪放（懂得利益分享的道理）、後者拘吝，誰將能踐登帝阼已經略見分曉。這對當今想要做大事立大業的人來說，豈不是最好的活教材？

又如《史記・李將軍列傳》載「程不識故與李廣俱以邊太守將軍屯。及出擊胡，而廣行無部伍行陳，就善水草屯舍止，人人自便，不擊刀斗以自衛，莫府省約文書籍事，然亦遠斥候，未嘗遇害。程不識正部曲行伍營陳，擊刀斗，士吏治軍簿至明，軍不得休息，然亦未嘗遇害。不識曰：『李廣軍極簡易，然虜卒犯之，無以禁也；而其士卒亦佚樂，咸樂爲之死。我軍雖煩擾，然虜亦不得犯我。』」是時漢邊郡李廣、程不識皆爲名將，然匈奴畏李廣之略，士卒亦多樂從李廣而苦程不識。」古來帶部屬的人，多像程不識那樣「誠不識」部屬的心，以至讓部屬叫苦不迭，辦事效率也大打折扣（大家都想趁機摸魚，才能消除心中苦悶），這時李廣的作風無疑就是「解鈴」良方了。

從以上的敍述中，可以得出這麼一個思考的模式：今人遇到了什麼問題，這個問題今人是怎麼解決的，解決的成效又怎樣，古人解決類似問題是否更高明而有可以借鏡參考的地方？似乎只有把經史子集所載事理做這樣的意義定位，才能確保經史子集「現世化」或「當世化」的必要性。

第二是詮釋策略的規畫。我們知道經史子集所載事理，除了有我們可以直接感受得到的外，還有我們無法直接感受得到的，這就必須靠詮釋（詮析釋繹）才能奏效。尤其是集部所收一些隱喻性特高的文學作品，如果沒有透過詮釋，根本難以領會它的精義（或言外之意）。而詮釋也是使古書「再生」的不二策略，如杜牧有首〈赤壁〉詩「折戟沈沙鐵未銷，自將磨洗認前朝。東風不與周郎便，銅雀春深鎖二喬」，有人說解爲「孫氏霸業，繫此一戰，社稷存亡，生靈塗炭，都不問，只恐捉了二喬，可見措大不識好惡」（許顗《彥周詩話》），有人說解爲「牧之實有不滿公瑾之意。牧嘗自負知兵，好作大言，每借題自寫胸懷，尺量寸度，豈所以閱神駿于牝牡驪黃之外」（賀裳《載酒園詩話》），有人說解爲「言公瑾軍功，止藉東風之力，苟非乘風力之便以破曹兵，則二喬亦將被虜，貯之銅雀臺上。春深二字，下得無賴，正是詩人調笑妙語」（薛雪《一瓢詩話》），一首詩被詮釋了再詮釋，每被詮釋一次它的生命豈不是又翻新了一次？

又如《紅樓夢》，被索隱派紅學家說解成一部仇清悼明的隱書，被考證派紅學家說解成曹雪芹的自傳或家傳，被評論派紅學家說解成是在「描寫人生的苦痛及其解脫方法的」或在「批判封建社會的黑暗內幕的」或在「敍說一個理想世界的興起和發展及其最後的幻滅的」，紛紛紜紜，充分顯示了《紅樓夢》這部小說還有不斷被更新生命的可能。

然而，如何確定一種詮釋使古書「再生」比別的詮釋更有意義，卻是我們當下最需要考慮的。依照詮釋理論家的想法，人一定要運用他已知和已經驗或對存有的領悟來從事詮釋的工作（就是所謂的「詮釋循環」）。但這並沒有比詮釋者的意圖或目的來得重要，如各派紅學家都在詮釋循環中進行他們對《紅樓夢》的詮釋，看不出彼此有什麼差異，但他們的意圖或目的就大有不同了。如把《紅樓夢》說解成在描寫人生的苦痛及其解脫方法的，可能是爲了引導同胞再造涅槃境界；而把《紅樓夢》說解成仇清悼明的隱書的，可能是爲了激發國人的民族情感（近代中國深受列強侵凌）；而把《紅樓夢》說解成在批判封建社會的黑暗內幕的，可能是爲了響應（中國大陸）建設共產社會的時代使命；而把《紅樓夢》說解成在敍說一個理想世界的興起和發展及其最後的幻滅的，可能是爲了喚起世人重新經營一塊淨土樂園（參見拙作《文學圖繪》），幾乎各有各的懷抱（不排除他們另有謀取利益、樹立權威等等企圖），不可等同看待。因此，詮釋勢必是一種策略運作。而我們可以繼續努力的是：設法在既有詮釋策略外，開發一些新的詮釋策略，以便自己或他人在實際詮釋時確定能夠獲益。這也是古書「

現世化」或「當世化」的途徑之一。

第三是綜取所需。今人所處環境多不單純，所擔負的工作也頗複雜，所需要用來自處和處世的資源自然相對的增加，這時我們無法只依賴某一家某一派的思想觀念就能應付裕如，而必須攝取各家各派的思想觀念才有可能。鑑於歷來各家各派學說紛然並陳，很難說沒有我們可以綜合攝取的機會。如主張入世的儒家信徒和主張出世的道家信徒，彼此雖然「鳥獸不可與同群」，但入世之路卻多梗塞（如孔子、孟子這些大儒都極不「得志」），有淑世之心的人最好先有「天下陷溺未必是事實，即使是事實也未必只有我一人才能拯救」的心理準備，以免在「壯志未酬」或「出師未捷身先死」時，引發「自怨自艾」或「長使英雄淚滿襟」的慨嘆！這時學學莊子「寧遊戲汙瀆之中自快，無爲有國者所羈，終身不仕，以快吾志」（《史記．老子韓非列傳》）也不錯，不一定要去「爭功」而不得後才來怨嗟「時運不濟」。

又如今人一邊倡導教育，又一邊倡導司法。前者預設了人性是善的（教育才有可能），後者預設了人性是惡的（人有劣根性，所以需要司法來懲治或警戒其犯罪）；既然預設人性是善的，又預設人性是惡的（兼取古代各家對人性的論斷），豈不是相互矛盾？這一矛盾現象卻很少有人去正視。其實，人性不是光由一種論斷就可以了結，善惡是兩種相反的價值判斷，它完全基於人論說的需要而設定的（不是人性與生俱來就有善惡的區別），而在這設定背後又有權力意志在起終極性的作用。因此，設司法、辦教育，表面看來不大搭調，實際上都是統治階層藉以遂行權力支配的兩種手段，而不關「善惡」的爭辯（今人盛行辯論人性「向善」或「善向」，基本上也是失落了重要的焦點）。瞭解這一點後，我們不但能看透古人的「用心」，還可以自我對諍權力意志的合理性，一舉而數得。

這是古書「現世化」或「當世化」可以走的第三條路。它跟前兩條路不妨相互爲用，以確立古書「現世化」或「當世化」能夠走得平穩又有遠景可以期待。而今人還沒有在這方面致力，經由本文的論述多少也有了一點眉目可供參考，無妨有心人在這個基礎上再作發展。

（臺灣日報「前瞻」，一九九六年八月八日）

資料的收集及解讀

此地學界普遍存有「資料第一」的迷思，殊不知研究學術的形態很多種，並不是每一種都需要「足夠」的資料。如果你做的是「文學中的愛情觀」、「文學中的頹廢意識」這類實證研究，當然有越多的資料佐證越好；如果你做的是「文學有沒有獨特的本質」、「文學創作或批評如何可能」這類的理論演繹，羅列資料就沒有多大用處；還有如果你做的是「緣情或言志是什麼」、「知音或理解又如何」這類的概念辨析，那麼就不是只靠資料便能了結。

我所以這樣說，並不表示資料不重要，而是想指出長期存在的「資料是客觀的」或「讓資料自己說話」觀念的謬誤。因爲任何的學術研究，都不免有理論預設或策略考慮，所採用的資料（不論多或少）必經主觀重重的篩選或刪略，基本上已無客觀性可言。再說資料也已經研究者的理解和判定（用來支持他的論斷），最多擁有「相互主觀性」（可以邀得多數人的一致理解），根本跟客觀性扯不上關係。

有了這點認知，再來看本課題，就會很快知道該怎麼做了。首先，資料並不存在於我們的理解之外，當我們相關的理論吸收得越多，越有能耐去判斷那些資料能爲我所用；否則，即使有成千上萬的資料堆在眼前，也將視而不見或無從下手。因此，在做研究前不先充實有關的理論而先去找資料，這就本末倒置了。其次，資料的選擇和匯聚，全依研究的類型和性質而決定，並沒有多少、好壞的區別；如果只考量資料是否不夠多或不夠好，而不知謹守學術上的「剃刀原則」（只要能支持論說就行），那寫出來的文章不是「臃腫可笑」，就是「多不相干」。最後，資料到手後，仍不能立即一個蘿蔔一個坑的加以安置，而得仔細分辨資料中的「事實」成分、「論斷」成分和一般「意見」成分，才給予必要的敘述或評價；不然，連那些資料是否能支持我們的論說，都會令人懷疑。

以上談到資料的收集，全然沒有涉及今人所津津樂道的那套工夫（也就是找叢書、找類書、利用索引等），只因爲那沒有什麼「大不了」（兩三天時間我們就能運用自如）。倒是辨別那些資料是我們所需要的，以及進一步對資料的判讀等問題，才是我們念茲在茲要解決的，而這沒有日積月累的「博學」「廣思」，又如何可得？至於解讀資料的方法，也要有理論的引導（或貞定）才可靠，這在本文雖不能詳論，但至少也指出了一點方向，大家無妨可以再深化它。

（國文天地第十卷第三期，一九九四年八月）

臺灣文化論述的出路

根據經驗，任何論述儘管再強調它有客觀事實的基礎，也難免主觀意識的從中作用，而使該論述變成意識形態式的論述。這也就是當今一些言說理論判斷一切言說（論述）都是意識形態的實踐的依據所在。如果該意識形態的產生，又涉及權力的支配或利益的獨佔，那所形成的論述就更不能等閑對待了。

從這個角度來看有關臺灣文化的論述，應當不難意會這已經沒有所謂臺灣文化眞相如何的問題，有的只是論述者意識的投注和詮釋的策略，以及隱伏在論述背後的權力或利益的爭奪。這在目前常見的三種論述形態中，沒有一個能夠例外：首先是以中國爲中心的臺灣文化論述，它把臺灣文化當作是中國文化的延申，爲的是維護既得的政治權力或經濟利益，而這正是官方長久以來所表現或所認可的支配性意識形態；其次以臺灣爲中心的臺灣文化論述，它力辯臺灣文化不同於中國文化，爲的是爭取未得的政治權力或經濟利益，而這正是民間新興且強力推銷的反支配性意識形態；最後是依違在前兩種形態間的折衷論調，它主張臺灣文化爲多元的融合，目的也不外是藉便取得或分沾政治權力或經濟利益，而這正是當今半官半民（中介者）所流露的投機性意識形態。

在前三種論述形態中，第一種早已形成阿圖塞（Louis Althusser）所說的「國家意識形態設置」，並透過法律、政治、教育、工會組織、傳播媒體、文化機構等媒介，來控制民衆的思想和行爲，而民衆也常以此一意識形態作爲意義的中心，同時藉它來組構自我，以及跟社會建立起想像的關係。但在這些媒介中，往往也醞釀出抗拒的論述，而使原先支配性的統一權勢遭到考驗。這在第二種論述形態出現後，就可以充分看出它所以會被排斥的癥結所在，以及預料它將窮於應付來自對方的挑戰。不過，第二種論述形態也不可能僅處於反支配地位，它最終仍是要取得支配性，再推出迥異於前者的「國家意識形態設置」，以便操控人心。至於第三種論述形態，表面看來沒有前二者那麼大的企圖，但內裏還是盼望有朝一日能取代別的論述，成就一個新的標竿。只是它難以被前二種論述接納，發展的空間相當有限，離所要取得支配地位的時機還很遙遠。

類似這種根源權力或利益的爭奪而發的論述，永遠無法成爲穩定社會秩序的先導，只會促使原已混亂的局面更加不寧。這只要試想第一、二種論述彼此水火不容，而形現在具體行動中的相互挑激和對抗，就可以感受到整個社會所要付出的慘重的代價。即使有第三種論述適時出現，企圖緩和日益擴大的亂象，但也無助於社會秩序的平復。原因就在它提不出彼此相互包容後權力分享或利益均沾的具體方案，以及確保此一具體方案的可行性；更何況它也無法禁止自己不從中牟利而給社會再添一些變數呢！這樣說來，既有的一切相關臺灣文化的論述，都無益此地物質生活的改善和精神生活的重建，臺灣的前途仍在未定之天。

雖然如此，要論述臺灣文化也不是沒有突破的可能。從整體來看，臺灣文化顯現在終極信仰方面的情況如何，作爲行動指標的思想觀念到底怎樣，累積形成了那些倫理道德規範，有什麼具體可見的文學藝術成果，開發了多少管理人事和控制自然的辦法，還有待全面的探討和深入的研析；從局部來看，個別終極信仰間的差異該如何調和，不同思想觀念間的衝突要怎樣化解，舊倫理道德規範從何處開始更新，經由什麼途徑來提升文學藝術的水準，有何憑藉可以強化人事制度和科學技術，也仍須一一的加以論辯和推演。這些都能夠遠離權力宰制的理論預設，而開啓一個臺灣文化論述的新紀元。

眼看西方有關文化理論的專著一本本的出現，而我們還停留在一些粗糙的意識形態的爭辯，試問我們有什麼能耐去跟人家對話？還有我們政策的擬定、制度的建立、經貿的取向、技術的培植，無一不受列強的直接影響和間接操縱，又試問我們如何現在就侈言什麼「主體性」？浮淺的論述臺灣文化，只會延緩相關理論的建構，終究難以把「臺灣」品牌搬上世界舞臺，好讓世人在對臺灣當前經濟的泡沫印象外有一新耳目的機會。關心臺灣前途的人，實在不能不在這個關節上痛下省思。

（法光第六三期，一九八四年十二月十日）

附錄

掀揭神祕的面紗

——李義山〈錦瑟〉詩平議

一 前言

歷來討論李義山詩的人，莫不折服於其用典的深奧和艱澀；千年之後，那些深妙晦澀的典故，依然填塞在讀者的心底而不得化解。李義山的詩作裏，以〈錦瑟〉詩後人訟議最多，已變成懸而未決的「公案」。考其發生的原因，不外兩端：一是李義山身世和〈錦瑟〉詩的關係曖昧；一是〈錦瑟〉詩本身的難解。一般的箋註家和評論家都注意於前者，至於後者乃在他們解決前者後自然而然的得到解決；但李義山的身世是個謎，〈錦瑟〉詩的寓意也是個謎；解謎的人各有說辭，始終沒有定論。以現代文學批評的角度看來，他們所註所論多偏於一端，少能涵蓋整體；亦即他們大多傾向於「歷史」的批評，而鮮顧「形式」的批評。因此，本文除給予〈錦瑟〉詩尋一確解外，並探討其特色，以還其應有的藝術價值。

二 略評各家箋註

元好問《論詩絕句》說：「望帝春心託杜鵑，佳人錦瑟怨華年。詩家總愛西崑好，獨恨無人作鄭箋。」此論透露〈錦瑟〉是首膾炙人口的詩；然其涵義隱晦，連箋註家都束手無策。綜觀各家說法，固有不足一嗤的謬議，但亦有值得取法的高論。今撮其要，略加評述於後：

㈠詠物說：蘇東坡認定此詩爲詠瑟而作。朱長孺《李義山詩集箋註》引黃朝英《靖康緗素雜記》說：「義山〈錦瑟〉詩，山谷讀之，殊不曉其意，後以問東坡。坡曰：『此出《古今樂志》。錦瑟之爲器也，其絃五十，其柱如之；其聲也，適、怨、清、和，以中間四句配之，一篇之中，曲盡其意。』」東坡以「適、怨、清、和」的瑟音釋此詩，其附會處，不言可喻。其次，東坡忽視前後四句在詩中所扮起合的角色，尤爲不當。李義山詩集中，找不出純粹的詠物詩；雖有以物名爲題的詩，但都是借物發端，別有寓意。〈錦瑟〉詩亦是。

㈡悼亡說：主〈錦瑟〉是悼亡詩的人最多。茲舉較有代表性的三家爲例：厲鶚《樊榭山房集》評此詩說：「此詩義山悼亡之作也。錦瑟五十絃，剖爲二十五，是即其人生世之年，故云思華年也。今則如莊生之蝶，望帝之鵑，已化爲異物矣；然其珠光玉潤，容華出衆，有令人追憶不能忘者；在當時已惘然，知尤物之不能久存，不待追憶而始然也。」馮浩作《玉谿生詩箋註》，在〈錦瑟〉詩後說：「此悼亡詩定論也。」孟心史〈李義山錦瑟詩考證〉說：「瑟實爲二十五絃，但古傳爲五十絃所破，合兩二十五，成古瑟絃數。義山婚王氏，時年二十五；意其婦年正相同。夫婦各二十五，適合古瑟絃之數；因恒以錦瑟爲佳偶之紀念。」厲、孟二氏，以瑟絃數附會年數的說法，爲識者所不取。況依馮浩《玉谿生年譜》說，義山娶王氏女時是二十六歲，不是二十五歲。顯然兩者史料各有出入，而把此詩釋爲悼亡之作，更屬曲解。馮氏逐句箋註〈錦瑟〉時，雖有發微之處，但亦難脫臆解之嫌。

㈢戀愛說：劉攽《中山詩話》說：「李商隱有〈錦瑟〉詩，人莫曉其意，或謂是令狐楚家青衣名也。」此道「或謂」，無佐證，實不足爲據。蘇雪林《玉溪詩謎》說義山和兩名宮嬪（飛鸞和輕鳳）發生戀情，她們曾贈錦瑟給義山，而義山亦以玉盤回贈；後二宮女因故投井死，義山便作此詩悼念他們。蘇氏言之鑿鑿，然不免亦有附會之詞，難以採信。樸人〈談錦瑟〉說：「義山詩多豔情綺語，後世多疑其一生必有男女間的風流韻事，然而他自己說過一句話，爲若干箋註家所忽略，此語見其〈上河東公啓〉。河東公即柳仲郢，節度劍南的時候，義山爲其記室，官銜是『判官校檢工部員外郎』。柳鑑於義山悼亡後，抑鬱無聊，擬以官伎張懿仙爲義山小星，義山上啓力辭，有句曰：『南國妖姬，叢臺妙妓，雖有涉於篇什，實不接於風流。』他自己承認雖多香豔筆墨，並無實際的風流勾當。」此說較近於情理。

㈣自題其詩說：邵德潤〈試解錦瑟之謎〉，引錢鍾書〈馮註玉谿生詩集詮評〉未刊稿說：「李商隱〈錦瑟〉一詩，古來箋釋紛如，多以爲影射身世。何焯（義門）因宋本《義山集》舊次，〈錦瑟〉冠首，解：『此義山自題其詩，以開集首者。』（見《柳南隨筆》卷三，《何義門讀書記》，《李義山詩集》卷上，記此爲程湘衡說）視他說之瓜蔓牽引，風影比附者，最爲省淨。」錢氏認爲「此義山自題其詩，以開集首者」的說法最爲省淨；但錢氏所詮釋的話（見邵文引），證據仍相當薄弱。邵文說：「就我粗淺的推斷，清初人如何義門、程湘蘅等人，絕不可能想到一個詩人，要以詩來說明自己作詩的方法的，照中國傳統的文章寫法，所謂『自題其詩』正如『自敘其文』一樣，應該是指『自題其詩集』，而和『自敘其文集』具有同樣的意義。把『自題其詩』的『題』字，作爲解釋或評論講，恐怕是清初人所不能想像的。」邵氏的說法頗爲切要。倘這是義山自題其詩，箋註家實很難自圓其說。不過，邵氏認爲「滄海月明珠有淚，藍田日暖玉生烟」兩句，如錢鍾書立爲義山以此聯說明他所寫詩的風格或境界，其說「似頗精審」而表贊同，亦是想當然耳。義山借用這兩則典故，有其深刻的含義，並非寓其寫詩的風格或境界（詳後）。

㈤自傷之詞說：何義門《李義山詩集箋註評註》說：「此篇爲自傷之詞，騷人所謂美人遲暮也。莊生句，言付之夢寐；望帝句，言待之來世；滄海、藍田言埋韞而不得自見；月明、日暖則清時而獨爲不遇之人，尤可悲也。」又說：「《義山集》三卷，猶是宋本。相傳舊次，始之以〈錦瑟〉，終之以〈井泥〉。合二詩觀之，則吾謂自傷者，更無可疑矣。」證以此詩爲義山晚年之作，不免有自傷之感；又其〈樂遊原〉詩說：「向晚意不適，驅車登古原。夕陽無限好，只是近黃昏。」亦含自傷之意，與此詩相類：是知何說實有其可取之處。今人採此說的頗多，如邵德潤〈試解錦瑟之謎〉、高陽〈錦瑟詳解〉等，都是承此說而多方闡發；但他們對於詩句的解釋，仍有缺誤之處，亦即未察〈錦瑟〉詩中典故所托寓的微言深旨。

試探〈錦瑟〉真義

確認〈錦瑟〉詩為「自傷之詞」後，再加以解釋，大致不謬。因此詩涉及用典有五處，解時須將寓意和典故作最密切的聯結，否則仍不見其旨意。茲錄全詩並逐釋如下：

錦瑟無端五十絃，一絃一柱思華年。莊生曉夢迷蝴蝶，望帝春心託杜鵑。滄海月明珠有淚，藍田日暖玉生烟。此情可待成追憶，只是當時已惘然！

首聯「錦瑟無端五十絃，一絃一柱思華年」。高文說：「以〈錦瑟〉為題，明言取瑟而歌，絃外有音。次句『一絃一柱思華年』，此絃為一年，則起句的『五十絃』，自是指舉成數而言的半百之年。衰年回首，悵觸萬端，不知從何說起，故日『無端』。」邵文說：「義山回首前塵，自悲身世，以『錦瑟無端五十絃』，自喻『年近五十，一事無成』的無端感慨；而年華之流逝，正如錦瑟一絃一柱之限。」邵、高的釋義是承馮浩的箋註而來。馮浩《玉谿生詩箋註》說：「有絃必有柱；今者撫其絃柱，而歎年華之倏過，思舊而神傷也。」以上的釋義中，有三個疑問：㈠「五十絃」是否自喻「年近五十」？㈡「一絃一柱」是否代表「一年」？㈢「華年」是否和「年華」同義？關於第三個問題，徐復觀〈環繞李義山錦瑟詩的諸問題〉說：「按馮氏對此句的解釋，尚稱平穩；唯他犯了一般註釋家所犯的共同錯誤，即是把詩中『華年』，倒轉來作『年華』去理解。『華年』猶今日之所謂『青年』；《魏書・王叡傳》『漸風訓於華年，服道教於弱冠』、張協詩『疇昔協蘭房，繾綣在華年』，這都只能作青年解釋。『年華』猶今日之所謂『光陰』；庾信〈杖賦〉『年華未暮，容貌先秋』，這只能作光陰解釋。二者含義不同，古人用此兩詞時，從無倒誤。以義山的表達能力，斷乎不會本意指的是『年華』，卻因湊韻腳而改為『華年』的。」「華年」不是「年華」，徐氏說得很明白，勿庸贅言。至於第一個問題，須先談「五十絃瑟」的典故。此出自《史記・封禪書》的一段神話：「泰帝使素女鼓五十絃瑟，悲，帝禁不止，故破其瑟為二十五絃。」（《史記》絃作弦，此訂）其實人間並無五十絃的瑟。據劉禹錫〈調瑟〉詩「朱絃二十五，缺一不成曲」和錢起〈歸雁〉詩「二十五絃彈夜月」，略可知一般的瑟多為二十五絃（亦有十九絃、二十三絃、二十四絃等說法）。以「五十絃」喻「年近五十」，顯已不近其理；又據馮浩《玉谿生年譜》說〈錦瑟〉詩為義山四十二歲時所作（義山四十七歲死），那喻「年近五十」，實為強解。據此，亦可知「一絃一柱」不代表「一年」。既是如此，欲解此聯只得從義山借用典故的用意著手。因素女鼓瑟時滿懷悲愴，當義山彈瑟後，聯想起素女的故事，不禁興起空恨的心情，及為坎坷的身世而感傷。兩句合釋，即「眼前錦瑟無緣無故幻化成五十絃（原只二十五絃，因想及素女鼓瑟而起幻覺），一絃一柱都在引我憶起年輕的歲月」。

頸聯「莊生曉夢迷蝴蝶，望帝春心託杜鵑」。邵文說：「這兩句應該認定為義山自傷身世之辭。莊生因夢化為蝶而迷，不知栩栩然莊周為蝶，抑蘧蘧然蝶夢為莊周。義山以此自傷身世之變幻，依人作嫁，忽為牛黨，忽為李黨，以致迷離惝恍，無所適從。蜀之望帝自慚德薄，委國於人，化為杜鵑，泣血悲鳴。義山以此自哀婚後不能見諒於令狐綯，雖然屢次陳啓，如望帝化鵑之泣血，終未能獲得令狐綯的諒解。」此解比前人的箋註爲優；但義山婚後不見諒於令狐家的事，徐文另有說辭。徐氏認爲義山一生的隱痛，不在於他和令狐家的關係，而是在於他和婦翁王茂元的關係；因義山婚後的一切不如意，都源於王茂元對他的誤解和抑制，這才是義山坎壈終身的眞正原因。不論孰是孰非，我們都可認定義山確實想在政治上有所作爲，但始終不能如意，於是悒鬱一生。義山用這兩個典故，象徵的意義非常微妙，稍縱即無法理解。先看前句的典故，《莊子・齊物論》篇說：「昔者，莊周夢爲蝴蝶，栩栩然蝴蝶也，自喻適志與！不知周也。俄然覺，則蘧蘧然周也，不知周之夢爲蝴蝶與？蝴蝶之夢爲周與？周與蝴蝶，則必有分矣。此之謂物化。」莊周夢蝶一事，乃莊子運用來喻「物化」（形象的變化）之意。義山藉此以喻其身世變幻無常，不可捉摸。後句的典故，出自《蜀本紀》：「望帝使鼈靈治水，與其妻通，慚愧；且以德薄不及鼈靈，乃委國授之。望帝去時，子規方鳴。」（許愼《說文解字》亦載：「蜀王望帝婬其相妻，慙，亡去爲子嶲鳥。故蜀人聞子嶲鳴，皆起曰是望帝也。」段玉裁注：「嶲借爲規字。」又：「子規，即杜鵑也。」）義山藉此以喻其德業未顯著於世，有愧衷心。兩句合釋，即「當時身世變化莫測，好像莊周迷失於夢蝶；德業淺薄困慮，好像望帝慚咎而託鵑」。

腹聯「滄海月明珠有淚，藍田日暖玉生烟」。頸聯兩句承首聯而來，這兩句是轉句，而全首自傷之意屬此最深。邵文說：「何義門評此聯時說：『珠淚玉烟，以自喻其文采』。錢鍾書立爲義山以此聯說明他所寫詩的風格或境界。雖雕琢晶瑩如滄海月明之珠，仍能眞情流露，具寶質而不失人氣；雖博奧巧麗如藍田日暖之玉，仍能生氣蓬勃如霧如烟，有異於雕繪奪情，工巧傷氣之作。以此聯而言，錢鍾書的說法似頗精審。司空圖說，戴叔倫認爲詩家之景，如玉生烟，可望而不可置於眉睫。珠有淚的意境，可意會而不可言傳；玉生烟的奇景，亦爲可遠望而不可近觀。何義門認爲李義山以珠淚玉烟，自喻文采。朱彝尊說，李義山詩可以句求，不可以篇解。以珠有淚，玉生烟喻義山詩之常可意會而無可詳解，似亦頗爲恰當。」高文解「滄海月明珠有淚」句說：「言所爲文字，他人看來字字珠璣，自知爲淚所化，其爲沈哀，不言可知。」又解「藍田日暖玉生烟」句說：「喜故人貴盛，且有跨灶之子，自是一大安慰（意爲兼頌令狐父子）。」二說不免有拘泥於前人箋註之弊，且高文將藍田句解作「兼頌令狐父子」，又過於突兀而不知作何解釋。此皆與主題「自傷之詞」乖違，當可不取。滄海句的典故出自《博物志》：「南海外有鮫人，水居如魚，不廢績織，其眼淚則能出珠。」要解義山藉此典故的寓意，須先瞭解他後半生的遭遇。他目睹當時政治黑暗，民生疾苦，而直想有一番作爲，但誤解他的人不要用他，瞭解他的人不敢重用他，以至難獲較高的職位，以償宿願。因此，他用此典故喻大志不能實現，內心悲悽無人知曉，好像那孤獨而不廢績織的鮫人（不廢績織必有他因，只是無從考知），黯然的在流淚。「眼淚能出珠」，必非常人。義山取此作「珠有淚」，不能解爲「淚如珠」，應釋作「珠上猶有鮫人的眼淚」，語意才能順暢。整句是說在滄海月明中，鮫人的遺珠還泛著他的淚光（表鮫人的悽傷永無止盡）。義山藉此以喻其孤獨而悲悽不已。藍田句的藍田，出自《漢書・地理志》：「京兆藍田縣，山出美玉。」至於「玉生烟」，前人多有誤解，也許是不明出處的緣故。丁慰慈〈我亦一談錦瑟詩〉，考證「玉生烟」的由來，甚合此句的意思。他說：「玉生烟唯一的可能性，據《尙書

・胤征》篇『火炎崑岡，玉石俱焚』，只有在『火炎崑岡』的時候，玉生烟的情況乃能發生。」故義山取此表面在說日暖風薰的藍田山上，那些美玉受焚而生出烟來，內裡卻在說他有一身才華而徒遭埋沒。誠如丁文中所說「藍田日暖是冠蓋滿京華，而玉生烟實斯人獨憔悴之義」。兩句合釋，即「中年以後，栖皇不安，孤寂淒涼，有如滄海鮫人的遺珠；有志難申，委屈否塞，有如藍田受焚的美玉」。

尾聯「此情可待成追憶，只是當時已惘然」。邵文說：「自是義山自述編次詩集時，重讀舊作的各種感觸。緬懷少年時代的意氣風發，往日多少情懷，雖歷歷在目，有『此情可待』的遐思，但都已『成追憶』中的陳跡。『只是』回想當年歛歷仕途的各種恩怨得失，『當時』即『已惘然』如夢，而今追悔，亦已無從補救。」前已論及此詩不是義山爲題其詩而作，邵文「自是義山自述編次詩集時，重讀舊作的各種感觸」，當可擱置。只有後面所說的尚能符合本意。此聯是合，爲全詩的總結，並與首聯前後呼應。義山作詩的技巧，頗爲高明，此即古人所謂的「迴身射雕」法。王維〈觀獵〉詩：「風動角弓鳴，將軍獵渭城。草枯鷹眼疾，雪盡馬蹄輕。忽過新豐市，還歸細柳營。迴看射雕處，千里暮雲平。」「此情可待成追憶，只是當時已惘然」和「迴看射雕處，千里暮雲平」，實有異曲同工之妙：一黯然悵惘，一躊躇滿志，要都是回應前文，當下再次的回顧往事，而遺留不盡的韻味予人咀嚼。兩句合釋，即「這些往事都可等待日後去追憶，只是當時的惝怳愧恧和坎壈苦志，已令人悵惘不已」。

評估〈錦瑟〉的特色

這是一首七言律詩，凡律詩所要遵守的格律，如平仄、押韻、對仗等，它都不失嚴謹。其次，作者精湛的寫作手法，亦使此詩更富藝術價值。茲略作剖析於後：

(一)形式方面：

1.韻律協暢：作者吐納律呂，無非自然。各句字平仄相調，聯貫無礙，讀來抑揚頓挫，暢快無比，幾令人遺忘其深沈的情思，正寄託於字面下。《書・堯典》說：「八音克諧，無相奪倫，神人以和。」確信〈錦瑟〉時已達此境界。這得歸功於義山選字之精，措辭之妙。

2.對仗工整：中間四句，兩兩相對。莊生對望帝，曉夢對春心，迷對託，蝴蝶對杜鵑；滄海對藍田，月明對日暖，珠對玉，有淚對生烟，於此毫無乖誤。又兩聯都是用典，有其匠心獨運之處。劉勰《文心雕龍・麗辭》篇說：「故麗辭之體，凡有四對：言對爲易，事對爲難，反對爲優，正對爲劣（依劉勰意，事對乃分反對與正對）。言對者，雙比空辭者也。事對者，並舉人驗事者也。反對者，理殊趣合者也。正對者，事異義同者也。」以典爲對，即屬於「事對」。雖然此兩聯不免有「正對爲劣」的嫌疑，但不足以爲詩家疵病；觀之古今，能以四個相異的典故，來隱喻一層深於一層的感懷的詩人，究竟不多。義山用典如此巧妙，正是其詩傳之不衰的關鍵。

3.結構嚴明：《文心雕龍・章句》篇說：「夫裁文匠筆，篇有大小，離章合句，調有緩急；隨變適會，莫見定準。句司數字，待相接以爲用；章總一義，須意窮而成體。其控引情理，送迎際會，譬舞容迴環，而有綴兆之位；歌聲靡曼，而有抗墜之節也。」此雖論文章成體之條件，然「章總一義」

亦爲詩人所嚴守。〈錦瑟〉詩從首聯望瑟思華年起，逐次展開思潮，回想青年時夢幻，回想中年時的遭遇，最後要停止前再來一次回顧，總環繞「自傷」的主題而轉。其文辭聯結緊密，呼應如環，無懈可擊。古人所謂「出神入化」，〈錦瑟〉詩當之而無愧。

㈡**意義方面**：

1.意象傳達精確：義山作詩，多用比興，很少平舖直敍。以現代的文學術語，稱作「意象間接的傳達」和「意象繼起的傳達」（見王夢鷗《文學概論》），或稱作「隱喻」和「象徵」（見韋勒克等《文學論》）。〈錦瑟〉詩前後四句，屬直接傳達的意象（心中有此意，直接譯爲文字）；中間四句屬隱喻，亦有象徵意味。後人讀時，倘不明其眞正的涵義，仍會有「戚戚焉」的感覺，此即進入其象徵的世界裏。可見義山傳達意象的高妙，致此詩光采四耀。

2.主題具普遍性：〈錦瑟〉詩是義山自傷身世而作，其主題雖不足爲道；但放眼整個人類，孰能終身免於感傷？俗話說：「人生不如意事，十之八九。」知無人能免於自責或自傷。所以義山的詠嘆，正是多數人已發或未發的心聲。於是詩的主題擴大了，從單一性變成普遍性。文學作品能否不朽，由此可窺其端倪。義山當亦有此「共識」。而難能可貴的是他能處理得含蓄婉轉，不露痕跡，令人嘆賞不置！

（淡江週刊「淡江風」，一九八八年十月三十一日）

《文心雕龍》「文體」新解

南朝劉勰所著《文心雕龍》一書，文精意深，向稱難解。因其難解，故論者難免郢書燕說，或者硬套後世文學理論而使古人就範，以至張冠李戴。昔宋玉之傷「陽春白雪，曲高和寡」，劉勰亦嘆「知音千載難逢」，誠有其因。然文心一書並非不可解，其中理路明晰，內義脈注，只要潛心研索，自有心得。劉勰說：「夫綴文者情動而辭發，見文者披文以入情，沿波討源，雖幽必顯。世遠莫見其面，覘文輒見其心。豈成篇之足深，患識照之自淺耳。」（〈知音〉篇）正可取以為研讀文心者戒。

文心中的「道」義、「文體」義、「風骨」義等，最為今人所聚訟。然細察其所以斷斷爭辯不休的原因，都是對文心本文的玩味不夠；其精義未了，自無從下一確切的斷語。其實，文心中的「道」，乃指自然之道（黃侃、劉永濟已先言之），聖人法此自然之道而為文，即為文章的起源（詳見〈原道〉篇）。「文體」，乃指文章的內涵，並非後人所謂文章的類別，或文章的體裁（詳後解）。「風骨」的風指文氣，骨指文義（詳見〈風骨〉篇）。以上諸義，只要熟讀文心，即可了然於心，不待外求。唯本文但論「文體」，不遑顧及其他，故暫捨「道」、「風骨」而不論。

論者皆謂文心體大慮周，上篇中的〈原道〉到〈辨騷〉等五篇為本原論，〈明詩〉到〈書記〉等二十篇爲文體論；下篇中的〈神思〉到〈總術〉等二十篇（包括〈物色〉篇）爲文術論，〈時序〉到〈程器〉等四篇爲文評論，〈序志〉一篇爲敍論以統諸篇。此說但見其密而不見其疏。唯以〈明詩〉到〈書記〉等二十篇爲文體論，所用「文體」一詞與文心中慣用的「文體」同名異實，爲正名起見，改稱「文類」比較恰當。劉勰論文，大判古來文章爲二十類，此二十類中又可細分爲一百多品，誠爲驚人之舉。觀劉勰前尚未有如此細密者；又自劉勰後，有些文類已自然淘汰，不復見於世，若梁蕭統《昭明文選》所分不過三十九類，北宋姚鉉《唐文粹》亦僅有二十二類，及清姚鼐《古文辭類纂》只有十三類，而曾國藩《經史百家雜鈔》更省爲十一類；是知劉勰文心一書之體大，無有能過其右者。劉勰先敍文之本原，再舉文類以證，後繼以文術、文評，是知其思慮周到，不愧爲論文中的聖手。

文心中所敍的「文體」二字，合則義如前解，分則別爲二義，其文自爲文，體自爲體，後人凡以一義解者，皆違隔難通。先論「文」義：文心中除多著單一「文」字外，尚有「文字」（見〈原道〉、〈諧隱〉等篇）、「文章」（見〈原道〉、〈徵聖〉、〈宗經〉、〈雜文〉、〈情采〉等篇）、「文勢」（見〈詮賦〉篇）、「文學」（見〈頌讚〉篇）、「文體」（見〈誄碑〉、〈定勢〉、〈章句〉、〈附會〉、〈總術〉、〈時序〉、〈序志〉等篇）、「文質」（見〈誄碑〉、〈史傳〉等篇）、「文采」（見〈誄碑〉、〈情采〉等篇）、「文辭」（見〈辨騷〉、〈書記〉、〈諧隱〉、〈檄移〉等篇）、「文移」（見〈檄移〉篇）、「文情」（見〈雜文〉篇）、「文理」（見〈詔策〉、〈封禪〉、〈奏啓〉等篇）、「文法」（見〈奏啓〉篇）、「文翰」（見〈書記〉篇）、「文書」（同上）、「文意」（

同上）、「文骨」（見〈議對〉、〈風骨〉等篇）、「文風」（見〈風骨〉篇）等名稱。依〈原道〉篇所言，「文」乃指天地萬物之文，聖人法之而制篇什，遂以爲文章之專稱。〈原道〉篇說：「爰自風姓，暨於孔氏，玄聖創典，素王述訓，莫不原道心以敷章，研神理而設教，取象乎河洛，問數乎蓍龜，觀天文以極變，察人文以成化；然後能經緯區宇，彌綸彝憲，發揮事業，彪炳辭義。故知道沿聖以垂文，聖因文而明道，旁通而無滯，日用而不匱。」文心中凡言「文」者，多指此義（或連「文章」爲稱，見前）。其次，或指文字，或指文采，或指文辭，或指文藻（與「文采」異名同實）；合言之，故有「文字」、「文采」、「文辭」、「文藻」等名稱。至「文勢」則指文章的氣勢，「文學」則與「文章」同義，「文體」則指文章的內涵（見前），「文質」則指文學上的兩種觀念（文飾與質朴），「文移」則指文事的移文，「文情」則指文章中的情思，「文理」則指爲文的理法，「文法」則指文事的法條，「文翰」則與「文書」同義，「文意」（或作「文義」）則指文章的涵義，「文骨」亦指文章的含意（與「文意」同義，見前），「文風」則指文章的氣勢（與「文勢」同義，見前）。其書在世，實可覆按。

次論「體」義：文心中所著「體」字，詳考之，約有六義：

一、指「文章的內涵」：〈誄碑〉篇說：「詳夫誄之爲制，蓋選言以錄行，傳體而頌文，榮始而哀終。」所謂「傳體而頌文」，言誄之實體以錄行爲主，其敍事有如史傳，而誄之文辭則多褒美，有如頌讚。此「體」「文」相對，知「體」指文章的內涵。〈雜文〉篇說：「蔡邕釋誨，體奧而文炳。」謂蔡邕所作〈釋誨〉一文，實體深奧而文采炳蔚。此亦「體」「文」相對。〈體性〉篇說：「是以賈生俊發，故文潔而體清。」謂賈誼才俊氣發，所爲文章盡文辭潔淨而實體淺要。此亦「體」「文」相對。以上三例，其義顯而易見。此外尚有義似隱微而實可見者，茲舉數例以明之：

夫鑒周日月，妙極機神；文成規矩，思合符契；或簡言以達旨，或博文以該情，或明理以立體，或隱義以藏用。（〈徵聖〉篇）

此謂爲文者或精簡語言以達其旨意，或博備文字以該其情思，或闡明事理以立其實體，或隱匿文義以藏其所用。此處「明理」乃是立文的一種方式，知其下文「體」字爲文章的內涵無疑。

故文能宗經，體有六義：一則情深而不詭，二則風清而不雜，三則事信而不誕，四則義貞而不回，五則體約而不蕪，六則文麗而不淫。（〈宗經〉篇）

此謂文能宗經，其實體有六種特色：一則情思深沈而不詭異，二則文氣清暢而不雜亂，三則事實可信而不荒誕，四則文義貞正而不回邪，五則實體儉約而不蕪蔓，六則文辭華麗而不淫侈。文能宗經，其實體則有深、清、信、貞、約等特色，知其是針對文章的內涵而發。然文章的內涵必須依賴文辭以完成，故又兼論及文辭，即「文麗而不淫」是（按：經以內涵取勝，論其「文麗」則嫌不足，而有待於酌取楚辭篇什中之辭采，以爲制文之資。此劉勰所以「辨騷」的原因。然文能宗經，其體骨已樹，縱其文采華麗，亦斷不致淫侈）。劉勰論文，雖主宗經，但其亦深知「言之無文，行而不遠」的道理，故又極力倡導文章要以「雕縟成體」（〈序志〉篇），即雕鏤繁縟辭采以成就文章的內涵。所以〈徵聖〉篇說：「然則聖文之雅麗，固銜華而佩實者也。」

若夫四言正體，則雅潤爲本；五言流調，則清麗居宗。（〈明詩〉篇）

此謂正統四言詩的實體以雅正溫潤爲根本；後世五言詩的辭調以清純巧麗爲宗主。大概傳統四言詩（如《詩經》）重質而不重文，後世五言詩重文而不重質，所以劉勰各就其特色而論之。則此「體」字，明指文章的內涵。

故辭理庸儁，莫能翻其才；風趣剛柔，寧或改其氣；事義淺深，未聞乖其學；體式雅鄭，鮮有反其習。（〈體性〉篇）

此謂爲文者其運辭理法的庸滯或儁逸，沒有不是決定於才能的；其文氣趨向的剛健或柔弱，很少不跟氣質無關的；其取事寓義的淺近或深奧，從未有不視讀書多寡而定的；其實體格式的典雅或淫靡，極少不與習染無涉的。此以「雅鄭」論體，則「體」字當指文章的內涵。〈體性〉篇下文又說文章有「典雅」、「遠奧」、「精約」、「顯附」、「繁縟」、「壯麗」、「新奇」、「輕靡」等八體，論者咸以此「體」字爲「風格」，實亦指文章的內涵。唯此內涵皆寄托於文辭之下，何等文辭即造成何等的內涵，所以劉勰在論述此八體時，往往先說文辭，後說內涵。

魏武以相王之尊，雅愛詩章；文帝以副君之重，妙善辭賦；陳思以公子之豪，下筆琳瑯，並體貌英逸，故俊才雲蒸。（〈時序〉篇）

此謂曹氏父子善於辭賦詩章，所爲文章並能實體精實而辭采秀逸，以至天下才俊之士齊聚其門下。此處「體」「貌」並稱，一表文體，一表文貌；文體即文章的內涵，文貌即文章的形式（文辭）。類此者甚多，不遑盡舉，讀者可以三隅反。

二、指「要領」：〈詮賦〉篇說：「原夫登高之旨，蓋睹物興情。情以物興，故義必明雅；物以情觀，故詞必巧麗……此立賦之大體也。」〈祝盟〉篇說：「夫盟之大體，必序危機，獎忠孝，共存亡，戮心力，祈幽靈以取鑒，指九天以爲正，感激以立誠，切至以敷辭，此其所同也。」〈總術〉篇贊說：「文場筆苑，有術有門。務先大體，鑑必窮源。乘一總萬，舉要治繁。思無定契，理有恆存。」以上三例中「大體」義，皆與同書中「大較」（見〈祝盟〉篇）、「大要」（見〈銘箴〉篇）、「大略」（見〈詔策〉篇）等義相類，可見此一「體」字，乃作「要領」解。此外尚有「體」字作「要領」解而不與「大」字連稱者，如〈頌讚〉篇：「然本其爲義，事生獎歎，所以古來篇體（此「體」字指文章的內涵），促而不廣，必結言於四字之句，盤桓乎數韻之辭；約舉以盡情，昭灼以送文，此其體也。」又如〈檄移〉篇：「觀隗囂之檄亡新，布其三逆，文不雕飾，而辭切事明，隴右文士，得檄之體矣。」故文心中凡以「要領」見義者，或言「體」，或言「大體」，可以意求。

三、指「體察」：〈詮賦〉篇說：「賦者，鋪也，鋪采摛文，體物寫志也。」又說：「若夫京殿苑獵，述行敘志，並體國經野，義尚光大。既履端於唱序，亦歸餘於總亂。」〈諧隱〉篇說：「自魏代以來，頗非俳優，而君子嘲隱，化爲謎語。謎也者，迴互其辭，使昏迷也。或體目文字，或圖象品物，纖巧以弄思，淺察以衒辭，義欲婉而正，辭欲隱而顯。」〈情采〉篇說：「而後之作者，採濫忽眞，遠棄風雅，近師辭賦，故體情之製日疎，逐文之篇愈盛。」〈夸飾〉篇說：「至如氣貌山海，體勢宮殿，嵯峨揭業，熠耀焜煌之狀，光采煒煒而欲然，聲貌岌岌其將動矣。莫不因夸以成狀，沿飾而得奇也。」以上諸「體」字，皆作「體察」解。所謂「體物寫志」，言體察萬物百態，敍寫人心情志。所謂「體國經野」，言體察國家情勢，經緯山野風貌。所謂「體目文字」，言其文字必須經由體察始能了悟其意。所謂「體情之製日疎」，言體察實情的文製日漸減少。所謂「體勢宮殿」，言體察宮殿的形勢。此皆以名詞作動詞用，與他例迥異。

四、指「字體」：〈練字〉篇說：「先王聲教，書必同文；輶軒之使，紀言殊俗；所以一字體，總異音。」又說：「太史學童，教試六體。」又說：「倉頡者，李斯之所輯，而鳥籀之遺體也。」又說：「異體相資。」又說：「字體瓌怪。」以上諸「體」字，皆作「字體」解。

五、指「身體」、「肢體」：〈風骨〉篇說：「故辭之待骨，如體之樹骸；情之含風，猶形之包氣。」〈麗辭〉篇說：「造化賦形，支體必雙；神理爲用，事不孤立。」又贊說：「體植必兩，辭動有配。」〈指瑕〉篇說：「明帝頌云：『聖體浮輕。』浮輕有似於胡蝶。」以上諸「體」字，皆作「身體」、「肢體」解。

六、指「爻體」：〈隱秀〉篇說：「譬爻象之變互體，川瀆之韞珠玉也。」又說：「故互體變爻，而化成四象；珠玉潛水，而瀾表方圓。」又贊說：「辭生互體，有似變爻。」以上諸「體」字，皆作《易》之「爻體」解。

文心一書中所著「體」字，雖有以上六義之別，然其文例自有統系，彼此不相含混；且其用字之輕重，亦能權衡得宜。如作「身體」、「肢體」、「爻體」解者之「體」字，多在比喻文章的內涵，可謂彼重此輕。又如「文體」的「體」字，爲文章的內涵，可包含情、思、事、義；而「大體」、「字體」之「體」字，皆以一義見，可謂此重彼輕。至於「體要」、「體物」、「體國」、「體目」、「體情」、「體勢」之「體」字，與「文體」之「體」字二者文例不類，不爲輕重。研讀文心者，實不可不詳察此義，否則一知半解，徒負此一千古的傑作。

（淡江週刊「淡江風」，一九八八年十二月十二日）

《文心雕龍》的「體要」說

——兼論《文心雕龍》的理論結構

「體要」一詞，最先出現於《書·畢命》。劉勰似乎對此詞情有獨鍾，屢次著錄在《文心雕龍》中①。

原以爲這不過是劉勰好引古書以證其說而已，然幾經研尋，才發現「體要」說是劉勰整個論文的張本，實在不容忽視。換句話說，「體要」說是劉勰著述立說的關鍵，不瞭解「體要」說，也就不易掌握《文心雕龍》的理論結構。歷來討論《文心雕龍》的人，對於這一點不是無暇顧及，就是錯會其意，以至《文心雕龍》到今天還是一部不盡可理解的書。本文寫作的目的，就是想釐清這個問題。

「體要」一詞的涵義

《書·畢命》：「政貴有恆，辭尚體要，不惟好異。」孔傳說：「政以仁義爲常，辭以體實爲要，故貴尚之。若異於先王，君子所不好。」就原文看來，「有恆」、「體要」是「政」、「辭」的修飾語，孔傳所作解釋，大致沒有疑問，只是「體實爲要」的「體實」一詞，意思還不夠明晰。現在順著它的語脈，略作補充：體，是指文辭本身；實，是指實質內涵。文辭本是敍事、抒情、說理的媒介，事、情、理就是它的內涵。凡是敍事信實、寫情眞摯、說理明正的文辭，就有實質內涵；反過來說，敍事不實、寫情不眞、說理不正的文辭，就無實質內涵，還可能惹來「好異之譏」②！《尙書》就是告訴人文辭以有實質內涵爲切要，不以虛妄浮詭爲能事。

劉勰引用「體要」一詞，也是取它的原義。〈徵聖〉篇說：「是以子政論文，必徵於聖；稚圭勸學，必宗於經。《易》稱『辯物正言，斷辭則備』；《書》云『辭尙體要，不惟好異』。故知正言所以立辯，體要所以成辭。辭成無好異之尤，辯立有斷辭之義。」「體要所以成辭」，就在說明實質內涵是成辭的必備條件。文辭具有實質內涵，自然不會引人非議，所以說「辭成無好異之尤」。學者沒有細究，有的解作「體會要義」③，有的解作「旨趣完具，文辭簡約」④，有的解作「措辭得體，內容扼要」⑤。此外，還有專在「體要」上立論，以爲「體要，即法於要點，或合於要點之意（以事義爲主）」⑥，或以爲「體要，乃表現語言之法則」⑦。這些說法不能說全無道理，只是有欠精確，不足信據罷了⑧。

「體要」說的目的

劉勰泛覽詞林，深感文章本在「致用」，〈序志〉篇說：「唯文章之用，實經典枝條，五禮資之以成文，六典因之以致用，君臣所以炳煥，軍國所以昭明，詳其本源，莫非經典。」因爲要「致用」，所以必須有實質內涵。倘若沒有實質內涵而不能「致用」，或缺乏實質內涵而「致用」甚寡，都有失作文章的旨趣。〈序志〉篇又說：「而去聖久遠，文體解散，辭人愛奇，言貴浮詭，飾羽尚畫，文繡鞶帨，離本彌甚，將遂訛濫。」後世文章所以「離本彌甚，將遂訛濫」，就是辭人「言貴浮詭」而不顧實質內涵的緣故，自然談不上作文章的旨趣了。

這不是說文章不須要華美的辭采，相反的文章必須仰賴華美的辭采，才能行之久遠⑨，其中關鍵就在是不是有實質內涵。有實質內涵的文章，辭采華美可以增價；無實質內涵的文章，辭采華美反成瑕累⑩。然而後世辭人，蔑棄本根，競求浮艷，以至流弊不還⑪。劉勰見此情形，私心不安，而想一挽狂瀾⑫，於是提出「體要」說來對治時流，同時通過「體要」說以重建文章的規範。〈序志〉篇說：「蓋《周書》論辭，貴乎體要；尼父陳訓，惡乎異端。辭訓之異，宜體於要。於是搦筆和墨，乃始論文。」⑬劉勰論文的旨意，於此已表露無遺。

在劉勰以前，論文者甚多，但都缺乏燭照之才，〈序志〉篇說：「詳觀近代之論文者多矣。至於魏文述〈典〉，陳思序〈書〉，應瑒〈文論〉，陸機〈文賦〉，仲治〈流別〉，宏範〈翰林〉，各照隅隙，鮮觀衢路；或臧否當時之才，或銓品前修之文，或汎舉雅俗之旨，或撮題篇章之意。魏〈典〉密而不周，陳〈書〉辯而無當，應〈論〉華而疏略，陸〈賦〉巧而碎亂，〈流別〉精而少功，〈翰林〉博而寡要。又君山、公幹之徒，吉甫、士龍之輩，汎議文意，往往間出，並未能振業以尋根，觀瀾而索源。不述先哲之誥，無益後生之慮。」這對劉勰來說，未嘗不是「樹德建言」一展長才的大好機會，於是透過「體要」說，細密的勾繪出一幅文苑的藍圖。

「體要」說的根據

《尚書》原文，據後人考證，雖屬僞作⑭，但不妨礙劉勰取以為論說。因為「體要」一義，已範圍所有的經書，而劉勰以為經書是後世文章所從出⑮，所以標舉「體要」說，以顯示他能「振葉以尋根，觀瀾而索源」。〈徵聖〉篇說：「夫作者曰聖，述者曰明。陶鑄性情，功在上哲；夫子文章，可得而聞，則聖人之情，見乎文辭矣。先王聖化，布在方冊；夫子風采，溢於格言。是以遠稱唐世，則煥乎為盛；近褒周代，則郁哉可從，此政化貴文之徵也。鄭伯入陳，以文辭為功；宋置折俎，以多文舉禮，此事蹟貴文之徵也。褒美子產，則云『言以足志，文以足言』；泛論君子，則云『情欲信，辭欲巧』，此修身貴文之徵也。然則志足而言文，情信而辭巧，迺含章之玉牒，秉文之金科矣。」這段話充分透露了他的洞見。所謂「志足而言文，情信而辭巧」，就是說先有實質內涵，然後才鋪采摛文。這是劉勰考察經書所得，不失為秉文的金科玉律⑯。然而當劉勰以此標準衡量後世文章，卻發現多已偏離正軌，不免感慨萬千！〈辨騷〉篇說：

至於（《楚辭》）託雲龍，說迂怪，豐隆求宓妃，鴆鳥媒娀女，詭異之辭也；康回傾地，夷羿彈日，木夫九首，土伯三目，譎怪之談也；依彭咸之遺則，從子胥以自適，狷狹之志也；士女雜坐，亂而不分，指以為樂，娛酒不廢，沉湎日夜，舉以為懽，荒淫之意也。摘此四事，異乎經典者也。

〈詮賦〉篇說：

然逐末之儔，蔑棄其本，雖讀千賦，愈惑體要。遂使繁華損枝，膏腴害骨，無貴風軌，莫益勸戒，此揚子所以追悔於雕蟲，貽誚於霧縠者也。

〈頌讚〉篇說：

至於班、傅之〈北征〉、〈西征〉，變爲序引，豈不褒過而謬體哉！馬融之〈廣成〉、〈上林〉，雅而似賦，何弄文而失質乎？

〈銘箴〉篇說：

若乃飛廉有石槨之錫，靈公有蒿里之謚，銘發幽石，噫可怪矣！趙靈勒跡於番吾，秦昭刻博於華山，夸誕示後，吁可笑也！

〈哀弔〉篇說：

至於蘇慎、張升，並述哀文，雖發其精華，而未極心實。

〈雜文〉篇說：

自桓麟〈七說〉以下，左思〈七諷〉以上，枝附影從，十有餘家，或文麗而義暌，或理粹而辭駁。觀其大抵所歸，莫不高談宮館，壯語畋獵。窮瓌奇之服饌，極蠱媚之聲色。甘意搖骨髓，豔詞動魂識。雖始之以淫侈，而終之以居正。然諷一勸百，勢不自反，子雲所謂先騁鄭衛之聲，曲終而奏雅者也。

〈諧隱〉篇說：

然而懿文之士，未免枉轡；潘岳〈醜婦〉之屬，束皙〈賣餅〉之類，尤而效之，蓋以百數。魏晉滑稽，盛相驅扇，遂乃應瑒之鼻，方於盜削卵；張華之形，比乎握舂杵。曾是莠言，有虧德音。豈非溺者之妄笑，胥靡之狂歌歟！

〈史傳〉篇說：

然俗皆愛奇，莫顧實理。傳聞而欲偉其事，錄遠而欲詳其跡，於是棄同即異，穿鑿傍說，舊史所無，我書則傳，此訛濫之本源，而述遠之巨蠹也。至於記編同時，時同多詭，雖定哀微辭，而世情利害：勳榮之家，雖庸夫而盡飾；迍敗之士，雖令德而常嗤，吹霜煦露，寒暑筆端，此又同時之枉論，可爲歎息者也！

〈諸子〉篇說：

若乃湯之問棘，云蚊睫有雷霆之聲；惠施對梁王，云蝸角有伏尸之戰；《列子》有移山跨海之談；《淮南》有傾天折地之說，此踳駁之類也。是以世疾諸子，混同虛誕。

〈詔策〉篇說：

逮光武撥亂，留意斯文，而造次喜怒，時或偏濫。詔賜鄧禹，稱司徒爲堯；敕責侯霸，稱黃鉞一下，若斯之類，實乖憲章。

是以世人爲文（奏），競於詆訶，吹毛取瑕，次骨爲戾，復似善罵，多失折衷。

〈奏啓〉篇說：

劉勰深知道這一切都是「辭人愛奇，言貴浮詭」的結果。向使辭人不愛奇，「志足而言文，情信而辭巧」，怎會流弊到這個地步？劉勰適時的提出「體要」說，不啻一帖良方。換句話說，劉勰以「體要」說矯治辭人的訛濫，使其回歸經典所立下的規範，無疑是對症下藥。〈宗經〉篇說：「三極彝訓，其書曰經。經也者，恆久之至道，不刊之鴻教也。故象天地，效鬼神，參物序，制人紀，洞性靈之奧區，極文章之骨髓者也。皇世《三墳》，帝代《五典》，重以《八索》，申以《九邱》，歲歷緜曖，條流紛糅，自夫子刪述，而大寶咸啓。於是《易》張十翼，《書》標七觀，《詩》列四始，《禮》正五經，《春秋》五例，義既埏乎性情，辭亦匠於文理，故能開學養正，昭明有融。」「洞性靈之奧區，極文章之骨髓」、「義既埏乎性情，辭亦匠於文理」，正是經典所以爲不朽的地方，辭人「若稟經以製式，酌雅以富言，是即山而鑄銅，煮海而爲鹽者也」（同上）。

當然，經典所展示的還有粲然可觀的辭采，不獨「貴乎體要」而已，也就是說經典既有「質」又有「文」，「質」「文」兼顧而不偏廢。這二者的關係雖然密切⑰，但畢竟是「質」先「文」後；無「質」，「文」就無從附麗，猶如〈情采〉篇所說「夫水性虛而淪漪結，木體實而花萼振，文附質也」。而後世辭人，不察這一道理，競以雕繪爲能事⑱，致使「繁華損枝，膏腴害骨」，愈來「愈惑體要」⑲。可見劉勰的「體要」說，主要是用來挽救辭人的偏失，而偕其通往「文質彬彬」的經典之路。〈

宗經〉篇說：「故文能宗經，體有六義：一則情深而不詭，二則風清而不雜，三則事信而不誕，四則義貞而不回，五則體約而不蕪，六則文麗而不淫。故揚子比雕玉以作器，謂五經之含文也。夫文以行立，行以文傳，四教所先，符采相濟，邁德樹聲，莫不師聖，而建言修辭，鮮克宗經。是以楚艷漢侈，流弊不還，正末歸本，不其懿歟！」⑳這段話不無含著劉勰的一股殷望之情。

文體的規範及其作法

文章的本源既已疏通，劉勰進一步考察各種文體的興起及其流變，爲它找到一個「正式」㉑，以便辭人有所遵循；然後暢論創作的法則，好讓辭人知所鑒裁㉒。

首先，劉勰將歷來各種文體（騷、緯例外，見後）略分「文」「筆」兩個範疇來處理㉓，從〈明詩〉篇到〈諧隱〉篇是論「文」，從〈史傳〉篇到〈書記〉篇是敍「筆」。他在論述「文」「筆」各體時，最見匠心的是對於文體的定義，以及文體的規範。今天稍加考覈，發現二者又互爲關連，也就是說文體的定義決定文體的規範，而文體的規範也要以文體的定義爲準據。現在舉幾個比較顯著的例子：〈樂府〉篇說：

樂府者，聲依永，律和聲也。

故知詩爲樂心，聲爲樂體。樂體在聲，瞽師務調其器；樂心在詩，君子宜正其文。

〈詮賦〉篇說：

賦者，鋪也，鋪采摛文，體物寫志也。

原夫登高之旨，蓋睹物興情。情以物興，故義必明雅；物以情觀，故詞必巧麗。麗詞雅義，符采相勝，如組織之品朱紫，畫繪之著玄黃，文雖新而有質，色雖糅而有本，此立賦之大體也。

〈史傳〉篇說：

史者，使也，執筆左右，使之記也。

原夫載籍之作也，必貫乎百氏，被之千載，表徵盛衰，殷鑒興廢，使一代之制，共日月而長存；王霸之跡，並天地而久大……是立義選言，宜依經以樹則；勸戒與奪，必附聖以居宗；然後詮評昭整，苛濫不作矣。

〈議對〉篇說：

周爰諮謀，是謂爲議，議之言宜，審事宜也。

故其大體所資，必樞紐經典：採故實於前代，觀通變於當今；理不謬搖其枝，字不妄舒其藻。又郊祀必洞於禮，戎事必練於兵，田穀先曉於農，斷訟務精於律。然後標以顯義，約以正辭，文以辨潔爲能，不以繁縟爲巧；事以明覈爲美，不以深隱爲奇，此綱領之大要也。

大致上，劉勰的文體定義，不只求文字訓詁的確當而已，更求合於文體所以興起的本然。而其文體規範，則是綜合該一文體在演變中所呈現的特性，予以典型化。不論各種文體的規範如何，劉勰在論述它們時，都有一共同的嶄向，那就是〈詮賦〉篇所說的「符采相勝」，或是前面所說的「文質彬彬」。換句話說，每一文體都有它特定的內涵，以及相應的辭藻，必須處理得宜，否則不是「偏枯文體」，就是「解散辭體」㉔。〈附會〉篇說：「若統緒失宗，辭味必亂，義脈不流，則偏枯文體。」〈才略〉篇說：「殷仲之文〈孤興〉，謝淑源之〈閑情〉，並解散辭體，縹緲浮音，雖滔滔風流，而大澆文意。」前者是窮於協合文體的內涵與辭藻，後者是短於校實文體的內涵而輕施辭藻㉕，二者都該禁絕。不過，前者是辭人「文術」荒疏所致，跟這裏所論文體規範並無直接關連；後者是辭人「愛奇」（或闇昧）的結果，這就牽涉到文體應該如何的問題，爲此劉勰先以「體要」說掃除辭人的障蔽，然後一一的擬就文體的規範來。

其次，有了文體規範，並不保證作者就能寫出合格、甚至傑出的作品，其中還有創作才能與創作方法的問題，所以劉勰更進一步展開一系列的「文術論」。從〈神思〉篇到〈總術〉篇，他談及如何運思養氣（見〈神思〉、〈養氣〉篇），如何摹體練才（見〈體性〉篇）㉖，如何鍛鍊文氣與文義（見〈風骨〉篇），如何通古變今（見〈通變〉篇），如何執正馭奇（見〈定勢〉篇），如何調配情性與辭采（見〈情采〉篇），如何鎔意裁章（見〈鎔裁〉篇），如何遣詞造句（見〈練字〉、〈章句〉、〈隱秀〉篇），如何營造聲律對仗（見〈聲律〉、〈麗辭〉篇），如何運用比興夸飾技巧（見〈比興〉、〈夸飾〉篇），如何援引故實（見〈事類〉篇），如何正字宣理（見〈指瑕〉篇），如何附辭會義（見〈附會〉篇），如何摹寫物色（見〈物色〉篇），所論頗爲複雜，似乎不見有何統系，但有關創作的法則已盡在其中。劉勰在〈總術〉篇總結說：「夫不截盤根，無以驗利器；不剖文奧，無以辨通才。

才之能通，必資曉術，自非圓鑒區域，大判條例，豈能控引情源，制勝文苑哉！」誠然能通此術，往來馳騁於文場筆苑，又有何困難？

綜觀劉勰《文心雕龍》的理論結構，非常明顯的以「體要」說爲張本；一方面依它來批判後世辭人所以解散文體的緣故，一方面從經書爲它找到理論的根據，然後導出文體應有的規範。這是一個大原則，劉勰在撰述過程中，把「文原論」擺在最前面，把「文體論」擺在第二㉗，只是權宜的措施，也就是說劉勰先看到文體解散（辭人惑於「體要」的緣故），然後興起著書立說的志意；爲了著書立說，他到經典去探源溯本，發現經典爲後世文章所從出，於是有了「宗經」說。然而經典又緣何而來？他的解釋是聖人所創，所以又有了「徵聖」說。然而聖人爲何創作經典？他認爲聖人「鑒周日月，妙極機神」，爲「寫天地之光輝，曉生民之耳目」，因此創作了經典，〈原道〉篇就是談這個問題㉘。由經典向上追溯是如此，往下考察那就是緣經典而出現的各種文體。在各種文體中，有兩種文體已成爲歷史的陳跡（一如經典）：一是「緯」（讖緯），一是「騷」（楚辭）。這兩種文體自魏、晉以來已無續作，然而有其值得借鏡的地方，如「緯」的「事豐辭富」，「騷」的「鴻裁豔辭」，所以把它們列入「文原論」。但這兩種文體不無乖異經典之處，如「緯」的「矯誕」，「騷」的「夸誕」，所以劉勰要「正緯」，要「辨騷」，而勸人從「緯」處「芟夷譎詭，採其雕蔚」，從「騷」處「菀其鴻裁，獵其豔辭」㉙。後人不察，把〈辨騷〉篇歸到「文體」的部分去討論㉚，實在有違劉勰的用意㉛。至於〈明詩〉篇以下各體，歷代迭有創作，所以劉勰一一的討論其得失，而提出經典的「雅麗」（義正文麗〉爲其指歸，這不必再細說。從〈神思〉篇到〈總術〉篇，是「創作論」，主要在呼應前論，有作者對於創作方面頗爲精湛的見解；其他四篇〈時序〉、〈才略〉、〈知音〉、〈程器〉，是「批評論」，跟「創作論」相輔相成，主要在探討如何批評的問題，也不乏作者超邁群倫的議論㉜；最後一篇〈序志〉，是全書的總序㉝，其主要內涵已陳述在上面。

評價

章學誠《文史通義．詩話》篇，曾以「體大而慮周」一語概括《文心雕龍》。如果有人追問《文心雕龍》爲何「體大而慮周」，不知章氏會作何回答。我們要答覆這個問題，似乎也只有從「體要」說談起，才能說得圓通。另外，劉開《孟塗駢體文．書文心雕龍後》說：「自永嘉以降，文格漸弱，體密而近縟，言麗而鬥新，藻繪沸騰，朱紫夸耀，蟲小而多異響，木弱而有繁枝，理詘於辭，文滅其質，求其是非不謬，華實並隆，以駢儷之言而有馳驟之勢，含飛動之彩，極瓌瑋之觀，其惟劉彥和乎！」這段話被公認爲是對《文心雕龍》極爲中肯的評斷，如果我們也追問劉勰爲何要用駢儷文來論說，也許劉氏只能說那是時代風氣使然㉞。但這種說法會令人不安，因爲劉勰的文章如果不能跟他的理論相印證，我們憑什麼相信他的說法？其實劉勰的文章不但合於他的理論，而且他的作法也多取鏡於經典，不獨受時代風氣影響而已。也就是說，當劉勰從經典探索到「志足而言文，情信而辭巧」這一秉文的金科玉律後，大概就決定了他的寫作方向，因爲「言之無文，行而不遠」，是聖人所深戒，他豈能不知？今人或責怪劉勰為著「宗經」，而走入「理論的窮巷」㉟，或惋惜劉勰不該使用艱澀難懂的駢體文，而貶低身價㊱。然而劉勰只是宗經而不泥於經㊲，並不妨礙其理論的開展；而他所以使用駢體文，也無艱澀難懂而有貶低身價的疑慮，因為這些問題對於善讀劉勰書的人來說，是不會存在的。

就大體看來，劉勰「志足而言文，情信而辭巧」的理論，毫無疑問的可以質諸聖人而不謬、俟諸百世而不惑。即使後人有重「志足情信」（內涵）的一面，而稍抑「言文辭巧」（文辭）的一面㊳，那也只是理論的偏勝，並沒有越出劉勰論說的範疇。個人認為劉勰所以能夠牢籠百代，是由於他的文學主張「志足而言文，情信而辭巧」已到了極至㊴。我們可能不盡同意他的其他說法，但在這點上很難有所超越㊵，這是《文心雕龍》所以為不朽之作的真正原因㊶。

【註　釋】

① 分別見於〈徵聖〉、〈詮賦〉、〈奏啓〉、〈風骨〉、〈序志〉等五篇，但劉勰於〈詮賦〉、〈奏啓〉二篇只是直接引詞，而不著書名。

② 所謂《好異》，含有好生矯誕、好逞靡麗及好使迴邪三義。文辭好生矯誕，所載事則虛偽不實；好逞靡麗，所寫情則浮假不真；好使迴邪，所說理則譎誑不信。〈正緯〉篇說：「但世敻文隱，好生矯誕，真雖存矣，偽亦憑焉。」〈情采〉篇贊說：「繁采寡情，味之必厭。」〈論說〉篇說：「凡說之樞要，必使時利而義貞；進有契於成務，退無阻於榮身……而陸氏直稱『說煒燁以譎誑』，何哉？」可為佐證。

③ 見周振甫，《文心雕龍註釋》（臺北，里仁，一九八四年），頁九二七。

④ 見李曰剛，《文心雕龍斠詮》（臺北，國立編譯館，一九八二年），頁二三一〇。

⑤ 見王更生，《文心雕龍讀本》（臺北，文史哲，一九八八年），頁三九二。

⑥ 見徐復觀，《中國文學論集》（臺北，學生，一九八〇年），頁二七。

⑦ 見顏崑陽，〈論文心雕龍「辯證性的文體觀念架構」〉，收入《文心雕龍綜論》（臺北，學生，一九八八年），頁九八。按：顏文旨在糾正徐復觀偏向實用性的事義立論，而認定「體要」是指文體中的表現目的與動力因素，就其客觀性而言，乃存在於形式因、材料因的對應「關係」中，是一無實質性之虛概念。

⑧ 明伍讓〈文心雕龍序〉說：「夫文之爲用大矣，而其旨莫備于《書》，《書》之言曰：『辭尙體要。』蓋謂言以足志，文以足言，用雖不同，而其體各有攸當；譬天呈象緯，地列流峙，人別陰陽，其孰能易之。」見王利器，《文心雕龍新書》（臺北，宏業，一九八三年），附錄二，頁一四五引。伍氏以「言以足志，文以足言」解釋「體要」一詞，已嫌太過，今人論「體要」，又多類似，難怪《文心雕龍》的精蘊一直不顯。

⑨ 〈情采〉篇說：「聖賢書辭，總稱文章，非采而何？夫水性虛而淪漪結，木體實而花萼振，文附質也。虎豹無文，則鞹同犬羊；犀兕有皮，而色資丹漆，質待文也。若乃綜述性靈，敷寫器象，鏤心鳥跡之中，織辭魚網之上，其爲彪炳，縟采名矣。」這跟《左傳》襄公二十五年所說「言之無文，行而不遠」，同一意思。

⑩ 爲此劉勰特別提出「志足言文」、「情信辭巧」的呼籲，〈徵聖〉篇說：「然則志足而言文，情信而辭巧，迺含章之玉牒，秉文之金科矣。」〈情采〉篇也說：「夫鉛黛所以飾容，而盼倩生於淑姿；文采所以飾言，

而辯麗本於情性。故情者文之經，辭者理之緯；經正而後緯成，理定而後辭暢，此立文之本源也。」

⑪ 劉勰對此流弊，雖不至於深惡痛絕，也到了難以容忍的地步，屢屢致慨於筆端。〈情采〉篇說：「昔詩人什篇，爲情而造文；辭人賦頌，爲文而造情。何以明其然？蓋風雅之興，志思蓄憤，而吟詠情性，以諷其上，此爲情而造文也；諸子之徒，心非鬱陶，苟馳夸飾，鬻聲釣世，此爲文而造情也。故爲情者要約而寫眞，爲文者淫麗而煩濫。而後之作者，採濫忽眞，遠棄風雅，近師辭賦，故體情之製日疎，逐文之篇愈盛。故有志深軒冕，而汎詠皐壤，心纏幾務，而虛述人外，眞宰弗存，翩其反矣。夫桃李不言而成蹊，有實存也；男子樹蘭而不芳，無其情也。夫以草木之微，依情待實，況乎文章？述志爲本，言與志反，文豈足徵！」〈養氣〉篇說：「夫三皇辭質，心絕於道華；帝世始文，言貴於敷奏；三代春秋，雖沿世彌縟，並適分胸臆，非牽課才外也。戰代技詐，攻奇飾說；漢世迄今，辭務日新，爭光鬻采，慮亦竭矣！」〈程器〉篇說：「《周書》論士，方之梓材，蓋貴器用而兼文采也。是以樸斲成而丹雘施，垣墉立而雕杇附。而近代辭人，務華棄實，故魏文以爲古今文人類不護細行，韋誕所評，又歷詆群才，後人雷同，混之一貫，吁可悲矣！」〈詮賦〉篇說：「然逐末之儔，蔑棄其本，雖讀千賦，愈惑體要。遂使繁華損枝，膏腴害骨，無貴風軌，莫益勸戒，此揚子所以追悔於雕蟲，貽誚於霧縠者矣。」

⑫ 從劉勰的言論中，不難看出他是一個自負不淺的人，〈序志〉篇說：「夫宇宙綿邈，黎獻紛雜，拔萃出類，智術而已。歲月飄忽，性靈不居，騰聲飛實，制作而已。」又說：「形甚草木之脆，名踰金石之堅，是以君子處世，樹德建言，豈好辯哉，不得已也！」〈程器〉篇也說：「是以君子藏器，待時而動，發揮事業，固

宜蓄素以弸中，散采以彪外，楩柟其質，豫章其幹。摛文必在緯軍國，負重必在任棟梁。窮則獨善以垂文，達則奉時以騁績。若此文人，應梓材之士矣。」想必《文心雕龍》一書，也是這種使命感下的產物。

⑬「辭訓之異，宜體於要」，是說論辭與陳訓不同，陳訓但以「異端」爲戒，論辭則要求「體要」，爲文者不能不體會「體要」這一要點。劉勰在此將「體要」一詞變義爲用，文作「體於要」。論者不察，以爲二者相同，所以才會誤把「體要」解作「體會要義」、「法於要點」。

⑭參見屈萬里，《尚書集釋》（臺北，聯經，一九八三年），頁二一—二六。

⑮〈宗經〉篇說：「故論說辭序，則《易》統其首；詔策章奏，則《書》發其源；賦頌歌讚，則《詩》立其本；銘誄箴祝，則《禮》總其端；紀傳移檄，則《春秋》爲根。並窮高以樹表，極遠以啓疆，所以百家騰躍，終入環內者也。」

⑯〈徵聖〉篇說：「然則聖文之雅麗，固銜華而佩實者也。」所謂「銜華佩實」，跟「志足而言文，情信而辭巧」的意思相同。不過這是就大體而言，經書不一定盡是「言文辭巧」。劉勰自己也說：「夫鑒周日月，妙極機神，文成規矩，思合符契；或簡言以達旨，或博文以該情，或明理以立體，或隱義以藏用。故《春秋》一字以褒貶，喪服舉輕以包重，此簡言以達旨也。〈邠〉詩聯章以積句，〈儒行〉縟說以繁辭，此博文以該情也。書契斷決以象夬，文章昭晰以象離，此明理以立體也。四象精義以曲隱，五例微辭以婉晦，此隱義以藏用也。」（同上）可見經書的文辭，繁略殊形，不必一律。雖然如此，「志足情信」則是經書一切文辭共有的特徵。且在「志足情信」的前提下，儘管文辭隱晦，仍不失其價值，所謂「雖精義曲隱，無傷其正言；

微辭婉晦，不害其體要。體要與微辭偕通，正言共精義並用」（同上），就是這個意思。

⑰「質」要待「文」以行，猶如〈情采〉篇所說「虎豹無文，則鞟同犬羊；犀兕有皮，而色資丹漆」，這是不爭的事實。劉勰本人取書名爲《文心雕龍》，就是在強調這一點（見〈序志〉篇）。

⑱雕繪一事，對學人來說本屬必要，但在察其文章缺乏眞實的情意後，又不免覺得「華過其實」，苶然可厭。

⑲〈詔策〉篇說：「孔融之守北海，文教麗而罕於理，乃治體乖也。」〈議對〉篇說：「陸機斷議，亦有鋒穎，而腴辭弗剪，頗累文骨。」（按：「文骨」，就是「文義」，詳後文）〈才略〉篇說：「殷仲文之〈孤興〉，謝叔源之〈閑情〉，並解散辭體，縹緲浮音，雖滔滔風流，而大澆文意。」也都是在說這件事。

⑳「風清而不雜」的「風」，指「文氣」，詳後文。「體約而不蕪」的「體」，指文章本身（包括文體與涵義），這跟上文「體有六氣」的「體」字同義。又「正末歸本」的「末」，指承豔侈流弊的辭人作品；「本」，指「文質彬彬」的經典作品。如何正末歸本，這就要靠「體要」說來溝通，也就是說「體要」說是導末於本的南針。

㉑〈風骨〉篇說：「若能確乎正式，使文明以健，則風清骨峻，篇體光華。」劉勰於〈明詩〉篇到〈書記〉篇，極論文體的「正式」，而每一「正式」都有其理論根據（見後），不同於臆說。

㉒由於劉勰在論說中，取證好壞兼舉，文例也不盡一致，所以此處僅就上面所說二點，稍作提示，不再煩引例證。

㉓「文」「筆」之分，是沿當時「有韻者爲文」、「無韻者爲筆」的說法而來，不關優劣，這劉勰已詳說於〈

總術〉篇。又六朝分「文」「筆」，還有「文采」一途，就是有文采者爲文，無文采者爲筆，劉勰不涉此說（因爲劉勰認爲「筆」仍有文采，如據以爲分「文」「筆」，豈不自相矛盾）。參見黃侃，《文心雕龍札記》（臺北，文史哲，一九七三年），頁一〇及二〇二—二〇九。

㉔「辭體」，就是「文體」，劉勰變文爲用。

㉕這在劉勰的論述中，還有「謬體」、「訛體」、「失體」等別稱，〈頌讚〉篇說：「至於班、傅之〈北征〉、〈西征〉，變爲序引，豈不褒過而謬體哉？馬融之〈廣成〉、〈上林〉，雅而似賦，何弄文而失質乎？又崔瑗〈文學〉、蔡邕〈樊渠〉，並致美於序，而簡約乎篇；摯虞品藻，頗爲精覈，至云『雜以風雅』，而不辨旨趣，徒張虛論，有似黃白之僞說矣。及魏、晉雜頌，鮮有出轍。陳思所綴，以〈皇子〉爲標；陸機積篇，〈功臣〉最顯，其褒貶雜居，固末代之訛體也。」〈定勢〉篇說：「自近代辭人，率好詭巧。原其爲體，訛勢所變，厭黷舊式，故穿鑿取新，察其訛意，似難而實無他術也，反正而已。故文反正爲乏，辭反正爲奇。效奇之法，必顛倒文句，上字而抑下，中辭而出外，回互不常，則新色耳。夫通衢夷坦，而多行捷徑者，趨近故也；正文明白，而常務反言者，適俗故也。然密會者以意新得巧，苟異者以失體成怪。舊練之才，則執正以馭奇；新學之銳，則逐奇而失正；勢流不反，則文體遂弊。」所謂「謬體」、「訛體」、「失體」，都是未得文體應有的內涵所致。

㉖這裏的「體」字，是指「體式」（見〈體性〉篇），或「體勢」（見〈定勢〉篇，劉勰變文爲用），跟俗稱「類型」相當，這是從各種文體歸納出來的。劉勰認爲文體的「類型」不外乎八種：「一曰典雅，二曰遠奧，

三曰精約，四曰顯附，五曰繁縟，六曰壯麗，七曰新奇，八曰輕靡。」所以會有這八種「類型」的不同，主要是作者才氣學習的差異所致，也就是說作者的才氣學習趨向「典雅」一型，那他所寫的文章（可能涵蓋各種文體）大致都是「典雅」的，其餘依此類推（作者也許兼擅數種「類型」，這又另當別論）。至於這八種「類型」的認定標準，俱詳〈體性〉篇。

㉗ 〈序志〉篇說：「蓋《文心》之作也，本乎道，師乎聖，體乎經，酌乎緯，變乎騷，文之樞紐，亦云極矣。若乃論文敍筆，則囿別區分，原始以表末，釋名以章義，選文以定篇，敷理以舉統。上篇以上，綱領明矣。」

㉘ 〈原道〉篇極論「人文之元，肇自太極」之類的道理，最後結論說：「爰自風姓，暨於孔氏，玄聖創典，素王述訓，莫不原道心以敷章，研神理而設教，取象乎河洛，問數乎蓍龜，觀天文以極變，察人文以成化；然後能經緯區宇，彌綸彝憲，發揮事業，彪炳辭義。故知道沿聖以垂文，聖因文而明道，旁通而無滯，日用而不匱。《易（繫辭傳）》之曰：『鼓天下動者存乎辭。』辭之所以能鼓天下者，迺道之文也。」可見劉勰所原的「道」，是指天地自然之道。這一天地自然之道，爲聖人所體察，形諸文字，然後才有人文化成之事。近人在此處頗有爭議，不過言能中的者卻少之又少。

㉙ 由此可以拓展辭人的視野，豐富美化文章的內涵。這是一種值得稱道的「文學史觀」，跟「宗經」說並不衝突。

㉚ 見范文瀾，《文心雕龍註》（臺北，開明，一九八一年），〈原道〉篇註二；劉大杰，《中國文學發展史》（臺北，華正，一九七九年），頁三〇三；郭紹虞，《中國文學批評史》（臺北，文史哲，一九八二年），

頁一二九：趙仲邑，〈文心雕龍導論〉，收入《文心雕龍研究解譯》（臺北，木鐸，一九八三年），頁六。按：范氏還犯了一個錯誤，就是把〈諸子〉篇提到「文原論」的部分，（羅根澤，《中國文學批評史》（臺北，學海，一九七八年），頁九六，也沿襲了這個錯誤），使全書無復體例可尋。

㉛ 當然，劉勰自己沒有明示，個人是從全書的考察中獲知。也只有這樣解釋，才能回應《文心雕龍》的體例。前面提到劉勰如何如何，也是根據考索而來。

㉜ 「創作論」與「批評論」，時人論說甚多，這裏不再贅言。

㉝ 〈序志〉篇說：「至於剖情析采，籠圈條貫，摛神性，圖風勢，苞會通，閱聲字，崇替於時序，褒貶於才略，怊悵於知音，耿介於程器，長懷序志，以馭群篇。下篇以下，毛目顯矣。」劉勰仿《史記》、《漢書》例，將序文置於書後。

㉞ 劉開該文末節就有這樣的話：「前修言文，莫不引重，自韓退之崛起於唐，學者宗法其言，而是書幾爲所掩。然彥和之生，先於昌黎，而本論乃能相合，是其見已卓於古人，但其體未脫夫時習耳。」按：史念祖《俞俞齋文稿初集．文心雕龍書後》說：「劉彥和《文心雕龍》，稽古探源，於文章能道其所以，不溺六朝淺識，此由心得，不關才富也。其爲文，亦稱贍雅。然徵引既繁，或支或割，辭排氣壅，如肥人艱步，極力騰踔，終不越江左蹊徑，亦毋由才富，習囿之也。」史氏詆訶不免過當，但也可見清人對劉勰用駢文寫作的看法，僅止於此。

㉟ 見王夢鷗，《古典文學論探索》（臺北，正中，一九八四年），頁二一四－二一七。

㊱ 見王更生，《文心雕龍導讀》（臺北，華正，一九八三年），頁五一引。至於有人從「意識形態」來批評劉勰不該主張雕章琢句（見註八所引王利器書，序錄），說甚可笑，這裏就不提及了。

㊲ 劉勰的「宗經」說，只作原則性的提示，他還談通變，談執正馭奇，並非一般泥於經典者可比。何況「志足而言文，情信而辭巧」本爲文章的通則，經典只是率先驗證而已，劉勰據此以論文，正得其所宜。

㊳ 劉攽《中山詩話》說：「詩以意爲主，文詞次之。或意深義高，雖文詞平易，自是奇作。世效古人平易句，而不得其意義，翻成鄙野可笑。」這是詩話家的主張。另外，古文家以爲「文以貫道」、「文以明道」（李漢〈昌黎先生集序〉說：「文者，貫道之器也。」（另韓愈〈答李秀才書〉說：「愈之所志於古者，不惟其辭之好，好其道焉耳。」）柳宗元〈答韋中立論師道書〉說：「始吾幼且少，爲文章以文辭爲工。及長，乃知文者以明道，是固不苟爲炳炳烺烺，務采色、誇聲音而以爲能也。」）道家學以爲「文以載道」（這有兩種主張，一是不否認文辭飾言的作用，周敦頤《通書》說：「文所以載道也，輪轅飾而人弗庸，徒飾也，況虛車乎？文辭，藝也。道德，實也。篤其實而藝者書之，美則愛，愛則傳焉。賢者得文學而至之，是爲教。故曰：『言之無文，行而不遠。』……不知務道德，而第以文辭爲能者，藝焉而已。」一是否認文辭飾言的作用，程頤《語錄》說：「問：『作文害道否？』曰：『害也。凡爲文不專意則不工，若專意則志局於此，又安能與天地同其大也。《書》云：「玩物喪志。」爲文亦玩物也。呂與叔有詩云：「學如元凱方成癖，文似相如始類俳。獨立孔門無一事，只輸顏氏得心齋。」此詩甚好。古之學者，惟務養情性，其他則不學。今爲文者，專務章句，悅人耳目；既務悅人，非俳優而何？』」），也都偏在意義一面，至於文詞一面不是不

講究，就是要戒絕。

㊴劉勰這一主張，前已有范曄發之，後又有蕭統繼之。范曄〈獄中與諸甥姪書〉說：「常謂情志所託，故當以意爲主，以文傳意。以意爲主，則其旨必見；以文傳意，則其詞不流。然後抽其芬芳，振其金石耳。」蕭統《文選．序》說：「事出於沈思，義歸乎翰藻。」又〈答湘東王求文集及詩苑英華書〉說：「麗而不浮，典而不野，文質彬彬。」後人多只知詆諆六朝人重「文」不重「質」，而無視於當時這些有識之士已在正本清源，企圖爲文學開闢一條康莊大道。

㊵縱然後代興起的戲曲、小說，不能直接課以「志足而言文，情信而辭巧」的法條，但戲曲、小說所虛構的情節、人物、事件，仍要「對人性眞實」、「對人生事件眞實」、「對人生經驗眞實」（參見劉昌元，《西方美學導論》（臺北，聯經，一九八七年），頁二七一—二八七），跟劉勰的說法還是吻合的。

㊶前人推崇《文心雕龍》，言語多嫌空泛，看不出它的精蘊所在，如黃叔琳〈文心雕龍序〉說：「劉舍人《文心雕龍》一書，蓋藝苑之秘寶也。觀其苞羅群籍，多所折衷，於凡文章利病，抉摘靡遺。」包世臣〈藝舟雙楫序〉說：「論文之書，始於《典論．論文》，而〈文賦〉繼之。魏文評時流得失，士衡論體裁當否。《文心雕龍》後出，則推本經籍，條暢旨趣，大而全篇，小而一字，莫不以意逆志，得作者用心所在。」張日班《尊西詩話》說：「夫文章與時高下。時至齊梁，佛學昌熾，而以隨文靡，其衰甚矣……有能深於文理，折衷群言，究其指歸，而不謬於聖人之道者，則斷推劉勰一人而已。」本文所論，恰好可以作爲他們的補充。

（孔孟月刊第三一卷第六期，一九九三年二月）

文章的兩大支柱

——談《文心雕龍．風骨》篇兼評各家論說

前言

以前孔穎達評北人熊安的《禮記義疏》說：「熊則違背本經，多引外義，猶之楚而北行，馬雖疾而去逾遠矣。又欲釋經文，惟聚難義，猶治絲而棼之，手雖繁而絲益亂也。」①今人說解古書，雖然少聚難義，治絲益棼的現象不多，但常引外義，風影比附，違背本經，則時有所見。觀《文心雕龍．風骨》篇，其義多可索解，而今人卻反覆辯難，不知伊於胡底，恐怕這不是御馬失轡的問題，而是根本還沒有理清方向。以劉勰爲文如此用心②，又深諳文字詁訓③，於古來名號向不苟且④，斷不致在文中閃爍其詞，或故弄玄虛⑤，而論者卻紛紜其說，在「風骨」一詞上強貼無數標籤，又是什麼緣故？〈知音〉篇說：「夫綴文者情動而辭發，見文者披文以入情，沿波討源，雖幽必顯。世遠莫見其面，覘文輒見其心。豈成篇之足深，患識照之自淺耳。」難道今天衆說騰湧，也是由於論者鑒賞不精的結果？試觀詹鍈把〈風骨〉篇與羅馬時代郎吉紐士的〈論崇高〉相提並論⑥，便知論者對《文心雕龍》瞭解的程度了⑦。〈風骨〉篇至今所以還被人廣爲討論，而未有定案，我想這是其關鍵所在。既然論

者未憭〈風骨〉的眞義，所有關於〈風骨〉種種的論說，都形同空中樓閣，難以取信於通人。

風骨的來源

然則〈風骨〉篇究該作何解釋，才能符合劉勰的原意？換句話說，劉勰在書中留下那些線索，可據以爲理解〈風骨〉篇的意思？要解答這個問題，必先探討有關「風骨」一詞的由來，以及劉勰立〈風骨〉篇的原因。

大抵上，「風骨」是當時論人物常用的詞。《晉書・赫連勃勃載記》論說：「其器識高爽，風骨魁奇。姚興睹之而醉心，宋祖聞之而動色。」《宋書・武帝紀》說：「（劉裕）身長七尺六寸，風骨奇特。家貧有大志，不事廉隅。」（《南史・宋武帝紀》略同）又引桓玄語：「昨見劉裕，風骨不恆，蓋人傑也。」《世說新語・賞譽》篇說：「殷中軍道右軍清鑒貴要。」注引〈晉安帝紀〉說：「羲之風骨清舉也。」又〈輕詆〉篇說：「舊目韓康伯，將肘無風骨。」注引《說林》說：「范啓云：『韓康伯似肉鴨。』」又〈品藻〉篇說：「蔡叔子云：『韓康伯雖無骨幹，然亦膚立。』」這裏所說的「風骨」，大概指人形體的特徵。因爲具有這種特徵，所以其言行舉止能夠異於常人。當時不只用「風骨」來形容那些有「異稟」的人，更習用「風氣」、「骨氣」等詞。《世說新語・言語》篇注引《桓溫別傳》說：「溫少有豪邁風氣。」又〈識鑒〉篇注引《續晉陽秋》說：「（褚爽）俊邁有風氣。」又〈賞譽〉篇說：「王平子與人書，稱其兒風氣日上，足散人懷。」又注引《文章志》說：「羲之高爽，有風氣，不類常流也。」又〈簡傲〉篇注引《晉陽秋》說：「（呂安）志量開曠，有拔俗風氣。」又〈品藻〉篇說：「時人道阮思曠，骨氣不及右軍。」⑧同時也把「風骨」觀念轉用到書畫的品評上。梁袁昂《書評》說：「王右軍書如謝家子弟，縱復不端正者，爽爽有一種風氣……陶隱居如吳興小兒，形容雖未成長，而骨體甚駿快……蔡邕書骨氣洞達，爽爽有神。」（《說郛》卷第八十六）梁武帝《書評》說：「蔡邕書骨氣洞達，奕奕如有神力。」（《說郛》卷第八十七）齊王僧虔《能書錄》說：「王獻之晉中書令，善隸槀，骨勢不及父，而媚趣過之。」（同上）南齊謝赫《古畫品錄》，提出畫有六法，《古畫品錄．序》說：「六法者何？一氣韻生動是也，二骨法用筆是也，三應物象形是也，四隨類賦彩是也，五經營位置是也，六傳移模寫是也。」六法之中，以「氣韻生動」爲最上，「骨法用筆」次之，「傳移模寫」爲最下⑨。姑且不論「風骨」在書評畫品中如何取義，其給人感受即迥然不同，凡具有「風氣」、「骨氣」的東西，彷彿格高一等；而缺乏「風氣」、「骨氣」的東西，似乎類如常流。這正好給善於聯想者一個機會，立刻找來「風格」一詞，與「風骨」並論，兩者遙相契會，再也不須多費唇舌加以解釋了。但仔細尋繹，發現其中仍有罅隙。我們說某人有「崇高」的風格，某人有「優雅」的風格，在「風格」前都置一狀詞，或將狀詞置後；而古人說「風骨」時，前後或有狀詞，或無狀詞（見前），我們不能說某人有「風骨」這種「風格」，或逕以「風骨」爲「風格」。即使可以「風骨」爲「風格」，則此一「風格」與今人所謂「風格」的意涵，也有所不同。與其作不相干的比附，不如純就古人所用詞作分析。在這裏「風格」乃借喻，「骨」則實指。本來「風」指在天地間流行的氣⑩，而人體也有氣，名爲「血氣」⑪；「血氣」暢旺，則精神飽滿；精神飽滿，如兼以讀書修養，無形中便會流露出俊逸瀟灑的儀態，於接人之際，往往能傾倒衆生。由於這種儀態感人於無形，有如和風惠暢，萬物欣然化育，故特稱爲「風氣」⑫。至於「骨」，乃指人體的骨幹。骨幹挺立，自現精神；反之，便見頹靡⑬。但在人感覺上，一個人精神煥發，固然得力於骨幹堅碻，但血氣的貫注賁華，才是克竟全功的要素。所以提到「骨」，必不忘「氣」；「骨氣」連言，乃極自然的事。既然「風氣」、「骨氣」彼此密不可分，則「風骨」並列，又有何不可？古人品論人物，以「風骨」相標榜，已有所取擬；轉爲鑒賞書畫，更採其借義。這一點，略思便知，不勞贅述。

「風骨」說的背景，已如上述。然而劉勰敍〈風骨〉篇，是否也同當時人但取一義以喻文章？我們看〈風骨〉篇將「風骨」分開立論，又看〈序志〉篇所說：「及其品列成文，有同乎舊談者，非雷同也，勢自不可異也；有異乎前論者，非苟異也，理自不可同也」的話⑭，實在難以相信他會在這個節骨眼上「人云亦云」，而不想求其更精確的意義。劉勰以前，各家文論，今可見者，似乎都沒有提到「風骨」的問題⑮，但從曹丕《典論．論文》開始，頗有重「氣」的風尚。這看在劉勰眼裏，焉能不爲心動？〈風骨〉篇說：「故魏文稱『文以氣爲主。氣之清濁有體，不可力強而致。』故其論孔融，則云『體氣高妙』；論徐幹，則云『時有齊氣』；論劉楨，則云『有逸氣』。公幹亦云『孔氏卓卓，信含異氣。筆墨之性，殆不可勝。』並重氣之旨也。」很顯然劉勰是受曹丕等人的啓示，而有〈風骨〉篇的論述。因爲「風」與「氣」的關係是那麼密切，言「風」即等於言「氣」，論「氣」即等於論「

風」。然而「骨」又從何而來？前面提到當時論人物、品書畫，都喜用「風骨」一詞，劉勰要論文，又何嘗不可挪來運用？只是論人物、品書畫的人，賦給「風骨」的是一個意思，而劉勰知道其中有分別，不肯隨同流俗，含糊的說說便了，不然他也不必那麼費力的在書中論風析骨了⑯。由於書畫的線條與人物的形態，本可相通，所以「風骨」用在論人物、品書畫上，讀者多能會意；如今用在文章上，文章沒有形態線條可言，豈不讓人如墜五里霧中，而摸不著頭緒？因此，劉勰要特闢專章來論述它。

風骨的意義

今人談論〈風骨〉篇，如同猜謎，確切一點的說，都像盲人摸象。〈練字〉篇有一段話說：「夫《爾雅》者，孔徒之所纂，而《詩》《書》之襟帶也；《倉頡》者，李斯之所輯，而鳥籀之遺體也。《雅》以淵源詁訓，《頡》以苑囿奇文。異體相資，如左右肩股。該舊而知新，亦可以屬文。」可見劉勰屬文，已經精究文字詁訓，不可能如日人目加田誠所說的：「意思很難捉摸！」⑰

劉勰書中的「風骨」，析爲二義，當分開說明。〈風骨〉篇說：「《詩》總六義，風冠其首。斯乃化感之本源，志氣之符契也。」這是給「風」下的義界。「志氣之符契」，是說「風」的由來；「化感之本源」，是說「風」的作用。劉勰從《毛詩・序》找到「風」的根據，卻不承襲《毛詩・序》風詩的意義，而逕轉到「志氣之符契」這一跟行文有關的問題上來⑱。「風」既是「志氣之符契」，則「風」便是「氣」的異名⑲。〈奏啓〉篇說：「若乃按劾之奏……砥礪其氣，必使筆端振風，簡上凝霜者也。」

將人的「氣」⑳，與外界的「風」比，反過來，把人的「氣」喚作「風」，把外界的「風」稱作「氣」㉑，又有何不當？所以「風」、「氣」本是一物。「氣」的作用，主要在充實人的「情志」。〈體性〉篇說：「氣以實志，志以定言。宋玉含才，頗亦負俗。始造〈對問〉，以申其志。放懷寥廓，氣使之。」故劉勰於文中言「志氣」而不厭了㉒。「氣」將「志」鼓盪逼顯於外，形成奇特美範，劉勰名爲「風采」。如〈徵聖〉篇：「夫子風采，溢於格言。」〈書記〉篇：「詳總書體……言以散鬱陶，託風采。」㉓如就整體而言，又能造成特有的「威風」（見前）、「風聲」、「風俗」、「風禁」。如〈史傳〉篇：「自周命維新……諸侯建邦，各有國史，彰善癉惡，樹之風聲。」〈檄移〉篇：「移者，易也，移風易俗，令往而民隨者也。」〈奏啓〉篇：「皁飾司直，肅清風禁。」如形於言語，即是「聲氣」、「辭氣」。如〈序志〉篇：「方聲氣乎風雷。」〈祝盟〉篇：「臧洪歃辭，氣截雲蜺。」〈雜文〉篇：「藻溢於辭，辭盈乎氣。」〈諸子〉篇：「斯得百氏之華采，而辭氣之大略也。」〈檄移〉篇：「必事昭而理辨，氣盛而辭斷。」〈封禪〉篇：「法家辭氣，體乏弘潤。」〈議對〉篇：「後漢魯丕，辭氣質素。」〈書記〉篇：「漢來筆札，辭氣紛紜。」〈通變〉篇：「文辭氣力，通變則久。」劉勰把這種「聲氣」、「辭氣」比作「風」，而「風」有力量，所以書中又或言「風」，或言「力」，或「風力」並舉。如〈辨騷〉篇：「固知《楚辭》者，體憲於三代，而風雜於戰國，乃雅頌之博徒，而詞賦之英傑也。」㉔〈明詩〉篇：「晉世群才，稍入輕綺……采縟於正始，力柔於建安。」〈封禪〉

篇：「至於邯鄲〈受命〉，攀響前聲，風末力寡；輯韻成頌，雖文理順序，而不能奮飛。」是知「氣」、「風」、「力」實一物之異名㉕。論「文風」，即論「文氣」；論「文氣」，即論「氣力」；論「氣力」，即論「風力」。至於「骨」，劉勰沒有在〈風骨〉篇中定其義界，只是直接論述。雖然如此，「骨」義仍不難瞭解。「骨」在人為骨榦，借為文用，則為文義。如〈辨騷〉篇：「觀其骨鯁所樹，肌膚所附，雖取鎔經意，亦自鑄偉辭。」㉖〈體性〉篇贊語：「辭為膚葉，志（意）實骨髓。」〈附會〉篇：「事義為骨髓。」㉗文義為文章的骨榦，所以劉勰屢稱「骨」而不迭。如〈檄移〉篇：「相如之〈難蜀老〉，文曉而喻博，有移檄之骨焉。」〈封禪〉篇：「然（〈劇秦〉）骨制靡密，辭貫圓通，自稱極思，無遺力矣。」〈奏啓〉篇：「後漢群賢……骨鯁得焉。」

明白「風骨」的意義，再來探討〈風骨〉篇，就沒有什麼困難了。〈風骨〉篇說：「是以怊悵述情，必始乎風；沈吟鋪辭，莫先於骨。」有所感動而想敍情志，必定始於血氣的激盪；沈思吟詠而欲摛文辭，莫不先行確定其意義。血氣激盪情志，則情志中含有血氣；意義決定文辭，則文辭後意義而發。所以〈風骨〉篇又說：「故辭之待骨，如體之樹骸；情之含風，猶形之包氣。」㉘然文辭待意義而定，固不費思量，眼前即是；但血氣含於情志之中，又表現於何處？〈聲律〉篇說：「夫音律所始，本於人聲者也。聲含宮商，肇自血氣。」明言血氣乃體現於文句的辭氣聲律之中㉙。這種現象，曹丕等人稱為「文氣」㉚，劉勰稱為「文風」。據此，則黃侃所說「風即文意，骨即文辭」㉛，其謬誤不待辨也自明㉜。而劉永濟所說「風」以喻「文之情思」，「骨」以喻「文之事義」㉝，與李曰剛所說「

風」為「氣韻感染力量」，「骨」為「體局結構技巧」㉞及徐復觀所說「風」指「氣之柔者，內容為感情」，「骨」指「氣之剛者，內容為事義」㉟，其詮釋不精，又隨文敷義，也不必詳為摘出㊱。

風骨的作用

《詩經》中的風詩，照《毛詩・序》所言有感化人的力量，劉勰也說：「夫化偃一國謂之風。」（〈頌讚〉篇）這只是籠統的就全體詩歌而言，如果落實在文章上，「風」的作用又在那裏？依劉勰意，「風」能使文章震動有力，讀者從中更能感受到作者的情志。如宋玉的〈對楚王問〉，所以情懷感人，乃其氣盛為助的結果（見前）；又如屈原〈離騷〉、〈九章〉諸篇，所以動人魂識，為其敍情眞切，氣深采豔的緣故㊲。至於「骨」的作用，劉勰以為能使文章峻立不墜，發揮其應有的功能。如司馬相如的〈難蜀父老〉，有移檄詰難易俗之義，所以為人所稱頌（見前）；又如劉歆的〈移書讓太常博士〉，由於措辭剛斷而義旨明辨，所以見許為文移之首㊳。反之，文章乏「風」，則感人也不深。〈才略〉篇說：「李尤賦銘，志慕鴻裁，而才力沈膇，垂翼不飛。」又說：「王逸博識有功，而絢采無力。」又說：「子桓慮詳而力緩，故不競於先鳴。」諸家所作文章，即不足以動人。而文章乏「骨」，則其用也不長。〈詮賦〉篇說：「然逐末之儔，蔑棄其本，雖讀千賦，愈惑體要。遂使繁華損枝，膏腴害骨，無貴風軌，莫益勸戒。此揚子所以追悔於雕蟲，貽誚於霧縠者也。」賦這種文章，講究「麗詞雅義，符采相勝」（〈詮賦〉篇），如但求淫辭繁采，而遺棄諷誡之義，便無甚可觀。所以劉勰在

〈風骨〉篇說：「若豐藻克贍，風骨不飛，則振采失鮮，負聲無力。」明指出「風」沈「骨」弱，縱有豐贍的辭藻，也無濟於事㊴。可見「風骨」在文章中的重要性，實爲支撐文章的兩大樑柱。

風骨的鍛鍊

「風骨」既有「正」有「變」，則鍛鍊「風骨」以適「正」而避「變」，是絕對必要的事。從劉勰的論說觀之，儼然已成爲兩門極爲巧妙的技巧。

〈風骨〉篇說：「結言端直，則文骨成焉；意氣駿爽，則文風生焉。」又說：「故練於骨者，析辭必精；深乎風者，述情必顯。捶字堅而難移，結響凝而不滯；此風骨之力也。」這兩段文字，已概略道出鍛鍊「風骨」的方法。前文在明「風骨」的生成：行文造語，端正直切，則「文骨」含於其中；意氣盈滿，駿爽無失，則「文風」流於其外。然而「結言端直」又以什麼爲標準？「意氣駿爽」又當如何去培養？〈風骨〉篇說：「《周書》云：『辭尚體要，弗惟好異。』蓋防文濫也。」㊵此「體要」即《書．畢命》孔傳所謂「體實爲要」㊶。文辭能見實情，不虛矯浮詭，則無淫濫之弊。所謂「結言端直」，當指此而言。劉勰一向崇尚「爲情而造文」，反對「爲文而造情」。〈情采〉篇說：「昔詩人什篇，爲情而造文；辭人賦頌，爲文而造情。何以明其然？蓋風雅之興，志思蓄憤，而吟詠情性，以諷其上；此爲情而造文也；諸子之徒，心非鬱陶，茍馳夸飾，鬻聲釣世；此爲文而造情也。故爲情者，要約而寫眞；爲文者，淫麗而煩濫。而後之作者，採濫忽眞，遠棄風雅，近師辭賦，故體情之製日疎，逐文之篇愈盛。故有志深軒冕，而汎詠皐壤；心纏幾務，而虛述人外，眞宰弗存，翩其反矣。夫桃李不言而成蹊，有實存也；男子樹蘭而不芳，無其情也。夫以草木之微，依情待實，況乎文章？述志為本，言與志反，文豈足徵！」㊷這是從經書的體察而來。經書乃聖人觀天文察人文所創作㊸，能「洞性靈之奧區，極文章之骨髓」（〈宗經〉篇），為後人所追效不殆。所以劉勰勸人「稟經以製式，酌雅以富言。」（同上）「結言端直」，即取法經典而已。然則「結言端直」不過是臨文的要訣，只須勤摹經典，便不難獲得；但行文之際眞能催促筆力的，不是經典，而是人的意氣。人憑其意氣，駕御文字，以完成篇章，所以意氣要駿爽，才能驅策辭力；否則，「文風」索然，觀者廢置。至於如何使「意氣駿爽」，依劉勰所見，一為涵泳情性，一為調養神氣㊹；而調養神氣，又先於涵泳情性。〈養氣〉篇說：「夫耳目鼻口，生之役也；心慮言辭，神之用也。率志委和，則理融而情暢；鑽礪過分，則神疲而氣衰；此性情之數也。」由於神氣容易衰竭，所以要「疏瀹五藏，澡雪精神。」（〈神思〉篇）以保能為文用㊺。神氣既已調養，則繼飽飫以詩書，窺古人深衷，以富我情性。〈宗經〉篇說：「《詩》主言志，詁訓同《書》。摛風裁興，藻辭譎喻，溫柔在誦，故最附深衷矣。」㊻涵泳情性，由此入門，學文則不患無師。後文「練於骨者，析辭必精；深乎風者，述情必顯。」是前文的敷演。析辭不精，則有「文義」貧瘠之嫌㊼；述情不顯，則有「文氣」不暢之弊㊽。所以要析辭精鍊，使「文義」嚴峻；述情顯豁，使「文氣」清暢。「捶字堅而難移，結響凝而不滯；此風骨之力也。」如此文章才有可觀。劉勰在〈風骨〉篇中舉出兩個典型的例子：「昔潘勗錫魏，思摹經典，群才韜筆，乃其骨髓峻也；相如賦仙，氣號凌雲，蔚為辭宗，迺其風力遒也。」並作一小結說：「能鑒斯要，可以定文。茲術或違，無務繁采。」這裏明示能知如何鍛鍊「風骨」，才可以定文；否則，專務繁辭麗藻，僅得一蹊㊾，實枉費心機。

雖然劉勰這樣看重「風骨」，但他並沒有忽略既有「風骨」尚須「文采」的配合。〈風骨〉篇說：「夫翬翟備色而翾翥百步，肌豐而力沈也。」這是有「文采」，而缺乏「風骨」。又說：「鷹隼乏采而翰飛戾天，骨勁而氣猛也；文章才力，有似於此。」㊿這是有「風骨」，而缺乏「文采」。有「風骨」，而缺乏「文采」，則如鷹鷙翔集於翰林；有「文采」，而缺乏「風骨」，則似翬雉奔竄於文囿㊿①，終究是一件憾事。最理想的是既有「風骨」，又有「文采」，那就像藻耀高翔的鳳凰㊿②，完美而無瑕了。只是有關「文采」的部分，不是〈風骨〉篇所要處理的問題，等到〈情采〉篇才詳細的討論。

餘論

劉勰深明「望今制奇，參古定法」（〈通變〉篇贊語）的通變之道，主張文章要有所承有所變，才可大可久。今作為文章兩大支柱的「風骨」，即在這一通變之列。〈風骨〉篇說：「若夫鎔鑄經典之範，翔集子史之術，洞曉情變，曲昭文體，然後能孚甲新意，雕畫奇辭。昭體故意新而不亂，曉變故辭奇而不黷。若骨采未圓，風辭未練，而跨略舊規，馳騖新作，雖獲巧意，危敗亦多，豈空結奇字，紕繆而成經矣！」鎔鑄經典與翔集子史，是替「風骨」尋找資源，已見前論。然而文辭氣力代有新聲，篇章義理偶見遷貿⑬：必須精曉文辭氣力如何隨情數而轉變，詳究篇章義理如何因文類而制宜⑭，然後才能萌發新意，雕繪奇辭。則「昭體故意新而不亂，曉變故辭奇而不黷」，可不言而喻。反之，文義采藻不能相配，文氣辭句未經精鍊，就跨越舊規，競務新作，雖然倖能鑽獲巧意，危敗也將增多。「豈空結奇字，紕繆而成經矣」，明言空結奇字，永遠無法成爲經典之作。

道理縱然如此簡單，但常人多喜師成心，趨新如故。〈風骨〉篇說：「然文術多門，各適所好。明者弗授，學者弗師。於是習華隨侈，流遁忘反。」這當如何補救？〈風骨〉篇又說：「若能確乎正式，使文明以健，則風清骨峻，篇體光華。能研諸慮，何遠之有哉？」確定文章正式⑮，使其辭義明健，則「風」清「骨」峻，整體一片光華。爲文之道，如斯而已。

劉勰暢論「風骨」，至此已無遺韻⑯。劉勰以後，文家多不彈此調。如鍾嶸、陳子昂之流，雖也暢談「風力」、「風骨」，但似乎不知「風骨」爲何物，只是捃摭陳言，粧點門面而已⑰。而宋以來的古文家，又別有偏好，談「神」論「氣」⑱，或語蹈空虛⑲，或言入玄奇⑳，旨意不可盡辨。劉勰的「風骨」說，於是成爲絕響。

【註釋】

① 見《禮記正義．序》。孔氏所說兩種情況，在古人註疏中多有，不只熊安一人而已。

② 《文心雕龍．序志》篇說：「夫文心者，言爲文之用心也。」是其自況。以下所引文心文字，皆據范註本，

如有訛謬，隨文改正，不復說明。

③劉勰從〈明詩〉篇到〈書記〉篇，每述一種文類，都予「釋名以彰義」（〈序志〉篇），界定其性質；即使下篇論文術，也常明確的標出篇題的意義，如〈神思〉篇：「古人云：『形在江海之上，心存魏闕之下。』神思之謂也。」〈鎔裁〉篇：「規範本體謂之鎔，剪截浮詞謂之裁。」〈章句〉篇：「宅情曰章，位言曰句。」〈比興〉篇：「比者，附也；興者，起也。附理者，切類以指事，起情者，依微以擬議。」〈事類〉篇：「事類者，蓋文章之外，據事以類義，援古以證今者也。」〈隱秀〉篇：「隱也者，文外之重旨者也；秀也者，篇中之獨拔者也。」〈附會〉篇：「何謂附會？謂總文理，統首尾，定與奪，合涯際，彌綸一篇，使雜而不越者也。」由此可見其於訓詁的造詣。

④劉勰於〈練字〉篇，極言練字之道；又在〈指瑕〉篇，力詆辭人之妄舒文字，濫用名號，而於贊中有「斯言一玷，千載弗化」的警語。是知其本人撰著文心，必已先注意這些問題。

⑤劉勰立文謹慎，造語精鍊，然不免也有文例不一致的現象。如〈辨騷〉篇：「然其文辭麗雅，爲詞賦之宗。」〈諸子〉篇：「研夫孟、荀所述，理懿而詞雅。」〈誄碑〉篇：「（蔡邕碑文）其綴采也雅而澤。」都以「雅」形容文辭，而〈詮賦〉篇：「義必明雅，詞必巧麗。」卻又以「雅」形容文義；又如〈銘箴〉篇：「銘兼褒讚，體貴弘潤。」（贊語：「義典則弘。」知此「體」字指義言，詳後）以「弘」形容文義，而〈詔策〉篇：「觀文、景以前，詔體浮雜；武帝崇儒，選言弘奧。」卻又以「弘」形容文辭。難怪有人會以爲他「語意模稜」、「言辭游移」而大加質疑了（見王夢鷗，〈文心雕龍質疑〉，收於《古典文學論探索》（臺北，

正中，一九八四年）〕。不過，這種爲牽就行文方便而稍違體例的情況，幾乎無人不然，實不必專引以爲文家疵病。

⑥ 見《文心雕龍的風格學》（臺北，木鐸，一九八四年），頁五三—五五。

⑦ 所謂「崇高」，屬於西洋文論中「風格」說的範疇，而〈體性〉篇雖然也提到文章八體，近似西洋的「風格」，但「風骨」實指文章的辭氣與涵義（詳後），無關「風格」。詹氏將二者相比論，其穿鑿附會，不言可喻。另羅根澤，《中國文學批評史》第一冊（上海，古典文學，一九五八年），頁二三四，以「風骨」爲文字以內的風格（「隱秀」爲文字以外的風格），也是犯了同樣的毛病。在〈議對〉篇有「風格」一詞（〈夸飾〉篇：「風格訓世。」宜從另一本作「風俗訓世」），與〈章表〉篇的「風矩」略同，都指辭氣的方式（詳後），異於西洋的「風格」。

⑧ 見註⑥所引詹書，頁四九；徐復觀，《中國文學論集》（臺北，學生，一九八〇年），頁三〇九。

⑨ 見註⑥所引詹書，頁三一、五〇；註⑧所引徐書，頁三一〇。

⑩ 《莊子·齊物論》篇：「大塊噫氣，其名爲風。」《廣雅·釋言》：「風，氣也。」

⑪ 古人以爲人之生，乃氣之聚。《莊子·知北遊》篇：「人之生，氣之聚也。聚則爲生，散則爲死。」王充《論衡·無形》篇：「人稟氣於天，氣成而形立。」這股氣即在血脈中運行，故名爲「血氣」。《左傳》昭公十年：「凡有血氣，皆有爭心。」《論語·季氏》篇：「少之時，血氣未定，戒之在色。」《禮記·玉藻》：「凡有血氣之類，弗身踐也。」都直名不諱。

⑫ 缺乏「風氣」的人，照樣也有感化他人的力量，但在論人物的「風氣」時，這種人就要暫時被排除在外。

⑬《三國志・魏志・王粲傳》說：「王粲容貌短小。」又說：「劉表以粲貌寢而體弱，不甚重也。」王粲所以常露一副瞌睡臉，大概跟他的骨幹未壯，容易致病有關。而長得像肉鴨的韓康伯，恐怕也不會太有精神。

⑭ 這雖然就全書體例而言，不必專在一字之義，但以劉勰想要「按轡文雅之場，環絡藻繪之府」（〈序志〉篇）的雄心壯志看來，不大可能只襲陳說，而不賦予新義。

⑮ 曹植〈與楊德祖書〉：「以孔璋之才，不閑於辭賦，而多自謂能與司馬長卿同風。」陸機〈文賦〉：「粲風飛而猋豎，鬱雲起乎翰林。」又：「濟文、武於將墜，宣風聲於不泯。」李充〈翰林論〉：「應休璉五言詩百數十篇，以風規治道，蓋有詩人之旨焉。」（《文選・百一詩》注引）以上各「風」字，都不是〈風骨〉篇中「風」的意思。至於摯虞《文章流別論》中所引《毛詩・序》的話：「《周禮》太師，掌教六詩：曰風，曰賦、曰比、曰興、曰雅、曰頌。言一國之事，繫一人之本，謂之風；計天下之事，形四方之風，謂之雅……。」是劉勰取義的根據，而不是立〈風骨〉篇的動機。

⑯ 鍾嶸跟劉勰大略同時代，在使用「風骨」時，就不如劉勰精確。《詩品》評曹操詩說「骨氣奇高」，評劉楨詩說「使氣愛奇，動多振絕；眞骨凌霜，高風跨俗」，又是「骨氣」，又是「高風」，無一定旨，跟論人物、品書畫實在沒有兩樣。

⑰ 見〈劉勰的「風骨」論〉（彭恩華譯），收於《日本研究（文心雕龍）論文集》（濟南，齊魯書社，一九八三年），頁二三四。

⑱《周禮》所說六詩「風、賦、比、興、雅、頌」，劉勰全取，而以雅訓正，專事辭義；以賦、頌為文類，有專章討論；以風、比、興為文術，也各為論述。這跟《毛詩・序》所言已有差別，跟孔穎達《毛詩正義》所說「風、雅、頌者，詩篇之異體；賦、比、興者，詩文之異辭耳」，又相隔一間。

⑲劉勰論文，極力倡導「為情而言文」。〈體性〉篇說：「情動而言形，理發而文見。」〈情采〉篇說：「情者文之經，辭者理之緯；經正而後緯成，理定而後辭暢。」〈鎔裁〉篇說：「情理設位，文采行乎其中。」而「情」與「性」及「志」又相通，所以書中又有「情性」、「情志」連文。如〈情采〉篇：「辯麗本於情性。」〈附會〉篇：「以情志為神明。」是知「情性」（情志）即文章的根源。而〈風骨〉篇所說「志氣」的「志」，即「情志」（情性）的省文。至於「氣」是激發「情志」以顯現於外的動力（詳後），因為「氣」不單獨顯現於文辭，必有「情志」同在，所以此處「志氣」連言。實則「氣」才可易名為「風」。

⑳人的氣，原指「血氣」，劉勰並沒有搞錯。〈體性〉篇說：「若夫八體屢遷，功以學成，才力居中，肇自血氣。」〈聲律〉篇說：「聲含宮商，肇自血氣。」這種「血氣」，激發意志，表現於言語，就稱為「辭氣」。〈章句〉篇說：「若乃改韻從調，所以節文辭氣。」〈總術〉篇說：「義味騰躍而生，辭氣叢雜而至。」兩處「辭氣」即是。

㉑〈檄移〉篇說：「故兵出須名，振此威風，暴彼昏亂。」〈詔策〉篇贊語說：「輝音峻舉，鴻風遠蹈。」前文「風」是就人「氣」言，後文「風」是就文「氣」言，都是以「風」代「氣」。至於外界的「氣」，書中多言「風」。如〈辨騷〉篇贊語：「驚才風逸，壯志煙高。」〈樂府〉篇：「故能情感七始，化動八風。」

〈雜文〉篇：「腴辭雲構，夸麗風駭。」〈詔策〉篇：「誥命動民，若天下之有風矣。」〈檄移〉篇：「使聲如衝風所擊，氣似欃槍所掃。」〈神思〉篇：「吟詠之間，吐納珠玉之聲；眉睫之前，卷舒風雲之色。」〈聲律〉篇：「若長風之過籟。」〈物色〉篇：「清風與明月同夜。」偶以「氣」代之。如〈夸飾〉篇：「至如氣貌山海，體勢宮殿……。」〈隱秀〉篇：「『朔風動秋草，邊馬有歸心。』氣寒而事傷，此羈旅之怨曲也。」〈物色〉篇：「天高氣清，陰沈之志遠。」

㉒〈書記〉篇：「志氣盤桓，各含殊采。」〈神思〉篇：「神居胸臆，而志氣統其關鍵。」〈樂府〉篇：「志感絲篁，氣變金石。」〈時序〉篇：「並志深而筆長，故梗概而多氣也。」

㉓這裏的「風采」，猶如常言的「風範」。此外，〈時序〉篇有「遺風遺采」、「鴻風懿采」，是指文章的「風」、「采」，與此不類，不可混爲一談。

㉔〈文心〉所謂「體」，或指「文義」，如〈檄移〉篇：「〈檄移之文〉意用小異，而體義大同。」〈章表〉篇：「陳思之表，獨冠群才。觀其體贍而律調，辭清而志顯。」〈通變〉篇說：「夫設文之體有常，變文之數無方，何以明其然耶？凡詩賦書記，名理相因，此有常之體也；文辭氣力，通變則久，此無方之數也。」〈鎔裁〉篇：「情理設位，文采行乎其中。剛柔以立本，變通以趨時。立本有體，意或偏長；趨時無方，辭或繁雜。」〈章句〉篇：「尋詩人擬喻，雖斷章取義，然章句在篇，如繭之抽緒。原始要終，體必鱗次。」〈總術〉篇：「昔陸氏〈文賦〉，號爲曲盡。然汎論纖悉，而實體未該。」或兼指「文辭」、「文義」。如〈章表〉篇：「是以章式炳賁，志在典謨，使要而非略，明而不淺；表體多包，情僞屢遷，必雅義以扇其風，

清文以馳其麗。」〈鎔裁〉篇：「精論要語，極略之體；游心竄句，極繁之體。」〈附會〉篇：「夫才量學文，宜正體製：必以情志爲神明，事義爲骨髓，辭采爲肌膚，宮商爲聲氣。」又：「若統緒失宗，辭味必亂，義脈不流，則偏枯文體。」〈總術〉篇：「文體多術，共相彌綸。一物攜貳，莫不解體。」原來「體」指人體，〈鎔裁〉篇：「夫百節成體，共資榮衛。」（《素問．湯液醪醴論》：「榮衛不可復收。」註：「榮衛者，氣之主。」榮衛，指人的血液）借爲文章之體。人體有表裏，裏爲骨骸血脈，表爲容貌儀態；文章之體也有表裏，裏爲義理，表爲辭藻，今人稱爲內涵與形式。然劉勰每好以體義爲說（如上所舉），以至「體」字隨文而變，甚至在同一篇中命意也有差異。以前拙文〈文心雕龍「文體」新解〉（刊淡江週刊「淡江風」，一九八八年十二月十二日）以爲「體」指內涵，包括情、思、事、義，不免有偏，未盡允當。〈辨騷〉篇的意思，是說《楚辭》的文章，體義取法於三代的雅頌，而辭氣相雜於戰國的詞賦（《楚辭》的辭氣與戰國詞賦的辭氣相類）。

㉕《漢書．藝文志》有「自孝武立樂府，而採歌謠，於是有代、趙之謳，秦、楚之風。」而劉勰於〈樂府〉篇採其文而略變之：「曁孝武崇禮，始立樂府，總趙、代之音，撮齊、楚之氣。」改「風」爲「氣」，可作旁證。

㉖「意」與「義」同，劉勰在文心中多變文爲用。如〈書記〉篇：「意少一字則義闕；句長一言則辭妨。」〈鎔裁〉篇：「一意兩出，義之駢枝也；同辭重句，文之肬贅也。」此猶〈聲律〉篇「凡聲有飛沈，響有雙疊，雙聲隔字而每舛，疊韻雜句而必睽。沈則響發而斷，飛則聲颺不還」之「聲」、「響」變文爲用例。

㉗ 文章之義，多由事見，故此「事義」連言。至如「骨髓」與「骨鯁」及「骨骸」同爲一物。

㉘ 「骨」在「辭」內，猶「骸」在「體」中，此是一喻；「風」含「情」中，如「氣」包「形」內，此又是一喻。劉勰連用「骨」、「骸」、「風」、「氣」四字，可謂用盡力氣。

㉙ 參見註⑳。

㉚ 曹丕《典論·論文》：「文以氣爲主。氣之清濁有體，不可力強而致。譬諸音樂，曲度雖均，節奏同檢，至於引氣不齊，巧拙有素，雖在父兄，不能以移子弟。」所謂「文以氣爲主」的「氣」，論者都解釋爲「才氣」。其實此處與下文「氣之清濁有體」的「氣」，均指「文氣」。只是這種「文氣」源於人的才力，才力不同，寫成的文章，「文氣」便有清濁之別，所以說「氣之清濁有體」。此看下文以音樂爲譬，即可了然。

㉛ 見《文心雕龍札記》（臺北，文史哲，一九七三年），頁一〇一。

㉜ 論說與黃侃略同者，如范文瀾，《文心雕龍註》（臺北，開明，一九八〇年），卷六；廖蔚卿，〈劉勰的創作論〉，收於《六朝文論》（臺北，聯經，一九七八年），頁二四四；張立齋，《文心雕龍註訂》（臺北，正中，一九六七年），頁二九三等。

㉝ 見《文心雕龍校釋》（臺北，華正，一九八一年），頁一〇七。

㉞ 見《文心雕龍斠詮》（臺北，國立編譯館，一九八二年），頁一二三七。

㉟ 見註⑧所引徐書，頁三二〇、三二三、三二八。

㊱ 陳耀南〈文心風骨群說辨疑〉一文（收於中國古典文學研究會主編《文心雕龍綜論》（臺北，學生，一九八

八年〕）尚引五六十家解說，義多踳駁，不一一糾舉。即使陳氏本人以「風」爲「情思透過文辭而表現的『風趣』、『氣韻』之類」，「骨」爲「題材、結構、辭句、文采之類」（見該書，頁五六），一字數義，莫見定準，也不足取。其實在黃侃之後，朱恕之《文心雕龍研究》（見詹鍈，《文心雕龍的風格學》，頁二四引），已對黃侃之說提出質疑，而改以「風」爲「文氣」、「骨」爲「情志」與「事義」，惜其不能分別「文氣」緣何而來，以及「文氣」與「情志」的關係；而混「情志」與「事義」爲「骨」，也顯其鑒覈不精。

㊲〈辨騷〉篇：「〈騷經〉、〈九章〉，朗麗以哀志；〈九歌〉、〈九辯〉，綺靡以傷情；〈遠遊〉、〈天問〉，瓌詭而慧巧；〈招魂〉、〈大招〉，耀豔而深華；〈卜居〉標放言之致；〈漁父〉寄獨往之才。故能氣往轢古，辭來切今，驚采絕豔，難與並能矣。」

㊳〈檄移〉篇：「劉歆之移太常，辭剛而義辨，文移之首也。」

㊴此文「風骨不飛」是概括言之。實則「風」外揚能飛；「骨」內斂，但能襯「風」而不能自飛。「振采失鮮」是就「骨」而言；「骨」弱，則其窮振辭采，必失其鮮豔。「負聲無力」是就「風」言；「風」沈，則其背負聲律，也終感乏力。

㊵引《尚書》文，又見〈徵聖〉篇、〈序志〉篇。

㊶《書・畢命》：「政貴有恆，辭尚體要，不惟好異。」孔傳：「辭以體實爲要，故貴尚之。若異於先王，君子所不好。」「體要」，指實情或實質內涵。

㊷參見註⑲。

㊸〈原道〉篇：「爰自風姓，暨於孔氏，玄聖創典，素王述訓，莫不原道心以敷章，研神理而設教。取象乎河洛，問數乎蓍龜。觀天文以極變，察人文以成化。然後能經緯區宇，彌綸彝憲，發揮事業，彪炳辭義。故知道沿聖以垂文，聖因文而明道。旁通而無滯，日用而不匱。《易》曰：『鼓天下之動者，存乎辭。』辭之所以能鼓天下者，迺道之文也。」

㊹「神氣」的「神」，指心神，此觀〈神思〉篇可知；「氣」，指血氣，此察〈養氣〉篇便曉。

㊺〈風骨〉篇說：「是以綴慮裁篇，務盈守氣。剛健既實，輝光乃新。其為文用，譬征鳥之使翼也。」即是此意。

㊻經書以《詩經》最富深情，故此舉以為例。

㊼〈議對〉篇說：「及陸機斷議，亦有鋒穎，而腴辭弗翦，頗累文骨。」陸機的文章，即因堆砌太多辭藻，以至「文義」受到拖累。〈風骨〉篇說：「若瘠義肥辭，繁雜失統，則無骨之徵也。」乃陸機之輩的寫照。

㊽「文氣」沿血氣鼓盪情志而來，倘若敘述情志不夠明顯，則「文氣」如何暢達？〈附會〉篇說：「若首唱榮華，而媵句憔悴，則遺勢鬱湮，餘風不暢。」這雖然談附辭會義之道，如從寫作目的看，情志的表達，前顯而後闇，也會使「文氣」戛然中斷，無以動人。〈風骨〉篇說：「思不環周，索莫乏氣，則無風之驗也。」即是此意。附帶說明一點，人的血氣有剛柔（見〈體性〉篇），致使「文氣」也有剛柔（「文氣」堅決為剛，「文氣」委婉為柔，與曹丕就「文氣」暢順而說的「清濁」不同）。「文氣」的剛柔，既由血氣來，所以勉強不得。〈體性〉篇說：「風趣剛柔，寧或改其氣。」因此，劉勰在〈風骨〉篇就不涉及這個問題。

㊾劉勰論文，不廢辭藻，〈序志〉篇說：「古來文章，以雕縟成體。」在其他篇章中，也頗道要「雕蔚」（見〈正緯〉篇）、「獵豔」（見〈辨騷〉篇）、「鋪采」（見〈詮賦〉篇）、「耀藻」（見〈風骨〉篇）。但有一先決條件，即是「志足」「情信」。〈徵聖〉篇說：「然則志足而言文，情信而辭巧，迺含章之玉牒，秉文之金科矣。」這跟前面所說「貴乎體要」、「爲情而造文」義可一以貫之。所以劉勰在這裏表示如不去鍛鍊「風骨」，也無須妄求繁采，因爲那是一點益處也沒有。

㊿「文章才力，有似於此。」意謂「風骨」遒勁，乃受作家才力（或謂「才氣」，見〈體性〉篇）的影響，這是沿襲曹丕的「天才」說而來。不過，曹丕只提到「天才」的問題，而劉勰知道光憑「天才」不足以成氣候，尚依賴「學習」以爲輔佐。〈事類〉篇說：「文章由學，能在天資。才自內發，學以外成。有學飽而才餒，有才富而學貧。學貧者，迍邅於事義，才餒者，劬勞於辭情；此內外之殊也。是以屬意立文，心與筆謀，才爲盟主，學爲輔佐。主佐合德，文采必霸；才學褊狹，雖美少功。」

51〈風骨〉篇說：「若風骨乏采，則鷙集翰林；采乏風骨，則雉竄文囿。」

52〈風骨〉篇說：「唯藻耀而高翔，固文章之鳴鳳也。」

53通常篇章義理代代相因，不似文辭氣力屢有變遷。〈通變〉篇說：「夫設文之體有常，變文之數無方。何以明其然耶？凡詩賦書記，名理相因，此有常之體也；文辭氣力，通變則久，此無方之數也。名理有常，體必資於故實；通變無方，數必酌於新聲。故能騁無窮之路，飲不竭之源。」凡稱爲詩賦書記者，不僅名號相同，也各有其固定的義理在，不似文辭氣力多隨作家才性或文學環境而改變。

⑭ 此但熟讀〈明詩〉至〈書記〉二十篇，即可知其梗概，不煩細舉。

⑮ 文章正式，茲舉〈章表〉篇爲例：「原夫章表之爲用也，所以對揚王庭，昭明心曲。既其身文，且亦國華。章以造闕，風矩應明；表以致禁，骨采宜耀。」「章」這種文章，是送達宮闕，以謝皇恩，其辭氣矩式應該顯明（即合於傳統「章」所用的語氣）；「表」這種文章，是呈至禁宮，以陳己情，其文義采藻均宜光耀（以打動人心）。「章表」如此，始得其正式。另外〈封禪〉篇說：「樹骨於訓典之區，選言於宏富之路。使意古而不晦於深，文今而不墜於淺。」更明白的爲「封禪」這種文章規範了一個正式。

⑯ 〈風骨〉篇贊語：「情與氣偕，辭共體並。文明以健，珪璋乃騁。蔚彼風力，嚴此骨鯁。才鋒峻立，符采克炳。」是約舉全文之旨，無須再解。

⑰ 鍾嶸《詩品・序》：「孫綽、許詢、桓、庾諸公詩，皆平典似道德論，建安風力盡矣。」「平典似道德論」，指意涵言，與專言辭氣的「風力」不相侔；縱使可通，中間也要有「情志」爲橋樑，不可輕易的混爲一談。又陳子昂〈與東方左史虯修竹篇序〉：「文章道弊五百年矣，漢魏風骨，晉宋莫傳。」所謂「漢魏風骨」語旨爲何，令人費猜。可見二人對「風骨」之義，不甚了了。

⑱ 參見註⑧所引徐書，頁三三九—三四六；郭紹虞，〈文氣的辨析〉，收於《照隅室古典文學論集》（臺北，丹青，一九八五年），頁一〇五—一一三。

⑲ 如劉大櫆〈論文偶記〉：「行文之道，神爲主，氣輔之。曹子桓、蘇子由論文，以氣爲主，是矣。然氣隨神轉，神渾則氣灝，神遠則氣逸，神偉則氣高，神變則氣奇，神深則氣靜，故神爲氣之主。至專以理爲主，則

未盡其妙。」以神氣行文，如何能盡其妙，不能精述而語流空泛。

⑹如姚鼐《古文辭類纂·序》：「凡文之體類十三，而所以爲文者八：曰神、理、氣、味、格、律、聲、色。神、理、氣、味者，文之精也；格、律、聲、色者，文之粗也。然苟舍其粗，則精者亦胡以寓焉。」「神、理、氣、味、格、律、聲、色」，益目盈耳，多涉玄奇，實不易理解。

（淡江週刊「淡江風」，一九九〇年五月三十一日、六月二日）

六朝文論中的「言意之辨」

「言意之辨」的緣起

在魏晉玄學中，「言意之辨」是一個重要的課題。當時有兩種不同的理論，彼此針鋒相對：一是「言不盡意」，一是「言盡意」，兩者各有所承。《易繫辭傳》說：「子曰：『書不盡言，言不盡意。然則聖人之意，其不可見乎？』子曰：『聖人立象以盡意，設卦以盡情僞，繫辭焉以盡其言。』」《易繫辭傳》這兩段話，頗可玩味。前段是就難以羅致的言意而言，故有「書不盡言，言不盡意」之說；後段是就可以羅致的言意而言，故謂「聖人立象以盡其意，繫辭焉以盡其言」。

《三國志・魏志・荀彧傳》註引何劭《荀粲傳》說：「粲字奉倩。粲諸兄並以儒術論議，而粲獨好言道，常以爲子貢稱夫子之言性與天道，不可得聞，然則六籍雖存，固聖人之糠秕。粲兄俁難曰：『《易》亦云「聖人立象以盡意，繫辭焉以盡言」，則微言胡爲不可得而聞見哉？』粲答曰：『蓋理之微者，非物象之所舉也。今稱「立象以盡意」，此非通於意外者也；「繫辭焉以盡言」，此非言乎繫表者也。斯則象外之意，繫表之言，固蘊而不出矣。』及當時能言者不能屈也。」荀粲以爲聖人所能企及的止於「象內之意」、「繫裏之言」；至於「象外之意」、「繫表之言」，則聖人也難以追摹。

此疏解甚合《易繫辭傳》本義。由於理之微者，難以言詮，故有視六經爲聖人的糠秕①，而「言不盡意」說，即成爲牢不可破的觀念。但如就人所言詮者爲已定之意一端而言，則「言盡意」說也可成立，而《易繫辭傳》的「立象以盡意」、「繫辭以盡言」，便不是空話。《藝文類聚》卷十九引歐陽建〈言盡意論〉說：「有雷同君子問於違衆先生曰：『世之論者，以爲言不盡意，由來尚矣。至乎通才達識，咸以爲然。若夫蔣公（濟）之論眸子，鍾（會）、傅（嘏）之言才性，莫不引此爲談證。而先生以爲不然，何哉？』先生曰：『夫天不言而四時行焉，聖人不言而鑒識形焉。形不待名，而方圓已著；色不俟稱，而黑白以彰。然則名之於物，無施者也；言之於理，無爲者也。而古今務於正名，聖賢不能去言，其故何也？誠以理得於心，非言不暢；物定於彼，非名不辨。言不暢意，則無以相接；名不辨物，則鑒識不顯。鑒識顯而名品殊，言稱接而情志暢。原其所以，本其所由，非物有自然之名，理有必定之稱也。欲辨其實，則殊其名；欲宣其志，則立其稱。名逐物而遷，言因理而變。此猶聲發響應，形存影附，不得相與爲二。苟其不二，則無不盡。吾故以爲盡矣。』」歐陽建的「言盡意」說，其意在此②。爾後，標舉此論的仍有人在。《世說新語・文學》篇說：「舊云王（導）丞相過江左，止道聲無哀樂、養生、言盡意三理而已。」

以上兩種意見雖殊，要亦無衝突之處。歐陽建據「言盡意」以詆「言不盡意」，固有誤導後人之虞；其他玄學家動輒倡言「言不盡意」，恐也標榜太過③。再則言能不能盡意，固視意的對象而定，但其中尙有語言成規與人之才情爲限，籠統的說「言盡意」，或「言不盡意」，並無多大意義④。尤其轉用在文學上⑤，還關聯創作理論的種種問題，實非兩句成說所可道盡。

「言意之辨」的問題分辨

首先要辨明的是「言意之辨」的「意」，由玄學轉到文學後，究竟指什麼？葛洪《抱朴子‧清鑒》篇說：「區別臧否，瞻形得神。存乎其人，不可力爲。自非明並日月，聽聞無音者，願加清澄，以漸進用，不可頓任，輕假利器。」品鑒人物，要在瞻外形而得精神，而其精神但能意會，不可言傳，此即玄學中品鑒人物的「言不盡意」。嵇康〈養生論〉說：「夫至物微妙，可以理知，難以目識。」至物微妙，目識所難，此即玄學中清談玄理的「言不盡意」。以上都把「意」設在鑒識對象內蘊的氣質與神理，自是言語所不逮。王弼《周易略例‧明象》章所謂「盡意莫若象，盡象莫若言」⑥，及歐陽建〈言盡意論〉所謂「名逐物而遷，言因理而變」，則把「意」設在鑒識者已得於心的情志與名理，故「言盡意」說不同妄談。

玄學中有這兩種主張，文學中何獨不然？阮籍〈清思賦〉說：「余以爲形之可見，非色之美；音之可聞，非聲之善」、「是以微妙無形，寂寞無聽，然後乃可以睹窈窕而淑清。」陶淵明〈飲酒詩〉說：「結廬在人境，而無車馬喧。問君何能爾，心遠地自偏。采菊東籬下，悠然見南山。山氣日夕佳，飛鳥相與還。此中有眞意，欲辨已忘言。」事物外來，良多微妙，言語不可勝載，此即文學中的「言不盡意」。《宋書‧范曄傳》引范曄〈獄中與諸甥姪書〉說：「常謂情志所託，故當以意爲主，以文傳意。以意為主，則其旨必見；以文傳意，則其詞不流。然後抽其芬芳，振其金石耳。」劉勰《文心雕龍・定勢》篇說：「是以繪事圖色，文辭盡情；色糅而犬馬殊形，情交而雅俗異勢。」情志內發，心可鑒照，言語不難覶縷，此即文學中的「言盡意」。

是知言能不能盡意，端視意之所在而定，此不分玄學與文學。然玄學畢竟偏於義理一端，言盡不盡意，只合就此而說；而文學旨趣廣泛，義理一端則難以概括。沈約《宋書・謝靈運傳》論說：「自漢至魏，四百餘年，辭人才子，文體三變：相如巧為形似之言，班固長於情理之說，子建、仲宣以氣質為體。」可見文學內涵體物寫志、抒情說理、表現才性等多項⑦，言盡不盡意，需視情況而定。如《文心雕龍・夸飾》篇說：「夫形而上者謂之道，形而下者謂之器。神道難摹，精言不能追其極，形器易寫，壯辭可得喻其眞。」「神道難摹，精言不能追其極」，即謂「言不盡意」；「形器易寫，壯辭可得喻其眞」，即謂「言盡意」。依此類推，不難鑒裁。

「言意之辨」的內在限制

言盡不盡意，尚有語言成規與人之才情的限制。就前者而言，語言形式會影響所欲表達的內容。荀粲說聖人作《易》，於象外之意、繫表之言，固蘊而不出（見前），明《易》這種作法，有不盡之意。《世說新語・文學》篇說：「庾子嵩作〈意賦〉成，從子文康見，問曰：『若有意邪，非賦之所能盡；若無意邪，復何所賦？』答曰：『正在有意無意之間。』」⑧也明賦這種體裁，有難圓之旨⑨。

在文學上，尤多拘牽。鍾嶸《詩品・序》說：「夫四言文約意廣，取效風騷，便可多得，每苦文繁而意少，故世罕習焉。五言居文詞之要，是衆作之有滋味者也，故云會於流俗；豈不以指事造形，窮情寫物，最爲詳切者耶？」四言詩於指事造形、窮情寫物上，則遠不如五言詩之能克盡其意⑩。陸機〈文賦〉說：「體有萬殊，物無一量，紛紜揮霍，形難爲狀。辭程才以效伎，意司契而爲匠，在有無而僶俛，當淺深而不讓。雖離方而遯員，期窮形而盡相。故夫誇目者尚奢，愜心者貴當，言窮者無隘，論達者唯曠。詩緣情而綺靡，賦體物而瀏亮，碑披文以相質，誄纏綿而悽愴，銘博約而溫潤，箴頓挫而清壯，頌優遊以彬蔚，論精微而朗暢，奏平徹以閑雅，說煒燁而譎誑。雖區分之在茲，亦禁邪而制放。要辭達而理舉，故無取乎冗長。」文類不同，性質亦異，如以詩語論理，以賦筆抒情，以誄文讚頌，終非正格，而不免於「言不盡意」⑪。就後者而言，作者才情會影響所欲追摹的對象。《世說新語・文學》篇說：「何晏注《老子》未畢，見王弼自說注《老子》旨，何意多所短，不復得作聲，但應諾諾，遂不復往，因作《道德論》。」又：「初，注《莊子》者數十家，莫能究其旨要。向秀於舊注外爲解義，妙析奇致，大暢玄風。」同是老、莊玄旨，王弼、向秀所以能得之，而他人不能得之，豈不是王弼、向秀的才情高於他人的緣故？方之文學創作，其理尤著。陸機〈文賦〉說：「余每觀才士之所作，竊有以得其用心。夫其放言遣辭，良多變矣。妍蚩好惡，可得而言。每自屬文，尤見其情。恆患意不稱物，文不逮意。蓋非知之難，能之難也。」《文心雕龍・神思》篇說：「夫神思方連，萬塗競萌，規矩虛位，刻鏤無形。登山則情滿於山，觀海則意溢於海，我才之多少，將與風雨而並驅矣。

方其搦翰，氣倍辭前，暨乎篇成，半折心始。何則？意翻空而易奇，言徵實而難巧也。是以意授於思，言授於意，密則無際，疏則千里。或理在方寸，而求之域表；或義在咫尺，而思隔山河。」可知作家才情的多寡，於言盡不盡意，頗有關涉。此自曹丕《典論・論文》倡「文以氣爲主」以來，即成爲文學創作上不可忽視的問題，而「言意之辨」正是其中重要的一環。

「言意之辨」中隱含的學習問題

作家才情的多寡，於言盡不盡意固有決定性的影響，但如不經由學習，才情恐也不爲所用，而言盡不盡意的問題，將成爲虛談。所以一般文論家多主張以學習濟才情，期盼文學創作有更突出的表現。陸機〈文賦〉說：「佇中區以玄覽，頤情志於典墳。遵四時以歎逝，瞻萬物而思紛。悲落葉於勁秋，喜柔條於芳春。心懍懍以懷霜，志眇眇而臨雲。詠世德之駿烈，誦先人之清芬。游文章之林府，嘉麗藻之彬彬。慨投篇而援筆，聊宣之乎斯文。」所謂「頤情志於典墳」、「游文章之林府」，即在談學習的問題。劉勰於此更有透徹的論述，《文心雕龍・事類》篇說：「夫薑桂同地，辛在本性。文章由學，能在天資。才自內發，學以外成。有學飽而才餒，有才富而學貧。學貧者迍邅於事義，才餒者劬勞於辭情；此內外之殊分也。是以屬意立文，心與筆謀，才爲盟主，學爲輔佐；主佐合德，文采必霸，才學褊狹，雖美少功。」通常才情的多寡，難假他人予以衡量，甚至連自己也無從計數⑫。《詩品》說「陸才如海，潘才如江」，曹植〈與楊德祖書〉說「當此之時，人人自謂握靈蛇之珠，家家自謂抱荊山之玉」，不過是大略言之，難以課實。然而，勤學可以益才，則是不爭的事實。《文心雕龍．神思》篇說：「是以陶鈞文思，貴在虛靜；疏瀹五藏，澡雪精神。積學以儲寶，酌理以富才，研閱以窮照，馴致以繹辭。然後使玄解之宰，尋聲律而定墨；獨照之匠，闚意象而運斤，此蓋馭文之首術，謀篇之大端。」又說：「是以臨篇綴慮，必有二患：理鬱者苦貧，辭溺者傷亂。然則博見為饋貧之糧，貫一為拯亂之藥。博而能一，亦有助乎心力矣。」此說為通達。

才情加上學習，「言不盡意」的問題，將不再是作家心中沈重的負擔。《文心雕龍．總術》篇說：「夫不截盤根，無以驗利器；不剖文奧，無以辨通才。才之能通，必資曉術。自非圓鑒區域，大判條例，豈能控引情源，制勝文苑哉？」由「曉術」以「通才」，則能「控引情源，制勝文苑」，顯然已無「言不盡意」的困擾⑬。

「言意之辨」的餘響

最後當就「言外之意」與「言不盡意」作一區分⑭。「言外之意」，是作家在創作時，於言外別有重旨或餘意。《文心雕龍．隱秀》篇說：「是以文之英蕤，有秀有隱。隱也者，文外之重旨者也；秀也者，篇中之獨拔者也。隱以複意為工，秀以卓絕為巧，斯乃舊章之懿績，才情之嘉會也。夫隱之為體，義生文外，秘響傍通，伏采潛發，譬爻象之變互體，川瀆之韞珠玉也。」《詩品．序》說：「詩有三義焉：一曰興，二曰比，三曰賦。文已盡而意有餘，興也。因物喻志，比也。直書其事，寓言寫物，賦也。宏斯三義，酌而用之，幹之以風力，潤之以丹彩，使味之者無極，聞之者動心，是詩之至也。」所謂「文外之重旨」、「文已盡而意有餘」，均指「言外之意」⑮。這是作家爲加強文章的影響力，而有意爲之。換句話說，「言外之意」是在作家的能力範圍內，所作的精心的安排。「言外之意」的「意」，雖然隱藏在言語之外，卻是作家早已捕捉到的，而「言不盡意」的「意」，是作家所不可及、言語無力承載的。兩者迥然有別，不容相混。《詩品》說阮籍的〈詠懷詩〉「厥旨淵放，歸趣難求」⑯，「厥旨淵放」即有作者的「言外之意」，只是讀者能力有限，故感其「歸趣難求」。《文心雕龍・神思》篇說：「至於思表纖旨，文外曲致，言所不追，筆固知止。至精而後闡其妙，至變而後通其數。伊摯不能言鼎，輪扁不能語斤，其微矣乎！」又〈序志〉篇說：「夫銓序一文爲易，彌綸群言爲難。雖復輕采毛髮，深極骨髓，或有曲意密源，似近而遠，辭所不載，亦不可勝數矣。」「言所不追」、「辭所不載」之「意」，不知何處，自無從尋求。而可於言外探得之「意」，縱是縹緲恍惚，究在疑似之間。

然則「言不盡意」與「言外之意」，對作者、讀者而言，宜有不同的思考方向。在作者方面，「言不盡意」既是高才所不免，則當黽勉勤學，多方研練，冀能筆到意隨，使神理情致，無不曲盡其妙。所謂「至精而後闡其妙，至變而後通其數」，達此境界，自有可觀。至於「言外之意」，全在技巧，能通詩書，明比興，則不難有得⑰。在讀者方面，「言不盡意」當不存在。因其屬於作者的問題，作者「意不稱物，文不逮意」，讀者又何能與知⑱？但若「言外之意」，或隱或顯，情況不一，除非引申發明，不然應言之有據。凡是穿鑿附會，厚誣前人，終非美事。

【註釋】

①《莊子．天道》篇載：「桓公讀書於堂上。輪扁斲輪於堂下，釋椎鑿而上，問桓公曰：『敢問公之所讀者何言邪？』公曰：『聖人之言也。』曰：『聖人在乎？』公曰：『已死矣。』曰：『然則君之所讀者，古人之糟粕已夫！』桓公曰：『寡人讀書，輪人安得議乎？有說則可，無說則死。』輪扁曰：『臣也以臣之事視之。斲輪，徐則甘而不固，疾則苦而不入。不徐不疾，得之於手而應於心，口不能言，有數存焉於其間。臣不能以喻臣之子，臣之子亦不能受之於臣，是以行年七十而老斲輪。古之人與其不可傳也死矣，然則君之所讀者，古人之糟粕已夫！』」荀粲之說，蓋出於此。

②《莊子．秋水》篇說：「夫精粗者，期於有形者也。無形者，數之所不能分也。不可圍者，數之所不能窮也。可以言論者，物之粗也。可以意致者，物之精也。言之所不能論，意之所不能察致者，不期精粗焉。」《莊子》所謂「物之精粗」可以「言論意致」，歐陽建正得其彷彿。

③《世說新語．文學》篇說：「司馬太傅（道子）問謝車騎（奕）：『惠子其書五車，何以無一言入玄？』謝曰：『故當是其妙處不傳。』」此牽強附會，不言可喻。嵇康〈養生論〉說：「夫至物微妙，可以理知，難以目識。」目識所難，言宣不施。此亦過分強調言所不可盡之意，而忽視尚有言可盡之意。

④除「言不盡意」、「言盡意」外，尚有「得意忘言」之說（詳王弼《周易略例．明象》章），這是就讀者接

受方面而言，不關語言表達的問題，在文學理論中實無關緊要，姑置不論。

⑤ 近人多謂「言意之辨」源自漢魏之際的人物品鑒，見湯用彤，《魏晉玄學論稿》，《魏晉思想》甲編五種（臺北，里仁，一九八四年），頁二四；牟宗三，《才性與玄理》（臺北，學生，一九八五年），頁二四三—二四四。此殆無疑問。不過本文詮釋方向與前賢略異，特別是文學上的「言意之辨」有許多糾葛，尚待理清，而前賢著述，則未暇慮及。

⑥ 《莊子‧外物》篇說：「筌者所以在魚，得魚而忘筌；蹄者所以在兔，得兔而忘蹄；言者所以在意，得意而忘言。吾安得夫忘言之人而與之言哉？」王弼以《老》《莊》解《易》，視此言象爲筌蹄，而歸結到「得象而忘言」，「得意而忘象」，此在玄學爲有意義，言《易》則支離。

⑦ 蓋文學內涵不外敍事、說理、抒情、體物四端。此四端雖然不免互相牽涉，如敍事中見情理、體物中含情志等，但言語所欲表達之意，均由此來，別無所謂意在。論者似乎都不明此義，如孔繁，《魏晉玄學與文學》（北京，中國社會科學，一九八七年），頁四五—五六，只是羅列一些材料，以談「言意之辨」，而「意」指爲何，則盡付闕如；又如袁行霈，《魏晉玄學中的言意之辨與中國古代文藝理論》，《魏晉思想》甲編五種，頁九，以爲「意」指思想、概念、鑒識、理數、印象、情緒、想像、情調等，除了炫人耳目，實無一的當。

⑧ 劉孝標註：「《晉陽秋》曰：『敳，永嘉中爲石勒所害。先是敳見王室多難，知終嬰其禍，乃作〈意賦〉以寄懷。』」

⑨ 註③所引《世說新語》中司馬、謝二人的對話，也可見名家之文難盡玄意。

⑩ 五言詩比四言詩易於指事造形、窮情寫物，參見廖蔚卿，《六朝文論》（臺北，聯經，一九八五年），頁二二一—二二六；王文進，《論六朝詩中巧構形似之言》（國立臺灣師範大學國文研究所集刊第二十三號，一九七九年），頁一七—二〇。

⑪ 《文心雕龍》從〈明詩〉到〈書記〉等二十篇，於詩文的性質，規範甚明。凡爲詩文，不得輕假語言，否則不只「言不盡意」，也將變成詩不詩、文不文。參見龔鵬程，《文化、文學與美學》（臺北，時報，一九八八年），頁三七—七〇。

⑫ 李瀚《蒙求集註》引謝靈運說：「天下才共一石，曹子建獨得八斗，我得一斗，自古及今同用一斗，奇才敏捷，安有繼之。」此以才自許許人，未免誇張。顏之推《顏氏家訓·文章》篇說：「必乏天才，勿強操筆。」此謂才可自辨，恐亦無據。

⑬ 至少「言盡意」的可能性，要遠超過「言不盡意」。這一點，當可斷言。

⑭ 「言外之意」與「言不盡意」截然不同（詳後）。今人多已混而爲一，見註⑦所引孔書，頁五五—五六；袁書，頁一一二—一一四。

⑮ 後世如司空圖《二十四詩品》中所說「不著一字，盡得風流」、歐陽修《六一詩話》引梅聖俞所說「含不盡之意，見於言外」、嚴羽《滄浪詩話》所說「言有盡而意無窮」等，均襲此說。

⑯ 《文心雕龍·明詩》篇說：「正始明道，詩雜仙心，何晏之徒，率多浮淺。唯嵇志清峻，阮旨遙深，故能標

焉。」所謂「阮旨遙深」，蓋亦同《詩品》所言。

⑰嚴羽《滄浪詩話．詩辨》篇說：「夫詩有別材，非關書也；詩有別趣，非關理也。然非多讀書，多窮理，則不能極其至。所謂不涉理路，不落言筌者，上也。詩者，吟詠情性也。盛唐諸人惟在興趣，羚羊掛角，無跡可求。故其妙處透徹玲瓏，不可湊泊，如空中之音，相中之色，水中之月，鏡中之象，言有盡而意無窮。」嚴氏所談，無非這個道理。

⑱此與高明閱文而知其闕謬是兩回事。《文心雕龍．頌讚》篇說：「若夫子雲之表充國，孟堅之頌戴侯，武仲之美顯宗，史岑之述熹后，或擬〈清廟〉，或範〈駉〉〈那〉，雖淺深不同，詳略各異，其褒德顯容，典章一也。至於班、傅之〈北征〉、〈西征〉，變為序引，豈不褒過而謬體哉？馬融之〈廣成〉、〈上林〉，雅而似賦，何弄文而失質乎？又崔瑗〈文學〉、蔡邕〈樊渠〉，並致美於序，而簡約乎篇；摯虞品藻，頗為精覈，至云雜以風雅，而不辨旨趣，徒張虛論，有似黃白之偽說矣。及魏晉雜頌，鮮有出轍。陳思所綴，以〈皇子〉為標；陸機積篇，惟〈功臣〉最顯；其褒貶雜居，固末代之訛體也。」所謂「謬體」、「訛體」，乃經由比較而來，不足以肯定作者當初即有「言不盡意」之問題存在。

（淡江週刊「淡江風」，一九八九年十月二十五日）

漢賦新論

重論漢賦的緣起

今人在面對古代的辭賦、駢文、八股文一類的文章，往往嫌其文詞艱澀、形式僵化，既無從窺探作者的眞實情意，也難以得知當時的社會狀況，不惜棄若敝屣。縱然有一些正面的聲音，也只是肯定它們「歷史的意義」，很少承認它們「文學的意義」①，以至它們像古董一樣的被塵封、被淡忘。然而，今人又強調經典須要不斷去詮釋，「所有的歷史都是現代史」，這就令人猶豫了。倘若依照某些激進人士的說法，這類文章都是「貴族文學」或是「死的文學」，如何能詮釋出什麼新義？即使不這麼悲觀，仍然把它們當作可以欣賞的文學②，但是就現在的環境來說，它們顯然沒有什麼値得借鏡的地方，又如何對它們有所期待？類似這樣的困境，有沒有辦法突破？如果有的話，那是什麼辦法？我想這個辦法，就是變換角度來看待它們。似乎只有這麼辦，才能從那些「過時」的文學中，獲得新的感發和啓示。現在就以漢賦爲例，談談上面所說的「突破之道」。

歷來談論漢賦的概況

賦在漢代，是一個新興的文體，而且居於主導的地位。這可從《漢書·藝文志》將詩賦獨立為一略，而賦篇數量遠過於詩篇③，以及史書文學家列傳幾乎都以賦作來充篇幅④，得知梗概。兩漢以後，賦仍為大宗，以至昭明太子在編纂《文選》時，不得不正視這個事實，而把賦列於各體之前⑤。在文學史上，這是一個很特殊的現象。也就是說沒有一個文體像賦這麼「龐大」⑥，這麼受人矚目⑦。

由於賦的出現，給文壇偌大的震撼，使得關注它的聲音，累世不絕⑧。這些聲音，主要是在關心賦的起源、賦的興盛，以及賦的轉變等問題。如《漢書·藝文志》說：

《傳》曰：「不歌而誦謂之賦，登高能賦，可以為大夫。」言感物造耑，材知深美。可與圖事，故可以列為大夫也。古者諸侯卿大夫交接鄰國，以微言相感，當揖讓之時，必稱《詩》以諭其志，蓋以別賢不肖而觀盛衰焉。故孔子曰：「不學《詩》，無以言」也。春秋之後，周道寖壞，聘問歌詠不行於列國，學《詩》之士，逸在布衣，而賢人失志之賦作矣。

這是在為賦找源頭⑨；班固〈兩都賦序〉說：

昔成、康沒而頌聲寢，王澤竭而詩不作。大漢初定，日不暇給。至於武、宣之世，乃崇禮官，考文章，內設金馬石渠之署，外興樂府協律之事，以興廢繼絕，潤色鴻業。是以眾庶悅豫，福應尤盛。〈白麟〉、〈赤鴈〉、〈芝房〉、〈寶鼎〉之歌，薦於郊廟；神雀、五鳳、甘露、黃龍之瑞，以為年紀。故言語侍從之臣，若司馬相如、虞丘壽王、東方朔、枚皋、王褒、劉向之屬，朝夕論思，日月獻納。而公卿大臣御史大夫倪寬、太常孔臧、太中大夫董仲舒、宗正劉德、太子太傅蕭望之等，時時間作。或以杼下情而通諷諭，或以宣上德而盡忠孝，雍容揄揚，著於後嗣，抑亦雅頌之亞也。故孝成之世，論而錄之，蓋奏御者千有餘篇，而後大漢之文章，炳焉與三代同風。（《文選》卷一）

這是在探討漢賦興盛的原因⑩；《文選・序》說：

嘗試論之曰：「《詩・序》云：詩有六義焉，一曰風，二曰賦，三曰比，四曰興，五曰雅，六曰頌。」至於今之作者，異乎古昔，古詩之體，今則全取賦名。荀、宋表之於前，賈、馬繼之於末。自茲以降，源流實繁。述邑居，則有〈憑虛〉〈亡是〉之作；戒畋遊，則有〈長揚〉〈羽獵〉之制。若其紀一事，詠一物，風雲草木之興，魚蟲禽獸之流，推而廣之，不可勝載矣。

這是在說明漢賦的流變⑪。此外，還有涉及漢賦的技巧、分類等問題⑫。從這些聲音看來，漢賦在世人心中，有它一定的地位，不是三兩句「文詞艱澀」、「形式僵化」，就能否定得了。

重新檢視漢賦的切入點

雖然如此，漢賦至今只供談論，而無啓後功能，卻是不爭的事實。那麼還談它的起源、興盛、流變、技巧、分類等問題，到底有什麼意義⑬？如果是在爲古人服務，古人的文章擺在那兒，已經具足了，又何必我們嘵舌？如果是在爲今人服務，今人早已不時興這種文章，談得再起勁，又有什麼用處？如果是在透過它，考察漢代社會文化的演變，而漢代的社會文化錯綜複雜，僅憑這一點資料，又能勾勒出什麼面貌？何況還要把它轉來對治當今社會文化的問題才有意義？很顯然今人如果還要談論漢賦，就不能不思考這個問題。

也許換個角度來檢討這個問題，會更容易切入本文的主題。比如說，前人以爲漢賦源於《詩》、《騷》，而後人以爲漢賦跟戰國諸子（尤其是縱橫家）的關係更爲密切，章學誠《文史通義．詩教》篇下說：「賦家者流，縱橫之派別，而兼諸子之餘風，此其所以異於後世辭章之士也。」章太炎《國故論衡．辨詩》篇也說：「縱橫者賦之本……武帝以後，宗室削弱，藩臣無邦交之禮，縱橫既黜，然後退爲賦家。」那麼有關漢賦起源的問題，就沒有固定的答案了。又如，前人只提及獻賦、試賦跟漢賦的興盛有關，後人又平白多出文體遞嬗、政治影響、帝王愛好、物質進步、學術統制等項⑮，而這幾項用來解釋各代文體，也綽綽有餘⑯。然而，他們只專注在一些客觀因素，卻忽略了主觀創造可能才是重點，不然怎麼解釋《文心雕龍．情采》篇所說「昔詩人什篇，爲情而造文；辭人賦頌，爲文而造情」，以及劉熙載《藝概．賦概》篇所說「屈兼言志、諷諫，馬、揚則諷諫爲多，至於班、張則揄揚之意勝，諷諫之義鮮矣」等問題？如果說主張漢賦興盛得力於那些客觀因素的人，認爲主觀創造不過是在那些客觀因素下發生的，那麼個人不免要問，有沒有可能是主觀創造的成功，改變了那些客觀因素？假使可能，那麼強調客觀因素的人，就是倒果爲因了。可見這也是一個沒有固定答案的問題。又如，有關漢賦的演變，前人只說到題材選擇的不同⑰，後人一變而說到表現手法的差異。不論從題材選擇或表現手法來考察漢賦的演變，都沒有觸及到一個問題：就是爲什麼會有題材選擇或表現手法的不同？《文心雕龍．詮賦》篇說：

觀夫荀結隱語，事數自環；宋發巧談，實始淫麗。枚乘〈兔園〉，舉要以會新；相如〈上林〉，繁類以成豔；賈誼〈鵩鳥〉，致辨於情理；子淵〈洞簫〉，窮變於聲貌；孟堅〈兩都〉，明絢以雅贍；張衡〈二京〉，迅發以宏富；子雲〈甘泉〉，構深瑋之風；延壽〈靈光〉，含飛動之勢，凡此十家，並辭賦之英傑也。

這裏所舉漢賦作家及其作品，就含有表現手法不同和題材選擇不同等兩個課題，這又該怎麼解釋？是不是各人的經驗不同、對賦的看法不同，以及思考方式不同，所造成的結果？如果是的話，那麼執意於賦本身題材選擇和表現手法的考察，就沒有太大的意義了。又如：漢賦的技巧、分類，幾乎可說是「自明的眞理」，爲一個「自明的眞理」窮爲探索，豈不是白費心機？又何況它在今天並不具有什麼特殊的意義？於是關注漢賦的技巧、分類，也變成一件「無聊」的舉動了。既然以上這些問題都不是我們注視的焦點，那什麼才是？

探索賦家之心為重點所在

在解答這個問題前，我們先來看浦銑《復小齋賦話》中的一段話：

余最愛明興獻帝之言賦曰：「賦者，敷陳其事而直言之也。夫事寓乎情，情溢于言，事之直而情之婉，雖不求其賦之工而自工矣。屈、宋〈離騷〉，歷千百年無有識之者，直以事與情之兼至耳。下逮相如、子雲之倫，賦〈上林〉、〈甘泉〉等篇，非不宏且麗，然多斷于詞、躓于事，而不足于情焉，此即卜子夏『在心爲志，發言爲詩』之義也。」賦者，古詩之流，古今論賦，未有及此者。旨哉言乎！旨哉言乎！

浦氏所引明興獻帝說〈離騷〉無有譏之者一語，雖然不是事實⑱，但是明興獻帝以情事論賦，爲浦氏讚賞有加，卻是值得注意的事。也就是說看賦應該看賦中所載的情事，不是看賦以外的情事。這已經跟本文的主題有點接近了。

《西京雜記》卷三記載司馬相如的友人盛覽，問以作賦：「相如曰：『合纂組以成文，列錦繡而爲質，一經一緯，一宮一商，此賦之跡也。賦家之心，包括宇宙，總覽人物，斯乃得之於內，不可得而傳。』」司馬相如這段話，頗可玩味。他認爲「合纂組以成文，列錦繡而爲質，一經一緯，一宮一商」，只是「賦之跡」，而「包括宇宙，總覽人物」，才是「賦家之心」。換句話說，賦家的企圖是在「包括宇宙，總覽人物」，文辭聲律不過是媒介而已。如果說後人讀賦不得要領，可能都是迷失於「賦之跡」，而不知道還有「賦家之心」。

什麼是「賦家之心」？用現在的話來說，就是賦家的宇宙觀和人生觀，更明白一點的說，就是賦家對宇宙的看法和對人生的看法。每一個賦家在面對宇宙和人生的問題時，不免都會仔細的觀察、思考，然後利用文字將觀察、思考所得紀錄下來。因爲每個賦家所面對的問題不同或觀察、思考的角度不同，所以每家賦就呈現出不同的「風貌」。劉熙載《藝概・賦概》篇說：

司馬長卿謂「賦家之心，包括宇宙」。成公綏〈天地賦序〉云：「賦者貴能分賦物理，敷演無方，天地之盛，可以致思矣。」意與長卿宛合。

又說：「賦家之心，其小無內，其大無垠，故能隨其所値，賦像班形，所謂『惟其所之，是以似之』也。」劉氏似乎愈說愈要落入技巧層次，事實上他的意思是要告訴賦家如何思考宇宙和人生⑲。宇宙和人生的問題何其多，而賦家緣於個人的處境、文化素質、心理情緒，必然會有不同的解決方式，所以從來沒有兩篇相同的作品⑳。也因爲沒有兩篇相同的作品，所以我們必須分別看待它們，並透過它們來掌握賦家面臨什麼問題，怎麼解決問題；同時探討賦家爲什麼要這樣解決問題，以及這樣解決問題的效果如何，具有什麼意義和價値。比如說，司馬相如的賦，許多人嫌它多虛詞濫說，最後才歸於諷諫之意。倘若我們順著他們的說法，去讀司馬相如的賦，恐怕不會發現什麼新意，因爲我們已經有個成見在阻礙著。如果我們改採上面所舉的方式，去讀司馬相如的賦，就會感覺裏面有無盡的「寶藏」㉑。

其次，前人在談漢賦的演變時，大多忽略了漢代賦家對賦的看法各有不同。比如說，司馬相如認爲賦當「合纂組以成文，列錦繡而爲質」（見前），揚雄認爲賦如「霧縠之組麗」、「女工之蠹矣」（《法言．吾子》篇），班固認爲賦「或以杼下情而通諷諭，或以宣上德而盡忠孝，雍容揄揚，著於後嗣，抑亦雅頌之亞也」（見前）這又顯示了什麼意義？也許我們把左思和劉勰二人的意見並列出來，會更容易看出其中的奧蘊。左思〈三都賦序〉說：「發言爲詩者，詠其所志也；升高能賦者，頌其所見也；美物者，貴依其本；讚事者，宜本其實。匪本匪實，覽者奚信？」（《文選》卷四）劉勰《文心雕龍．詮賦》篇說：

原夫登高之旨，蓋睹物興情。情以物興，故義必明雅；物以情觀，故詞必巧麗……此立賦之大體也。然逐末之儔，蔑棄其本，雖讀千賦，愈惑體要，遂使繁華損枝，膏腴害骨，無貴風軌，莫益勸戒，此揚子所以追悔於雕蟲，貽誚於霧縠者也。

很顯然每一家都有不同於他人的主張，而各種主張之間，不免也有矛盾的現象（如司馬相如的主張，不見容於揚雄、劉勰；揚雄的主張，不見容於班固㉒）。這是不是透露了漢賦（其他的賦也是）不能定於一見的訊息？而前面所說漢賦的題材選擇、表現手法所以各有差別，可能跟賦家對賦的看法不同所致，也可以從這裏得到印證？因此，當我們要給漢賦作評價，就得愼重考慮，到底是要依各別主張給予評價？或是依其中一家主張來評價？還是另立一種主張來評價？這對文學史研究者來說，無疑的是一大考驗。

餘論

依照以上所提供的方式來看漢賦，相信可以突破前人的窠臼，而對我們當下的處境，多少也會有裨益。雖是如此，個人並沒有完全否定前人研究的成果；那些成果也有參考的價值，只是它只能作爲佐證，不能反客爲主，再主導我們的思路，不然漢賦對我們來說，就沒有什麼意義了。當然，要做到個人所說的那樣，首先要克服文字的障礙，這一關通不過，一切都免談。《文心雕龍．知音》篇說：

「夫綴文者情動而辭發，見文者披文以入情，沿波討源，雖幽必顯。世遠莫見其面，覘文則見其心。豈成篇之足深，患識照之自淺耳。」正有這個意思。然而，研究漢賦，豈是只具備這個條件而已㉓？

【註　釋】

① 這是說辭賦、駢文、八股文只在它們發生的時代有意義，到了現在，文學已不須要依靠它們的滋養，在這方面自然就派不上用場了。

② 李贄〈童心說〉說：「苟童心常存，則道理不行，聞見不立，無時不文，無人不文，無一樣創制體格文字而非文者。詩何必古選？文何必先秦？降而為六朝，變而為近體，又變而為傳奇，變而為院本，為雜劇，為《西廂曲》，為《水滸傳》，為今之舉子業，大賢言聖人之道皆古今至文，不可得而時勢先後論也。」（《李氏焚書》卷三）個人所說的八股文，就在「舉子業」中。不可否認的，八股文裏也有如李贄所說「童心」的存在（從李贄的話反面推測），值得細為「品嘗」。至於辭賦、駢文，光「辭采華麗」一項，就足夠我們游心騁目了。

③ 《漢書·藝文志》所列詩賦一千三百一十八篇（實一千三百二十一篇），賦就占一千零四篇（實一千零五篇）。

④ 如《史記·司馬相如列傳》、《漢書·揚雄傳》，最為明顯。

⑤ 近人對昭明太子，頗不諒解，不是認為他「論文，惟拘形貌，而昧於文學之流別」（見駱鴻凱，《文選學》（臺北，華正，一九八〇年），頁二七），就是認為他「重賦而輕騷」（見徐復觀，《中國文學論集》（臺北，學生，一九八〇年），頁三七八），這都是以後人眼光來看他的結果。如果站在昭明太子的立場，大概

一切的疑慮，都會渙然冰釋了。參見錢穆，〈讀文選〉，收於《中國學術思想中論叢·三》（臺北，東大，一九七七年），頁一二一。

⑥所謂「龐大」，是就內涵來說。雖然後世的小說、戲曲，也不乏經緯萬端的作品，但是就「包括宇宙，總覽人物」（《西京雜記》卷三）的「功能」一端而言，小說、戲曲是遠不及賦的。

⑦從這兩方面說：一是作者寫一篇賦，動輒十年五年（如左思〈三都賦〉、張衡〈二京賦〉，相傳都十年才完成）；一是讀者往往把賦當作類書郡志讀（袁枚《隨園詩話》卷一說：「古無類書，無志書，又無字彙，故〈三都〉、〈兩京〉賦，言木則若干，言鳥則若干，必待搜輯群書，廣採風土，然後成文。果能才藻富豔，便傾動一時。洛陽所以紙貴者，直是家置一本，當類書郡志讀耳。」），可見賦受人重視之一斑。

⑧如果撇開彼此的「情結」不說，歷代談論賦的人，光是他們爲賦多所置喙一端，也足以「稱奇」了。因爲它早在歷史的舞臺上退隱（縱有駢賦、律賦、文賦、股賦等，暗中在延續它的生命，但已不是主流），而大家仍然在談它。

⑨班固〈兩都賦序〉說：「或曰：『賦者，古詩之流也。』」（《文選》卷一）摯虞〈文章流別論〉說：「賦者，敷陳之稱，古詩之流也。」（《藝文類聚》卷五十六）劉勰《文心雕龍·詮賦》篇說：「賦也者，受命於詩人，拓宇於楚辭也。」以上三說，跟《漢書·藝文志》的意思相近。

⑩班固的意思是漢賦的興盛，跟獻賦的風氣有關。此外，還有試賦制度，張衡〈論貢舉疏〉說：「夫書畫辭賦，才之小者，匡理國政，未有能焉……而諸生競利，作者鼎沸，其高者頗引經訓諷諭之言，下則連偶俗語，有

類俳優；或竊成文，虛冒名氏。臣每受悔於盛化門，差次錄第，其未及者，亦復隨輩皆見拜擢。」（《張河間集》）後人認為這跟漢賦興盛的原因也有關係。參見劉大杰，《中國文學發展史》（臺北，華正，一九七九年），頁一三三——一三四。

⑪ 昭明太子所說，雖然兼及當世，也不難看出漢賦演變的跡象。後人在敘及漢賦的演變，但用「形成期」、「全盛期」、「模擬期」、「轉變期」（見上所引劉書，頁一四〇——一五）等大而無當的話，把整體漢賦內在的「理路」全斷絕了。

⑫ 有關漢賦的技巧，後世賦話論述甚多，這裏不擬詳舉。參見張正體，《賦學》（臺北，學生，一九八二年），頁五一——一六〇。至於漢賦的分類，最早見於《漢書·藝文志》，依人物分為「屈原賦」、「陸賈賦」、「孫卿賦」、「雜賦」等四類（以上實依體裁風格分類，參見劉師培《左盦集·漢書藝文志書後》；章太炎《國故論衡·明詩》篇）；其次，則依題材分類，如《文選》。還有別出心裁，依漢賦內容分為「體物賦」、「抒情賦」等二類（見註⑤所引徐書，頁三六三——三七一）。

⑬ 今人談論漢賦，幾乎都在這些問題上打轉，很少反省這麼作的意義何在，如張正體的《賦學》，就是明顯的例子。

⑭ 章學誠《校讎通義》有段話，跟《文史通義》略有不同：「古之賦家者流，原本《詩》、《騷》，出入戰國諸子，假設問對，《莊》、《列》寓言之遺也；恢廓聲勢，蘇、張縱橫之體也；排比諧隱，韓非〈儲說〉之屬也；徵材聚事，《呂覽》敘輯之義也。雖其文逐聲韻，旨存比興，而深探本原，實能自成一子之學。」這

已是兼存兩說，不再專取縱橫家一義。徐復觀推測章氏《校讎通義》成書在後，特未能修正前說，殆是。見註⑤所引徐書，頁三六三—三六四。

⑮ 見註⑩所引劉書，頁一二八—一三七；註⑫所引張書，頁二六—三一。

⑯ 今人寫作文學史，幾乎都套用這個模式，而忽略了「人」才是主導文風的關鍵，詳後。

⑰ 除了上面所舉《文選．序》，《文心雕龍．詮賦》篇也有一段類似的話：「京殿苑獵，述行序志，並體國經野，義尚光大，既履端於倡序，亦歸餘於總亂。序以建言，首引情本；亂以理篇，迭致文契……斯並鴻裁之寰域，雅文之樞轄也。至於草區禽族，庶品雜類，則觸興致情，因變取會。擬諸形容，則言務纖密；象其物宜，則理貴側附，斯又小制之區畛，奇巧之機要也。」劉勰依題材分為「京殿苑獵，述行序志」、「草區禽族，庶品雜類」兩大領域，這用來考察漢賦也無不可。

⑱ 至少劉勰就指責過〈離騷〉含有「詭異之辭」、「譎怪之談」、「狷狹之志」、「荒淫之意」等異於經典之事（見《文心雕龍．辨騷》篇），而班固更透過〈離騷〉直接數落屈原的不是：「今若屈原，露才揚己，競乎危國群小之間，以離讒賊。然責數懷王，怨惡椒、蘭，愁神苦思，強非其人，忿懟不容，沈江而死，亦貶絜狂狷景行之士。多稱崑崙冥婚、宓妃虛無之語，皆非法度之政、經義所載。謂之兼《詩》風雅而與日月爭光，過矣。」（見〈離騷序〉，《楚辭》卷一）。

⑲ 〈賦概〉篇還說：「在外者物色，在我者生意，二者相摩相盪而賦出焉。若與自家生意無相入處，則物色祇成閑事，志士遑問及乎？」「賦欲不朽，全在意勝。《楚辭．招魂》言賦，先以『結撰至思』，眞乃千古篤

論。」劉氏所說的「意」，就是宇宙觀或人生觀。

⑳ 即使是「模擬」前人的賦（如揚雄、班固模擬司馬相如的賦），也只是模擬他的「跡」，很少模擬他的「心」，因爲「心」是無從模擬的。縱然可以模擬，賦家通常都不願意這麼做，不然就不是他自己了。

㉑ 這裏不必詳爲舉例，至少他所以要用這種方式來諷諫，就值得我們再三深思了。劉熙載《藝概・賦概》篇說：「《史記・司馬相如傳》曰：『相如雖多虛辭濫說，然其要歸引之節儉，此與《詩》之諷諫何異？』〈敍傳〉曰：『〈子虛〉之事，〈大人〉賦說，靡麗多誇，然其指諷諫，歸於無爲。』揚雄〈甘泉賦〉序曰：『奏〈甘泉賦〉以諷。』〈羽獵賦〉序曰：『聊因〈校獵賦〉以諷之。』〈長揚賦〉序曰：『藉翰林以爲主人，子墨爲客卿以諷。』賦之諷諫，可於斯取則矣。」劉氏所以說這段話，可能也是深有體會。這證明個人的想法是不差的。

㉒ 班固在《漢書・司馬相如傳》贊有段話說：「相如雖多虛辭濫說，然要其歸，引之於節儉，此與《詩》之諷諫何異？揚雄以爲靡麗之賦，勸百而諷一，猶騁鄭、衛之聲，曲終而奏雅，不已戲乎！」可見班固不同意揚雄的說法。

㉓ 依照第一節所說，我們研究漢賦，不只是瞭解漢賦而已，還要從漢賦中得到新的感發和啓示，那麼這已經不是靠一點文字或文學功夫，就能奏功，而是要把全付精神和學問投入進去才可望眞有所得。其實，那一種研究不是如此？

（問學集第一期，一九九〇年十一月）